Reinhard Winter

JUNGEN BRAUCHEN KLARE ANSAGEN

Reinhard Winter

JUNGEN BRAUCHEN KLARE ANSAGEN

Ein Ratgeber für Kindheit, Schule und die wilden Jahre

Alle Namen sind frei erfunden und die Beispiele wurden verfremdet.

Dieses Buch ist auch als E-Book erhältlich:
ISBN 978-3-407-22329-6

www.beltz.de

© 2014 Beltz Verlag, Weinheim und Basel
Umschlaggestaltung: www.stefanielevers.de,
Stephan Engelke (Beratung)
Umschlagabbildung: © Sebastian Pfuetze/Corbis
Satz und Herstellung: Lelia Rehm
Druck und Bindung: Beltz Bad Langensalza GmbH, Bad Langensalza
Printed in Germany

ISBN 978-3-407-85989-1
2 3 4 5 18 17 16 15

Inhalt

Teil 2   Klar und nah – so geht's

Vorwort

Mit einem Jungen zusammenzuleben, einen Sohn ins Leben zu begleiten ist ein großes Glück. Doch Jungen zu erziehen kann auch zu einer Herausforderung werden.

Dieses Buch soll Ihnen als Eltern dabei helfen, Ihren Sohn gut durch Kindheit, Schule und Pubertät zu begleiten. Es ist in der Arbeit mit vielen verschiedenen Jungen und mit vielen unterschiedlichen Eltern entstanden. Eltern mussten immer wieder dieselben Fragen stellen, bis wir gemeinsam auf das Thema »Führung« als eine wichtige Klammer für viele Elternfragen kamen. Seither fällt mir das immer wieder auf, sei es an Vortragsabenden zur Jungenerziehung, in der Beratung von Eltern oder auch bei Jungen, mit denen ich arbeite: Mindestens die Hälfte aller Jungen-Erziehungsfragen handelt von Problemen, mit Jungen »klarzukommen«, von Schwierigkeiten, die auf die Qualität der Beziehung zwischen Eltern und ihren Söhnen und letztlich auf die Rolle der Eltern als Führungskräfte in der Familie zurückzuführen sind.

Die Fragen, die mich durch meine Beratungsarbeit und durch dieses Buch leiten, sind: Was machen Eltern richtig, die ihre Jungen stabil und halbwegs gelassen durch Kindheit und Jugendphase bringen? Oder: Was haben Jungen, die ihre Herausforderungen einigermaßen beständig und erfolgreich meistern, von ihren Eltern bekommen? Eltern sind die ersten und prägenden Beziehungen, sie bringen ihre elterliche Liebe mit, sie sind am häufigsten und die längste Zeit mit dem Jungen zusammen und haben deshalb eine ganz besondere Bedeutung für ihn. Bringen wir es auf einen Begriff, dann können wir sagen: Ihre Führung hilft Eltern, mit Jungen klarzukommen. Und sie hilft den Jungen, die Führung als Voraussetzung für eine gelingende Entwicklung brauchen. Das Wirken guter Führung wird da sichtbar, wo Jungen »gut unterwegs« sind, wo sie sich wohl und gut aufgehoben fühlen, wo sie sich positiv entwickeln. Immer wieder begegnen mir solche Jungen, bei denen ich spontan denke: »Klasse! Du bist gut drauf! Dir scheint es gut zu gehen!« Das sind nicht immer die pflegeleichten Jungen, im Gegenteil, oft fordern sie mich heraus, provozieren oder sind erst einmal demonstrativ ablehnend. Aber sie sind in Kontakt mit sich selbst und auch mit mir. Wir schwingen uns allmählich aufeinander ein, akzeptieren uns und die Beziehung stimmt.

Dass es in der Erziehung Führung braucht, dass es ohne klare Ansagen und eine klare Haltung der Erwachsenen nicht geht, wird heute an vielen Stellen neu erkannt. Die Haltung der meisten Eltern unterscheidet sich erheblich von der vergangener Zeiten: Früher ging es darum, Autorität als Form elterlicher Macht zu verstehen; deshalb wurde Autorität um der Autorität willen gefordert; im Zweifel wurde diese Forderung mit Druck, Liebesentzug oder Gewalt durchgesetzt. Damals waren Kinder gehorsamer. Das ging aber nur mit Gewalt, und dieses Modell ist zum Glück überholt. Viele Eltern wissen sich nun jedoch nicht mehr recht zu helfen. Sie halten den Jungen für »falsch«; er gehorcht nicht oder benimmt sich schlecht – und muss deshalb repariert werden. Das ist der Ausgangspunkt vieler meiner Beratungsgespräche, und gemeinsam nähern wir uns in den allermeisten Fällen der Einsicht: Nicht der Junge ist falsch, sondern an der Beziehung stimmt etwas nicht. Wie ich in diesem Buch zeigen werde, kann eine offene, verstehende Beziehung zum Jungen von Anfang an aufgebaut werden, und sie kann – das ist das Schöne daran – immer wieder neu begonnen, aufgenommen und verbessert werden.

Liebevolle Klarheit in der Beziehung zum Jungen wird heute als etwas Notwendiges und Nützliches verstanden. Klar und nah zu sein ist eine neue, gute, persönliche oder die »eigentliche«

Form der Führung: Sie braucht keine Drohungen, Strafen, Angst und Gewalt, um erzwungen oder durchgesetzt zu werden. Die klare Beziehungsqualität ist etwas Lebendiges. Sie ist aber auch nicht einfach dadurch da, dass Eltern eben Eltern sind, sondern sie entsteht durch ihre Einstellung und im Handeln. Sie wird aktiv gemacht, getan. Dabei treffen sich die Bedürfnisse von Jungen mit denen der Eltern und anderer Erziehender: Alle Seiten benötigen klare Beziehungen, damit es ihnen gut geht. Und nur Menschen, denen es selbst gut geht, können auch gute und klare Eltern sein.

Was Jungen durch ihre Kindheit, die Schulzeit und die Pubertät trägt, ist die Beziehung, die gefüllt ist mit der Persönlichkeit der Eltern, mit ihren Einstellungen, ihren Werten und mit der Art, wie sie Beziehung »tun«. Ihr Ver-Halten drückt ihre Haltung aus. Dieser Hintergrund und ihre Botschaft »Ich bin da« stärken dem Jungen den Rücken und helfen ihm, sein Jungesein, seine Lebensaufgaben, die Schule und auch die Pubertät gut zu bewältigen. Klar sein und nah – diese Qualität in der Beziehung ist fühlbar. Leider fällt sie vor allem dann richtig auf, wenn sie fehlt. In den zahlreichen Krisenfällen während der Jugendphase lässt es sich gar nicht übersehen, dass Jungen stabile Erwachsene in einer klaren Beziehung zu ihnen wollen. Sie fordern diese Klarheit mehr oder weniger deutlich ein und schlagen gegebenenfalls so weit über die Stränge, bis sie spüren können, dass sie Antworten auf ihr Verhalten bekommen.

Das Schöne ist: Beim Führen, beim Klarwerden und -sein müssen Eltern keine unbekannten oder gänzlich neuen Fähigkeiten lernen. Vielmehr geht es darum, vorhandenes Können neu zu entdecken, es zu erweitern, mit Energie auszustatten und mit mehr Nachdruck zu vertreten. All dies stärkt die Selbstsicherheit der Eltern, die Jungen häufig vermissen und suchen.

Wichtig ist also Orientierung in diffusen Jungen-Erziehungszeiten – aber ohne Rückgriff in die pädagogische Mottenkiste. Es fällt auf, dass sich die Forderung nach mehr Strenge seit einiger

Zeit gut verkaufen lässt: Disziplin hin, Tigermutter her, und Supernannys mit ihren Zaubertricks aus dem Erziehungszylinder dazwischen. Das Motto scheint zu lauten: Hauptsache Härte! Mit solchen Ideen wird das Heil der Gegenwart in der Vergangenheit gesucht. Stillschweigend werden militärische Tugenden wieder salonfähig; hartherzige, gewaltförmige Erziehungsziele schleichen sich ein.

Es ist deshalb notwendig, die Ideen dieses Buches scharf von autoritären Erziehungsideen abzugrenzen. Um niemand auf falsche Fährten zu locken, möchte ich betonen: Es geht in diesem Buch um den positiven Gehalt von Führung, von Klarheit in Beziehung, um mitfühlende, liebevolle Zuwendung, um Anerkennung, Vertrauen und Verantwortung auf beiden Seiten – also nicht um Disziplin, Druck, Drill, Zwang, Unterwerfung, Repression, Machtausübung oder Kinderdressur, auch nicht um die Idealisierung überholter Formen von Pädagogik. Autoritäres Verhalten ist Machtgebaren, das dann ausgespielt wird, wenn schwache Persönlichkeiten sich nicht mehr zu helfen wissen. Wenn eine Person nicht anerkannt wird und glaubt, sich durch Macht behaupten zu müssen, wird sie autoritär – und das ist immer ein Armutszeichen, ganz sicher kein Ziel für Eltern.

Eine Frage, die mir häufig gestellt wird, ist: Brauchen Jungen wirklich etwas anderes von ihren Eltern als Mädchen? Ich glaube, ja: Damit die Beziehung zum Jungen verstanden wird, damit sie wirkt und funktioniert, muss sie auch mit der Geschlechterbrille betrachtet werden. Es fällt zum Beispiel auf, dass Eltern den Mädchen meist engere Grenzen stecken, sie mehr behüten, oder anders gesagt: dass Mädchen besser mit Halt versorgt werden – umgekehrt fehlt Jungen hier etwas. Auch weil es Jungen sind, die uns derzeit gesellschaftlich die größeren Sorgen machen, ist diese Sichtweise wichtig. Viele Erziehungsratgeber behandeln Fragen der Beziehung zwischen Eltern und Kind als allgemeine Themen. Das ist gut, hilfreich und wichtig, aber die Geschlechteraspekte werden dabei nicht besonders beachtet. In meiner Arbeit und auch in diesem Buch ist es umgekehrt: Die geschlechtliche Perspektive steht im Vordergrund. Denn jede Beziehung hat auch eine geschlechtliche Seite oder Einfärbung.

Leider gibt es auch in der Jungenerziehung keine absolute Wahrheit. Wie Sie ganz speziell Ihre Führungsrolle in der Familie gestalten, wie Sie mit Ihrem Jungen klarkommen, das kann ich Ihnen nicht sagen. Sie werden das selbst herausfinden. Jungen, Eltern und Lebenssituationen sind ganz unterschiedlich. In diesem Buch finden Sie Hinweise und Vorschläge dafür, wie es gehen könnte. Welche für Sie passen, welche Erfahrungen und Ideen Sie umsetzen können, entscheiden Sie selbst. In welcher Intensität dabei Ihre Führungskraft wichtig ist, lässt sich kaum vorhersagen. Das Gute ist aber: Jungen signalisieren, was sie brauchen! Als ihr Gegenüber können Eltern sich genau darauf einstellen.

Wichtig ist mir, dass mit dem Ziel der Klarheit keine überhöhten Anforderungen einhergehen. Klare Ansagen machen, klar und zugleich nah sein, das soll für Entspannung, Zuversicht und Gelassenheit in der Erziehung sorgen, und deshalb soll es hier nicht um Leistungsdruck und Erziehungsoptimierung gehen! Wenn es Ihnen in Ihrer Familie und mit Ihrem Jungen gut geht, dann freuen Sie sich daran. Machen Sie mehr von dem, was Sie gut machen. Ansonsten gibt es keinen Grund, etwas zu verändern! Vielleicht denken Sie ein wenig darüber nach, was Sie und Ihr Junge alles richtig machen, dann können Sie das anderen weitergeben. Wenn es manchmal schwierig ist mit Ihrem Sohn, dann hilft nur Optimismus. Aus meiner Erfahrung heraus kann ich Ihnen Mut machen: Meistens geht es gut, und aus Jungen werden junge Männer, an denen sich das Elternherz erfreuen kann!

Gute Beziehung zum Sohn braucht Gelassenheit, Ruhe, Achtsamkeit und Entspannung. Gerade in der heutigen Zeit sehnen sich Jungen wie Erwachsene nach stressarmen Phasen. Gleichmut ist die Eigenschaft, die nötig ist, um bestehen zu können: Das gilt besonders für das Dauerbrenner-Thema »Jungen und Schule« und noch einmal verschärft für die Zeit der Pubertät. Bevor Sie sich also zu sehr anstrengen, um auch die Sache mit den klaren Beziehungen außerordentlich gut zu machen – entspannen Sie sich. Verabschieden Sie sich von der Vorstellung, die Beziehung zum Jungen genau richtig zu schaffen; Beziehung kann nicht perfekt gemacht werden. Im Gegenteil, Fehler sind gerade auch für Eltern wichtig, um sich weiterzuentwickeln. Sie gegenüber Jungen – und sich selbst – einzugestehen verweist auf wahre Größe. Gerade durch Fehler lernen Eltern dazu. Allein deshalb wäre es schade, wenn Sie keine Fehler machen würden. Und in der Regel gilt auch hier: Wer keine Fehler macht, macht etwas falsch!

> Eine der häufigsten Rückmeldungen von Jungen an Erwachsene (ja, auch an mich) lautet: Entspannt euch! Nicht so verbissen! Seht nicht alles so verkrampft! Chill mal, Alter! Diese Botschaften müssen wir ernst nehmen: Stress, Hektik und Leistungsdruck hebeln Erziehungsbeziehungen aus!

Vorwort für Jungen

Es ist zwar eher unwahrscheinlich, dass ein Junge dieses Buch erwirbt – aber lesen: Wer weiß? Wenn »Junge« draufsteht und das Buch griffbereit herumliegt, kann das durchaus vorkommen. Das haben mir zumindest Eltern berichtet, die mein Buch »Jungen – eine Gebrauchsanweisung« besitzen. Vielleicht steigt die Wahrscheinlichkeit, wenn Eltern die Pubertät des Sohnes wenig souverän bewältigen und so problematisch werden, dass der Junge Rat sucht?

Dieses Buch richtet sich an Eltern. Aber es stehen auch

keine Geheimnisse darin, die Jungen nicht erfahren dürften. Schon gar keine geheimen Tricks und Strategien. Eigentlich ist das Buch nämlich für Jungen geschrieben: Sie liegen mir am Herzen. Jungen können besser unterstützt und begleitet werden, als dies heute vielerorts geschieht. Viele Jungen sind unglücklich oder zeigen problematische Verhaltensweisen, weil im Umgang mit ihnen etwas Wichtiges nicht passiert. Sie reagieren damit auf ein Defizit, für das sie nichts können.

Führung und klare Beziehungen sind eine zweiseitige Angelegenheit. Jungen tragen ihren Teil dazu bei. Wenn ich mit Jungen arbeite, versuche ich, wo möglich und nötig, sie auf ihren Teil in einer guten Beziehung hinzuweisen: Verantwortung für das eigene Handeln zu übernehmen, Konsequenzen zu tragen, aber auch für Freiheiten und Selbstverantwortung zu kämpfen. Eine Portion Rebellion steht jedem Jungen gut.

Jungen ahnen ja meist, dass ihre Eltern sie lieben, oft wissen sie es ganz sicher. Auf diesem Fundament lässt sich gut wachsen und auch pubertieren. Eine Kindheit benötigt auch Konflikte, die Jugendphase sowieso. Wo Eltern dazu neigen, immer nett sein zu wollen, weichen sie aus. Dem Jungen ist zu raten: Lass das nicht zu. Noch schlimmer sind Eltern, die Jungen jede Anstrengung und jeden Schmerz ersparen wollen. Hier sind Jungen besonders gefragt, ihre Eltern weiterzuentwickeln und sie in ihre Führungsrolle zu verpflanzen. Müttern und Vätern hilft es, wenn sie herausgefordert und konfrontiert werden. Auch Eltern brauchen klare Ansagen!

Aber seid nachsichtig: So, wie Jungen ihr Größerwerden und ihre Pubertät erst entwickeln, wenn sie mittendrin sind, geht es ihren Eltern mit ihrer Rolle auch. Das heißt: Sie brauchen Zeit. Und meistens haben sie es erst zu dem Zeitpunkt wirklich begriffen, wenn der Junge erwachsen ist. Eltern darin zu begleiten ist Aufgabe des Sohns. Viel Spaß dabei!

1

KLARE ANSAGEN - STARKE JUNGEN

Keine Angst vor Führung

Wie komme ich mit Jungen klar? Kein Problem, meinen viele Eltern. Doch mit den Jahren stellt sich heraus: Ganz so einfach ist es nicht! Viele Jungen verhalten sich respektlos, folgen nicht oder halten sich nicht an Vereinbarungen; Aufgaben, die ihnen übertragen werden, erledigen sie nicht oder nur halb; es gibt Situationen, die entgleiten; oder die Stimmung ist insgesamt so angespannt, dass der Eindruck entsteht, es gehe gar nichts mehr. Das fängt in manchen Familien schon an, wenn die Jungen noch ziemlich klein sind, bei anderen, wenn die Jungen in die Schule kommen, und bei vielen spätestens dann, wenn die Jungen in der Pubertät sind. Vom Klarkommen kann dann keine Rede mehr sein, und täglich drohen Untergangsszenarien. Irgendetwas scheint hier grundlegend falsch zu laufen.

Für beides, für das richtig und das falsch Gelaufene, begann ich mich vor etwa drei Jahren zunehmend zu interessieren, als ich verstärkt in Schulen mit Jungen, Eltern und Lehrkräften arbeitete. Mütter und Väter, aber auch Lehrerinnen und Lehrer sprachen mich immer wieder auf Konflikte und Schwierigkeiten mit Jungen an und erhofften sich Lösungen. Nun können Probleme mit und von Jungen viele Ursachen haben. Und leider gibt es keinen Trick, kein »So wird's gemacht«, mit dem alles augenblicklich gelöst wird. Aber ich konnte feststellen, dass ein großer Teil der Schwierigkeiten daher rührt, dass Jungen auf klare und führende Erwachsene angewiesen sind, die ihnen Halt und Orientierung geben, aber auch Freiräume lassen – und dass es viele Eltern gibt, die das nicht mit der nötigen Klarheit einlösen können. Umgekehrt denke ich oft, wenn ich Eltern und ihre

Söhne anschaue, bei denen dieses Gleichgewicht stimmt: Ah, es geht also!

Jungen kommen kompetent und gut ausgestattet auf die Welt. Was sie fürs Leben und fürs Großwerden brauchen, bringen sie mit. Ihnen fehlen allerdings noch Erfahrung und Wissen. Sie brauchen deshalb Erwachsene, die sich auskennen und die mit ihrem Wissen an die Kompetenzen des Jungen anschließen können: Menschen, die sie mit klaren Ansagen durch ihr Leben leiten. Im Lauf ihrer Entwicklung übernehmen Jungen dann die »Kräfte der Führung« mehr und mehr selbst. Sie wachsen ihnen zu; die Jungen werden immer fähiger, sich selbst zu regulieren, zu motivieren, zu steuern. Irgendwann brauchen sie dafür keine Eltern mehr.

Um aber so weit zu kommen, müssen sie von führungskräftigen Eltern begleitet werden, die klar und nah zugleich sind. Es ist eine besondere Qualität in der Beziehung zwischen Eltern und Sohn, die hier wirkt und um die es in diesem Buch geht.

Von Eltern stammen auch die Schlüsselbegriffe dieses Buches:

- »Führungskräfte« werden eher in der Wirtschaft vermutet; doch eine (alleinerziehende) Mutter hat mir nach einer Beratung berichtet, wie sie die Beziehung zu ihrem 13-jährigen Sohn geklärt hat: »Ich hab ihm gesagt: Pass mal auf, bis du 18 bist, bin ich dein Chef. Und seither klappt's.« Der Begriff »Führungskräfte« ist schön mehrdeutig. Er bezieht sich auf Personen, die eine bestimmte Rolle oder Funktion ausfüllen, und er meint die Energie, die Kräfte selbst, die dabei wirken und die Jungen allmählich in sich selbst verankern.

- Auch der Begriff »Klarkommen« stammt von Eltern. Immer wieder werde ich gefragt: »Wie können wir mit unserem Sohn besser klarkommen?« Oder Eltern erzählen: »Wir kommen zur Zeit überhaupt nicht mit ihm klar.« Der Begriff gefällt mir als ein Element von Beziehung gut; er beinhaltet zwei wichtige Aspekte im Leben mit Jungen: das Verständliche, Direkte und Eindeutige im Wort »klar« und das Prozesshafte in »kommen«. Um für den Jungen gute Führungskräfte zu sein, um mit ihm klarzukommen, brauchen Eltern Klarheit für sich. Und wer mit seinem Sohn nicht klarkommt, ist oder war meistens selbst nicht klar genug. »Klarkommen mit meinen Jungs, das gefällt mir«, erzählt eine Mutter in einem Interview: »Ich komme mit meinem Jungen klar: Das bedeutet, dass ich eine klare Position einnehme und eine klare Sprache spreche – solche Sachen.«

Beate und Jonas, die etwa 35-jährigen Eltern von Niklas, bitten um Rat: Beim Essen dreht sich alles um den sechsjährigen Jungen. Er erzählt, er fordert, er kaspert herum, er verlangt alle Aufmerksamkeit. Wenn er mal nicht gleich an der Reihe ist, macht er richtig Theater. Für seine Eltern bedeutet Essen immer Stress. Was können sie tun?

Es fällt auf, wie sie die Situation schildern: Beide berichten halb genervt, halb stolz von ihrem so durchsetzungsfähigen, lebendigen und starken Niklas: Was für ein kleiner Racker, in dem Alter schon! In dieser Mischung aus Ärger und Faszination haben sie sich selbst verloren – und ihm die Führung übergeben. Aber was möchten sie selbst? Sie beschließen, ihre Rolle wieder anzunehmen und sich nicht mehr aus der Führungsposition drängen zu lassen. Und sie vereinbaren, gemeinsam in diese Richtung zu gehen und sich gegenseitig zu unterstützen. Nach ein paar Tagen treffe ich sie wieder. Es klappt: Allmählich kriegt sich Niklas wieder ein, die Essenssituation entspannt sich.

Vater und Mutter, also seine beiden Eltern, sind die ersten Beziehungen eines Jungen. Die Verantwortung für diesen wichtigen Teil des Elternseins, für gelingende Beziehungen in der Familie, ist ihnen mit ihrem Sohn in die Wiege gelegt worden. Von und mit ihnen lernt der Junge, er wächst an und mit der Beziehung zu ihnen. Falls etwas nicht so ist, wie die Eltern es gerne hätten, ist es wichtig, dass sie die Schuld nicht ihrem Jungen geben, sondern selbst die Verantwortung übernehmen.

Die wirklich wesentliche Energie in dieser Beziehung ist die Liebe der Eltern zu ihrem Sohn. Ohne sie kann sich der Junge nicht gesund entwickeln, sie ist der notwendige Nährboden für ihn. Bisweilen sieht es allerdings so aus, als ob gerade sie es Eltern schwer macht, ihre Position und Rolle als Eltern zu halten. Sie verwechseln Liebe mit Gewährenlassen, mit dem Verzicht auf Anforderung und Struktur. Sie überfordern das Kind, indem sie ihm Entscheidungen zumuten, die es noch nicht bewältigen kann. Viele Jungen werden mit Konsumartikeln überhäuft; oder Eltern erlauben aus falsch verstandener Liebe, dass Jungen die Grenzen der Mutter oder des Vaters missachten. Was hier fehlt? Zusätzlich zu ihrer Liebe oder besser: in ihr, brauchen Eltern Beziehungsqualitäten und -elemente, die zu einer klaren und verlässlichen Haltung führen. Diese werden im Alltag und im engen persönlichen Kontakt mit dem Jungen hergestellt – im Gegensatz zur Liebe, die einfach so da ist, die fließt und gezeigt wird, aber nicht immer wieder »gemacht« werden muss. Gerne möchten wir glauben, dass Halt und Führung einfach so da sind, wie die Liebe eben. Das ist in den allermeisten Fällen nicht so: Eltern »haben« keine Führung, sondern sie »tun« sie. Gerade heute ist bei vielen die Unsicherheit darüber groß, in welchen Formen sich Klarheit und ein stabiles elterliches Gegenüber zeigen können.

Klare Ansagen und gutes Führen lassen sich lernen – und so ist die erste und wichtigste Frage, die durch dieses Buch leitet: Welche Führung brauchen Jungen, wie kann kräftige, liebevolle Führung für Jungen aussehen?

Ein weiterer Schlüsselbegriff im Zusammenhang mit jeder Art von Führung ist die Autorität. Interessant ist, wie in der heutigen Zeit mit dem Begriff im Zusammenhang mit der Erziehung von Kindern umgegangen wird. Es wird versucht, den positiven Gehalt von Autorität von problematischen Auswüchsen zu trennen. Viele zucken beim Begriff Autorität zurück, und es schrillen Alarmglocken, wilde Assoziationen stellen sich ein: Disziplin, Unterdrückung, Drill, Macht – kurz: autoritäres Verhalten. Doch genau das Gegenteil ist mit dem positiven Verständnis von Autorität gemeint, nämlich dass Beziehung und Führung in der Erziehung etwas Notwendiges und Nützliches sind. So verwendet Jesper Juul den Begriff »persönliche« Autorität, Wolfgang Bergmann nannte es »gute Autorität«. Damit wird vom Jungen aus, von seinen Bedürfnissen her gedacht.

In einem Interview erzählt ein Vater: »Eine Autorität und autoritär – das ist für mich ein großer Unterschied (...) Autorität, das kann ich positiv benutzen: eine Person, der man mit Respekt begegnet und die angesehen ist. Wenn mir jemand sagt: Das ist eine Autoritätsperson, da denke ich, das ist ein Mensch, der respektiert wird; der hat was zu sagen, den achtet man, der hat eine Vorbildfunktion. Fähigkeit zu einer guten Autorität – das ist wichtig für Eltern!«

Auf der Basis des Persönlichen und Liebevollen verändert sich das Verständnis von Führung radikal. In früheren Zeiten wurde der Knüppel ausgepackt, wenn sich Autoritätspersonen angegriffen oder zu wenig respektiert fühlten: Macht und Gewalt sollten Stärke demonstrieren, manchmal wurde die Beziehung von den Eltern abgebrochen. Leider gibt es dieses Muster auch heute noch, wenn auch viel seltener: Überforderte Eltern prügeln Jungen doppelt so häufig wie Mädchen. Doch die einzig nachhaltige Lösung ist eine grundlegend andere. Gibt es Konflikte, drohen Krisen, wird es schwierig, werden Regeln nicht eingehalten, dann lautet die Devise: Nicht weniger, sondern mehr von etwas Gutem, mehr von dem, was Jungen wirklich brauchen: Mehr Klarheit! Mehr Beziehung! Klare Ansagen, mehr Nähe und Präsenz, mehr Respekt! Ein Mehr all dieses Engagements hilft, Gewalt zu verhindern, wie sie früher in der Erziehung üblich war, gerade gegenüber Jungen. So hieß es in der Bibel: »Wer seine Rute schont, der hasst seinen Sohn; wer ihn aber liebhat, der züchtigt ihn beizeiten« (Sprüche 13, Vers 24 – also im alten Testament). Gewalt aber, da sind sich die allermeisten Eltern heute einig, ist kein Mittel der Erziehung. Liebevolle Führung dagegen ist ein guter, ein menschlicher Ersatz für antiquierte und sadistische Pädagogik.

Die Führungskraft in der Erziehung ist mit dem Herzen verbunden. Probieren Sie es aus: Wie fühlt es sich an, liebevolle Führungskraft für den Jungen zu sein? Spüren Sie die Liebe zum Jungen, ist es gut. Wenn es sich kalt anfühlt, sind Sie auf dem falschen Weg.

Jungen brauchen uns anders als Mädchen

Gilt das Bedürfnis nach klarer Führung nicht grundsätzlich für alle Kinder? Ja, natürlich: Alle Kinder brauchen Eindeutigkeit, eine wertebezogene Haltung und Klarheit in der Beziehung, also auch Mädchen. Jeder Mensch ist für seine gesunde Entwicklung darauf angewiesen. Dennoch gibt es große Unterschiede zwischen den Geschlechtern, und so lautet die zweite Frage, die durch das Buch führt: Warum sind Jungen besonders auf kräftige Führung angewiesen? Wie brauchen sie Führung »als Jungen«?

Dass viele Jungen heute Probleme haben und sie gleichzeitig auch reichlich verursachen, ist landläufig bekannt. Jungen gehen gesundheitliche Risiken ein, sie sind als Opfer oder Täter häufig in Gewalthandlungen verstrickt oder verschwenden eine Menge

Zeit vor Bildschirmen. Viele dieser Auffälligkeiten werden in der Schule offensichtlich: Im Durchschnitt können Jungen schlechter lesen als Mädchen, konzentrieren sich weniger auf schulisches Lernen, bekommen schlechtere Noten in Klausuren und Zeugnissen, werden öfter nicht versetzt, stören den Unterricht oder verhalten sich aufsässig. Sie erreichen schlechtere oder nur niedrigere Abschlüsse, und mehr Jungen als Mädchen verlassen die Schule ganz ohne Abschluss.

So weit, so vertraut – aber mit dem Beklagen der Zustände ist keinem Jungen geholfen. Auffällig ist, dass es viele Vorwürfe an Jungen, aber nur wenige Vorstellungen davon gibt, was Jungen brauchen, damit sich an dieser Lage etwas verbessert. Die wenigen Ideen, die vorgebracht werden, sind kurzschlüssig und ungeprüft, z. B.: »Jungen brauchen männliche Lehrer, dann wird alles gut.« Viele basieren auf rückwärtsgewandten Gedanken, z. B.: »Jungen brauchen mehr Disziplin, mehr Drill, Zucht und Ordnung, damit sie in der Spur bleiben.«

Es kann nicht oft genug gesagt werden: Wenn Schwächen oder Defizite bei Jungen auftauchen, sind die Ursachen nicht zuerst bei ihnen zu suchen. Die Verantwortung dafür, dass es viele Jungen schwer haben, liegt bei den Erwachsenen, die sie umgeben und die ihre Lebenswirklichkeit prägen. Erwachsene in der Politik, in den Medien und in kommerziellen Märkten bestimmen die Richtung. Konsumdruck und Entscheidungszwänge, allgegenwärtige Medienwelten, männlicher Erfolgs- und Leistungsdruck bis hin zum Zwang zur »Bildungsoptimierung«, der ängstliche Blick auf die Globalisierung – all dies steigert das Orientierungsbedürfnis von Jungen. Wo es nur irgend möglich ist, sollten Eltern von Jungen hier entlastend einwirken und umsteuern. Eine Herkulesaufgabe, zugegebenermaßen!

Tom ist am Ende der zweiten Klasse in der Grundschule und hat keine große Lust auf Schule. Jeden Tag gibt es Streit um die

Hausaufgaben, auch am Wochenende bestimmt das Schulthe-
ma die Stimmung. Das Familienklima wirkt fast schon vergif-
tet. Beide Eltern sind leistungsorientiert, Tom soll unbedingt
aufs Gymnasium. »Er will einfach nicht lernen, was können wir
tun, damit er sich mehr anstrengt?«, fragen sie mich.
Ich rate dringend dazu, sofort den Druck wegzunehmen oder
stark zu vermindern und Tom einfach einen Jungen sein zu
lassen, der entdecken darf, was ihn interessiert und wie er ler-
nen möchte, ihm mit mehr Gelassenheit und Entspannung zu
begegnen. Gut wäre es schließlich, offen mit Tom darüber zu
reden, was falsch lief – und dass die Eltern sich entschuldigen:
»Es tut uns leid, da haben wir nicht auf dich geschaut. Ab jetzt
bemühen wir uns, mehr Geduld zu haben.«

Solche oder ähnliche Fälle kommen häufig vor. So, wie der Leistungsdruck in der Wirtschaft immer mehr zunimmt, steigen die
Anforderungen an Kinder – und besonders an Jungen. Denn auf
sie projizieren Erwachsene die Zukunft der Gesellschaft als Leis-
tungsträger und Arbeitskräfte, aber auch als Familienernährer.
Jedes Anzeichen, dass Jungen dem nicht entsprechen könnten,
führt zu einer Dramatisierung. Es ist paradox: Mädchen scheinen
im Durchschnitt in der Schule besser zu funktionieren, ohne dass
ihnen so starker Druck gemacht wird (wobei es das durchaus auch
gibt. Oder sie machen sich den Druck selbst!).

Mattis ist voll in der Pubertät, in der Schule läuft es schlecht,
seine Eltern haben das Gefühl, nicht mehr an ihn ranzukom-
men, und seine Mutter bittet mich, mit ihm zu reden. Er kommt
tatsächlich vorbei, und ich frage ihn, was eigentlich das Prob-
lem sei. Er antwortet, dass er kein Problem habe, sondern sich
gut fühle. Dann erklärt er mir seine Haltung: »Ich lerne nicht
mehr, ich mach nichts mehr für die Schule. Meinen Eltern ist
doch nur eines wichtig: dass ich gut in der Schule bin! Dauernd

treiben sie mich an und nerven rum wegen der Schule. Es wür-
de sie doch nur freuen, wenn ich eine gute Note heimbringe.
Dann ist es, als ob sie gewonnen hätten oder als ob sie recht
gehabt hätten. Den Gefallen tu ich ihnen nicht, das gönne ich
ihnen nicht. Wenn ich ein guter Schüler bin, fühle ich mich ih-
nen gegenüber wie ein Loser. Da mach ich's lieber andersrum:
Ich bin schlecht in der Schule und fühle mich gut!«

Die Fixierung auf Leistung und männlichen Erfolg bewirkt bei
Jungen nicht selten das Gegenteil des Erwünschten. Einseitig
leistungsorientierte Eltern provozieren manchmal geradezu die
gesunde Rebellion bei Jungen – keine gute Voraussetzung für
ein erfolgreiches Männerleben. In der Wirtschaft dient Führung
dazu, Arbeitskräfte geschickt zu höherer Leistung zu bringen.
Gute Führung in der Beziehung von Jungen benötigt ganz andere
Werte als Grundlage.

Klar sein kann man lernen

Leider ist Führenkönnen weder angeboren noch ab irgendeinem
Zeitpunkt im Leben »einfach da«. Schnell wird auf die Natur ver-
wiesen, es wird z. B. von »natürlicher« Autorität gesprochen, was
freilich nicht stimmt: Denn gut führen zu können ist immer etwas Erworbenes, das sich aber echt und passend anfühlt. Auch
wer innerhalb der Familie einer Führungskraft folgt, macht dies
in der Regel aus freier Entscheidung – und nicht wegen natürlicher Instinkte oder biologischer Magie.

Wer aufmerksam ist, kann Führung beobachten und als Vorgang erkennen und entschlüsseln. Das zeigt, dass Führung erlernt und auch bewusst hergestellt, gemacht werden kann. Führung ist nicht statisch, sondern sie »wird getan«. Sie muss sich
aufbauen, erprobt und eingenommen werden und allen Beteilig-

ten nützen. Führung ist keine Berufsbezeichnung, kein Amt, kein Status und – ganz wichtig! – kein Zustand. Sie wird vielmehr in der Beziehung zwischen Eltern und ihrem Sohn immer wieder aktiv hergestellt. Führung geschieht im Alltag und im Kontakt – aber wie genau? Wie mache und zeige ich mich Jungen als Führungskraft? Mit diesen Fragen werden Eltern bisher weitgehend alleine gelassen. Sie können es auch gar nicht richtig wissen, weil sich in den vergangenen Jahrzehnten das Verständnis von Erziehung und auch von Führung erheblich verändert hat. In früheren Zeiten wurden Eltern schnell machtwütig, autoritär und gewalttätig, wenn sie sich in ihrem Status bedroht fühlten: Und auch heute noch werden manche Söhne geschlagen, weil Eltern sich nicht ausreichend respektiert fühlen. Hier sind sich alle einig: Solche unreifen Reaktionen dürfen nicht sein.

Wenn Eltern präsent sind, die Führung erkennbar, nah und klar leben und dabei nicht ständig von Selbstzweifeln geplagt sind, können Jungen an diesen Modellen lernen: eher beiläufig, unbewusst und selbstverständlich. Dann können sie auch ihre eigene Führungsstärke als persönliche Kompetenz und Eigenschaft gleichsam naturwüchsig erwerben und in ihre eigenen Beziehungen einbringen. Das funktioniert direkt, also über die Beziehung zwischen Eltern und Junge, aber auch indirekt, wenn Jungen ihre Eltern beobachten: etwa, wenn Jungen sehen, wie Eltern mit Geschwistern, mit Dienstleistern oder Kunden umgehen, wie sie in öffentlichen Funktionen – etwa als Kommunalpolitikerin oder Kirchengemeinderat – auftreten und diese Rolle ausfüllen, oder wenn – z. B. im Einzelhandel, in der Landwirtschaft, in der Gastronomie – Angestellte geführt werden usw. Dabei kann allerdings auch das Falsche gelernt werden: Arroganz, Abwertung, Machtausübung. Es ist hilfreich, wenn Eltern sich ihrer Vorbildfunktion bewusst sind.

Führung zu bekommen und zu erhalten ist eine Aufgabe der Eltern: Sie sind verantwortlich, sie »machen« ihre Führung.

Sie zu gewähren ist auf der anderen Seite die Sache des Jungen als Führungspartner; auch er »macht« also Führung: Er nimmt diese Beziehungsqualität an, nicht dauerhaft, sondern »auf Abruf«. Führung kann einen flüchtigen Charakter haben, sie ist vorübergehend gewährt und kann wieder verloren werden. Vor allem autoritäres Verhalten und Gewalt entwerten Führung, aber auch respektloses Verhalten dem Jungen gegenüber oder der Verlust der Selbstkontrolle: Z. B. verliert ein Stück weit sein Gesicht und damit Führung, wer seinen Sohn mit Schimpfworten wie »Arschloch« belegt, wer lügt und sich damit als nicht integer erweist, wer im Konflikt unvermittelt aus dem Kontakt geht. Auch wer mit knallrotem Kopf seinen Sohn zusammenbrüllt, hat viel verloren: das Gesicht, die Führung, die Selbstbeherrschung – und schlimmstenfalls die Beziehung zum Jungen. Nach dem Verlust der Führung muss viel dafür getan werden, um sie wieder zu bekommen: das Vertrauen wieder aufbauen, aktiv Einsicht zeigen, um Entschuldigung bitten, das Geschehene bereuen und durch Taten beweisen, dass man auch anders kann.

> Wer führungskräftig ist, muss nicht autoritär werden. Wer autoritär wird, hat seine Führung schnell verspielt.

Sehr viel können Eltern in der Beziehung zu Jungen, im direkten Kontakt, in ihrer Haltung und Einstellung bewirken. Wie sie sich verhalten, wie sie ihren Jungen sehen und unterstützen, was sie ihm anbieten: Das sind wesentliche Einflussbereiche der Führungskraft. Die Verbesserung der Beziehung zwischen Eltern und Junge ist einfach umsetzbar, oft sind es nur kleine Veränderungen, die gegenseitiges Vertrauen und Nähe unmittelbar fördern und viel beim Jungen bewirken. Hier lohnt es sich, Aufmerksamkeit und Energie einzusetzen. Solche Beziehungen sind sehr individuell, sie lassen sich kaum verallgemeinern, denn die Beteiligten und ihre Lebenssituationen unterscheiden sich erheblich. Deshalb kommt es auf die Eltern an, wie sie ihre Führungskraft ausbilden und gestalten: Führung hat immer eine persönliche Seite, jede Person hat ihren eigenen Stil, »ihre Art«. Ältere Jungen können das merken und würdigen – wenn auch meist erst rückblickend:

> In einer unserer Studien wurde ein Junge von der Interviewerin gefragt: »Fällt dir eine Person in deiner Geschichte ein, die eine gute Autorität war?« Und der Junge antwortete: »Ähm ja, da würde ich jetzt – da könnte ich jetzt meine Familie anführen: Mama und Papa, würde ich sagen, die haben das ganz, ganz – so auf ihre Art ganz gut gemacht!«

Neben dem individuellen Führungsstil gibt es jedoch auch allgemeingültige Elemente, die immer wieder neu und individuell ausgestaltet werden. Sie sind der Schlüssel zur guten Führungskraft von Jungen, und ich möchte sie hier kurz vorstellen, weil sie im Buch immer wieder auftauchen. Im zweiten Teil, in den sieben Schritten, werden sie dann ausführlich entwickelt:

- In Bezug auf Führung sind zuerst die **Werte** der Eltern bedeutsam. Wenn Vater und Mutter – gemeinsam, aber auch jeder für sich – wissen, was ihnen wirklich wichtig ist, drückt sich das in ihrer Haltung aus. Werte erleichtern die Navigation durchs Handlungsmeer der Erziehung, sie geben Sicherheit und lassen Vertrauen wachsen. Werte wechseln nicht so schnell, es sind auch keine konkreten Ziele, mehr Richtungsangaben oder Wegweiser. So ist es und so ist es nicht; so ist es richtig und so ist es nicht richtig. Wenn Eltern Werte vorleben, können Jungen Orientierung finden. Das setzt voraus, dass Eltern sich selbst auch an ihre Werte halten: Dann sind sie authentisch, verlässlich und integer.

Körperliches Wohlbefinden und Gesundheit sind Miriam für sich und ihren Sohn wirklich wichtig. Das versucht sie ihm zu vermitteln. Deshalb achtet sie auf wertvolle Nahrungsmittel; sie genießt gutes Essen und freut sich, wenn es ihnen beiden gut geht.

■ Dass ein Vater oder eine Mutter sagen kann: »Ja, ich habe Führung«, hängt mit ihrer persönlichen **Haltung** und mit ihrer Einstellung zusammen. Führungskräftige Eltern sind in dieser Hinsicht eindeutig und entschieden. Sie stehen zu ihrer Verantwortung als Vater oder Mutter und streben nach Klarheit für und in sich selbst. Vielleicht muss ich mich mit meinen eigenen Erfahrungen und mit dem, was ich über Führung gelernt habe, befassen, bevor ich für meinen Sohn eine gute Führungskraft sein kann? Es ist hilfreich, sich solche Dinge bewusst zu machen. Zusätzlich kommt eine weitere Anforderung mit ins Spiel, nämlich, echt und authentisch zu bleiben: Tricks, Techniken oder Formales wirken aufgesetzt. Jungen merken das.

Eltern mit Führungskraft sind manchmal überrascht, wenn sie merken: Oh, das habe ich ja bereits! Ich bin ja eigentlich klar und entschieden, ich habe bisher nur nicht drüber nachgedacht! Sie nennen sich meistens nicht Führungskraft, sie strahlen das aber aus. Gute Voraussetzungen, um mit Jungen klarzukommen! Manche fragen mich dann: Darf ich so sein? Ist das richtig? Keine Frage: Aber sicher, das ist genau richtig so!

■ Führung gelingt als Beziehung, in der Nähe, im Kontakt. Wenn ich gut führende Eltern beobachte, dann fällt mir oft die Art auf, wie sie mit dem Sohn zusammen sind: Es sind die Verbindung zum Jungen und ihre **Präsenz**, sie sind wirklich da, es zählt die Konzentration aufs Jetzt, auf die Beziehung zum Jungen und aufs Wesentliche. Das ist eine tolle Fähigkeit, über die wir zwar grundsätzlich verfügen, die aber kaum geschult, vermittelt oder gewürdigt wird. Präsenz respektiert, dass das Jetzt einmalig und einzigartig ist. Sie drückt einfach aus: »Du und ich (oder du und wir) – das ist mir jetzt wichtig. Und nichts anderes.« Das ist selbstverständlich kein Dauerzustand, aber wenn es darauf ankommt, sind solche Eltern aufmerksam, wach und in Kontakt mit ihrem Sohn. Sie signalisieren: »Ich interessiere mich für dich.« Aber auch: »Ich übernehme Verantwortung für dich, ich lasse dich nicht hängen.« Und danach ist es auch wieder gut. Das gibt dem Jungen und der Beziehung zu ihm Bedeutung, so wächst sein Vertrauen.

In unseren Zeiten ständiger, vielfältiger Anforderungen und in der multimedialen Dauerberieselung und Ablenkung muss Präsenz oft regelrecht geübt oder beschlossen werden. Michael und Antonia, Eltern dreier Kinder und beide beruflich stark eingespannt, bedauern es, bislang zu wenig wirklich »da« gewesen zu sein. Ich schlage ihnen vor, jeder für sich Lücken zu schaffen, in denen sie ausdrücklich und wirklich nur mit ihrem Sohn zusammen sind. Manche Eltern nehmen sich bewusst vor, immer wieder »Stopp« zu sagen: Ich bestimme jetzt, präsent zu sein, alles andere ist unwichtig.

- **Sprache** vermittelt nicht nur inhaltliche Botschaften, sie zeigt auch Beziehungen auf. Mit Wörtern und Sätzen, aber auch durch Körpersprache vermitteln Mütter und Väter dem Jungen: »Hallo, ich führe.« Jungen sollten die Botschaften Erwachsener verstehen können: Das bedeutet verständliche Sätze, klare Worte, offene Informationen, Wahrhaftigkeit. Wer den Eindruck hat, dass seine oder ihre Botschaften beim Jungen gut ankommen, muss sich hier nicht besonders bemühen. Aber wenn es hakt, dann rate ich Eltern, auf die eigene Körpersprache zu achten, sich vielleicht körperlich aufzurichten. Und über die eigene gesprochene Sprache nachzudenken, sich in den Jungen hineinzuversetzen: Kann der Junge verstehen, was meine Botschaft ist? Ein pausenloser Wortschwall hört sich nicht nach Führung an. Führungsstarke Eltern setzen Akzente und machen Pausen, damit das Jungengehirn nachkommt und nachdenken kann. Und sie kommen auf den Punkt und sagen direkt, was sie wollen. Klare Ansagen eben.

Michael ist ein eher sanfter und körperlich etwas schmächtiger Mann. Sein Vater war herrisch und cholerisch, so wollte Michael nie sein. Aber es lässt sich nicht vermeiden, dass es mit seinem elfjährigen Sohn Nico Konflikte gibt. Michael hat zunehmend den Eindruck, dass Nico ihn nicht ernst nimmt. Wir arbeiten an einer für Michael passenden Sprache: Erst einmal richtet sich Michael innerlich und körperlich auf, atmet durch, schaut Nico an und sagt ihm dann, was ihn ärgert und was er von ihm möchte.

● Führungskräfte gehen souverän mit ihrer **Zeit** um. Hektisches Gewusel wirkt beflissen, stabile und führungsstarke Jungeneltern, die ihre Führungsrolle ernst nehmen, schenken ihre Zeit bewusst und großzügig, wenn der Sohn sie benötigt. Zeit zu haben und sich Zeit zu nehmen drückt aus: Hier ist Würde, Gelassenheit, Wissen, Meisterschaft: Führung. Das gilt auch, wenn es Konflikte gibt. Der Junge hält sich nicht an die Regeln oder erledigt seine Aufgaben nicht? Viele Eltern fühlen sich dann unter Druck und denken, sie müssten sofort reagieren. So entstehen Kurzschlüsse. Besser ist es, gerade in heißen Situationen das eigene Handeln zu verlangsamen, quasi in Zeitlupe zu reagieren. So führen Sie sich und Ihr Kind in eine andere Lage. Auch Geduld und Beharrlichkeit sind Ausdruck für Souveränität – der Junge kommt auf die Welt und muss nicht gleich sprechen können oder mit Messer und Gabel essen. Führende Eltern wissen aber, dass er es lernen wird, und haben die Geduld, es zu erwarten.

Ein Vater erzählte mir in einem Seminar: »Über Jahre muss-
te ich meinem Sohn sagen: Räum bitte die Spülmaschine aus.
Am Anfang gab es großes Jammern und Wehklagen. Irgend-
wann sagte er nur noch: Ja, mach ich, und er tut es auch. Und
ich glaub's nicht, jetzt kommt es manchmal sogar vor, dass er
selbst sieht, was zu tun ist – und einfach so die Spülmaschi-
ne ausräumt. Welch ein Glücksgefühl, alle Geduld hat sich ge-
lohnt!«

- In einer Familie sind alle Mitglieder zwar verschieden, aber gleichwürdig und gleichwertig: **Respekt** ist die Anerkennung unter Gleichen. Wenn ein Junge sich respektiert fühlt, dann fällt es ihm leichter, auch umgekehrt seine Eltern und andere Menschen zu achten. Einem Jungen mit Respekt zu begegnen bedeutet, ihn ernst zu nehmen, ihn zu sehen, ihn mit seinen Bedürfnissen wahrzunehmen, ihn zu achten und in seiner Einzigartigkeit zu akzeptieren. Die respektvolle Haltung dem Jungen gegenüber sieht ihn in seiner Schönheit, in dem, was er ist und bereits entwickelt hat. In ihrer respektvollen Haltung glauben Eltern an ihren Jungen und vermitteln ihm das auch.

Mir gefällt es zum Beispiel immer, wenn Eltern ihrem Sohn auf
Augenhöhe begegnen und z. B. in die Knie gehen, wenn sie
mit ihm reden. Das zeigt Respekt und markiert Führung. So
einfach kann das sein!

- Zusammenleben unter Menschen erfordert immer auch Ver-einbarungen und Regelungen. Erwachsene wissen, welche **Regeln** vereinbart wurden und gelten. Deshalb unterstützen sie Jungen darin, sie zu lernen. Erst allmählich verankern sich Regeln fest im Gedächtnis des Jungen. Das kann dauern, auch weil Regeln häufig mit Unlust verknüpft sind. Ihre Führungs-kräfte zeigen Eltern auch darin, wie sie mit Regeln umgehen:

Wie sie sie vertreten oder darüber verhandeln, und auch wie sie reagieren, wenn Absprachen eingehalten werden: Das ist etwas Schönes, nicht selbstverständlich, und möchte anerkannt werden! Und schließlich wird Führung in der Konsequenz dargestellt, wenn Regeln überschritten werden: Daraus muss kein Drama gemacht werden, in den meisten Fällen geht es um Kleinigkeiten und darum, dass der Junge merkt, dass da etwas nicht in Ordnung ist – also erst einmal keine Riesenreaktionen oder gar Strafen. Regeln sind Hilfsmittel, um Freiheiten zu organisieren, kein Selbstzweck. Sie müssen sein, aber sie müssen auch ein gesundes Maß haben. Viele Regeln lernen Jungen dadurch, dass sie häufig wiederholt werden: »Gleich nach dem Essen hilf bitte mit, den Tisch abzuräumen, dann kannst du raus auf den Spielplatz.«

Oft hilft bereits als Konsequenz ein Wiederholen der Regel oder ein humorvoller Hinweis oder dass dem eigenen Ärger Ausdruck gegeben wird. Und manchmal lernen Jungen auch, wenn Eltern ihnen etwas Attraktives verwehren: Schon wieder hat er nach der vereinbarten Fernsehzeit nicht abgeschaltet? Dann bleibt der Fernseher morgen mal ganz aus.

Auch die Themen, bei denen Eltern als Führungskräfte besonders gefordert sind, wiederholen sich. Erfahrene Jungeneltern können von solchen »Klassikern« fast schon Lieder singen. Aktuell gibt es vor allem zwei Konfliktfelder, an denen die Stimmung hochkocht: Das sind die großen Themen »Schule« und »Medien«. Diese beiden Schwerpunktthemen werden später in eigenen Abschnitten behandelt. Selbstverständlich brauchen Jungen gute Führung und klare Ansagen auch noch in anderen Lebensbereichen, etwa bei der Gesundheit (Ernährung, Bewegung: Sport), in ihrer Freizeitgestaltung, beim Lernen eines Musikinstruments oder im mitmenschlichen Umgang (gegen Abwertung, Ausgrenzung) –

Themen gibt es reichlich, sie alle im Detail zu berücksichtigen würde den Rahmen eines solchen Buches weit sprengen, doch fließen einzelne Aspekte an vielen Stellen ein. Daneben gibt es eine ganze Reihe von Brennpunkten des Alltags: von der Toilettenbenutzung übers Aufräumen und gemeinsame Mahlzeiten, von Manieren über Sexualität und Rauscherfahrungen. Unter der Überschrift »Klassiker des Familienlebens« finden Sie 13 Themen, die Jungeneltern kennen und immer wieder herausfordern, die Sie hoffentlich hin und wieder zum Schmunzeln bringen und wo Ihre Führungskraft in besonderer Weise gefragt ist.

Führung mit beschränkter Haftung

Führungsstärke ist kein Wundermittel und sie hat Grenzen. Sie ist für Jungen wie für alle Menschen ein Entwicklungsfaktor von vielen, sicher ein wichtiger. Aber mit Führungsstärke lässt sich nicht alles lösen. Sie kann andere Bedürfnisse nicht ersetzen. Liebe und Gelassenheit, Persönlichkeit und Selbstvertrauen der Eltern können durch Führung nicht gesättigt werden. Ein hungriger oder durstiger Junge braucht keine Führung, sondern etwas zu essen oder zu trinken. Führungsstärken ersetzen nicht Körperkontakt, körperliche Zuwendung, Zärtlichkeit. Einem Jungen, der in Armut lebt, hilft nicht mehr Führung, sondern die Verbesserung seiner wirtschaftlichen Lage. Wenn sich die Eltern eines Jungen ständig streiten oder sich trennen, ist das eine Lebenskrise für den Jungen, in der er Unterstützung braucht, die mehr ist als Führung. Dem Jungen, dem keine Lebensperspektive geboten wird und der kein Vertrauen in die Zukunft hat, nützt Führung allein wenig. Auch dem, der ausgegrenzt wird, hilft kein Hinweis auf Führungskraft, er braucht Schutz und die Möglichkeit, dazuzugehören. Also: Führungskraft ist nicht alles, aber ohne sie kann Jungenerziehung nicht gelingen.

So, wie Erwachsene sich im Hinblick auf ihre Führungsqualitäten selbst im Weg stehen können, kann ihr Führungskraftsein von der anderen Seite, vom Jungen her ausgebremst werden. In den meisten Fällen ist es zwar so, dass Jungen die gute, die persönliche Autorität einfordern und sie benötigen, um sich gut entwickeln zu können. Manchmal passt das aber nicht. Jeder Junge bringt ja auch etwas mit – nennen wir es Art, Charakter oder Seeleneigenschaften. Es gibt Jungen, die in der Welt nicht zurechtkommen. In diesen Fällen können Eltern noch so sehr versuchen, alles gut und richtig zu machen – wenn das Kind es nicht annehmen kann, hilft alle Mühe wenig: Es gibt trotzdem große Probleme. Und (noch) mehr Autorität kann dann der falsche Weg sein.

In diesen Fällen ist eine realistische Einschätzung entlastend. Bevor Sie zu große Schuldgefühle bekommen oder im Hamsterrad der Erziehungsoptimierung rotieren: Holen Sie sich Unterstützung. Möglicherweise liegt das Problem nicht bei Führungsfragen, sondern ganz woanders.

Jeder Junge ist anders

Jungen benötigen Orientierung und Klarheit, sonst können sie sich nicht gut entwickeln, und dafür brauchen sie klar führende Eltern. Die meisten Eltern ahnen oder wissen das. Nun sind nicht nur Eltern, sondern auch Jungen ganz unterschiedlich. Es gibt Jungen, denen genügt bereits die kleine Dosis Führung; manche schätzen die feinen Formen der Führung, also kleine Hinweise oder einfühlende Rückmeldungen; andere brauchen portionsweise oder sogar durchgängig viele klare Ansagen, eine eher markante, feste Führung; wieder andere provozieren das von Zeit zu Zeit, aber ansonsten sind sie sehr kooperativ unterwegs. Manche brauchen mehr, andere weniger Nähe. Und bei allem gibt es sogar oft Unterschiede zwischen Geschwister-Jungen, obwohl sie doch dieselben Eltern haben!

Wichtig ist deshalb immer der Bezug auf den einzelnen konkreten Jungen: Wo steht er gerade? Was braucht er von mir? Weil sich Jungen verändern, kann sich auch ihr Bedürfnis nach Führung und Klarheit wandeln. Führungskräftige Eltern sind also flexibel; sie korrigieren die Dosierung immer wieder. Leben mehrere Söhne in einer Familie, ist noch mehr Flexibilität nötig: Zweitgeborene Jungen unterscheiden sich oft von ihrem älteren Bruder. Der erstgeborene Sohn ist oft »braver«, weil er von den Eltern enger geführt wird. Beim zweiten sind sie gelassener, weniger ängstlich und großzügiger. Aber natürlich sind Jungen auch von ihrer Wesensart her verschieden, es gibt »schnelle« und langsame, wilde und ruhige, rebellische und harmonische Jungen usw. Und auch derselbe Junge ist nicht immer gleich, sondern verändert sich und schwankt in seiner Tagesform. Eine nicht geringe Herausforderung für Eltern!

In den letzten Jahren hat sich die Situation verschärft

In einem Set von führenden Kräften mit Jungen bewusst oder (meistens) unbewusst zu leben ist eigentlich gar nicht so kompliziert. Es sieht zumindest bei Erwachsenen, die mit Jungen weitgehend klarkommen, recht einfach aus. Aber offenbar fällt es heute vielen Eltern schwer, Führungskraft zu sein. Wir registrieren das an Jungen und ihren Schwierigkeiten in der Welt, an den Konflikten mit Jungen, allen voran bei den Themen Schule und Medien, und vor allem an der Unsicherheit der Eltern, was ihre eigene Haltung und Rolle angeht.

In den letzten Jahren hatte ich einerseits viel Gelegenheit, zu Eltern und mit ihnen zu sprechen. Andererseits war ich häufig in

Schulen unterwegs, um mit Lehrerinnen und Lehrern und mit Jungen zu arbeiten. In dieser Arbeit mit Jungen, Eltern, pädagogischen Fachleuten und Lehrkräften begegnete mir immer schon ein bunter Strauß von Problemen, die auf unterschiedliche Ursachen zurückzuführen sind. Das ist in gewisser Weise normal, es gehört einfach zur Erziehung, dass Schwierigkeiten auftauchen. Seit einiger Zeit fallen allerdings zwei Symptome gehäufter auf. Das geht nicht nur mir so. Kolleginnen, Kollegen und andere Fachleute, die darauf angesprochen werden, steigen sofort in das Thema ein und berichten über ähnliche Fälle aus der eigenen Arbeit.

Auf den ersten Blick sind es die Jungen, die sich schwierig verhalten und die haltlos wirken. Deshalb konzentriert sich der fachliche Blick oft nur auf sie, sie scheinen bedürftig und nicht altersentsprechend entwickelt zu sein. Erst wenn die Frage gestellt wird, warum Jungen so werden, rücken die eigentlichen Ursachen in den Vordergrund:

- Ansonsten sehr patenten Männern und Frauen mangelt es in Bezug auf ihre Elternrolle an Selbstvertrauen; dementsprechend ist bei ihnen nur wenig Stabilität in ihrer Rolle als Erziehende erkennbar. Ständig fragen sie sich: Wie soll ich mich verhalten? Was kann ich tun? Müsste ich mich jetzt durchsetzen? Sollte ich mal laut werden? Bin ich vielleicht zu dominant? Darf ich mich durchsetzen oder wirke ich dann autoritär?

- Viele Eltern wollen ihre Führungsrolle in der Familie ausfüllen, aber sie können es offenbar nicht, weil sie nicht wissen, wohin. Sie vermitteln Jungen kein Vertrauen, keine Sicherheit, dass sie die Richtung kennen. Oder sie verwehren sich unbewusst selbst die innere Erlaubnis, ihre Rolle als Eltern auszufüllen.

- Auffällig oft sind auch solche Eltern verunsichert, die ihre Sache gut machen. Sie verhalten sich bewusst oder intuitiv genau richtig. Aber sie fragen sich trotzdem andauernd: Bin ich mit dem Jungen vielleicht zu streng, braucht er nicht mehr Freiheiten? Oder bin ich nicht zu großzügig, müsste ich mehr Grenzen setzen? Entwickelt mein Sohn sich falsch? Könnte ich als Vater oder Mutter noch perfekter werden?

Ein Vater erzählt: »Ich bin manchmal so streng, dass ich mich selber nicht mehr leiden kann. In diesen Momenten tut mir Philipp so leid, und ich habe das Gefühl, ich müsste viel toleranter und weichherziger sein. Dann wird es mit ihm aber so heftig, dass ich das nicht mehr aushalte. Wieder schimpfe ich und verbiete ihm alles. Und alles geht von vorne los.«

In dieser Verunsicherung reagieren Eltern unterschiedlich. Die einen verhärten sich in der Strenge, sie werden eng und rigide, klammern sich an Traditionen, Gesetze oder Wahrheiten; sie versuchen, die Jungen zu dominieren und im Konfliktfall immer »Sieger« zu bleiben. Andere Eltern bleiben dagegen völlig konturlos und schwammig; sie vermeiden es, Jungen Forderungen zu stellen, ihnen Aufgaben zu übertragen, Vereinbarungen zu treffen oder Beschränkungen aufzuerlegen; sie möchten ihren Sohn überhaupt nie begrenzen oder frustrieren. Er darf also alles, und kommt es doch zu Konflikten, dann entscheiden sich diese Eltern, Verlierer zu sein, dementsprechend leiden sie häufig. Eine dritte Gruppe von Eltern – wahrscheinlich die Mehrzahl – verhält sich schwankend, mal streng, mal nachgiebig; dabei bleibt für die Jungen unklar, wann Grenzen erreicht sind und zu welchem Zeitpunkt es in die eine oder andere Richtung kippt.

Michael und Brigitte haben ihre familiären Rollen den beiden Söhnen gegenüber so verteilt bzw. »es hat sich so hin

entwickelt«: Michael ist für die Regeln und Grenzen zustän-
dig, Brigitte hat den verständnisvollen und versorgenden Part.
Das gefällt Michael nicht mehr, er hat immer das Gefühl, die
schlechteren Karten zu haben: Wenn es Stress gibt, muss er ran
und bekommt den Ärger der Jungen ab; Brigitte ist »die Gute«
und fein raus. So vereinbaren die beiden einen Rollentausch:
Einen Werktag lang jede Woche nimmt der Vater eine »Egalhal-
tung« ein. Er ist großzügig; alles, was die Jungen wollen, dürfen
sie. Die Mutter dagegen sorgt für Regeln und Grenzen aller Art.

Was die Sache für Jungen noch verworrener macht, ist der Umstand, dass es sich bei Eltern meistens um ein Paar handelt, also
um zwei Personen. Oft teilen sich Elternpaare ihre Führungsrich-
tungen auf, dabei wird dann dem Vater die strenge und der Mutter
die nachgebende Haltung zugeteilt – das war die klassische Aufteilung, die in traditionellen Elternbeziehungen auch noch häufiger vertreten ist. Mittlerweile wird jedoch auch hier bisweilen
anders verteilt; und besonders in der Trennungssituation kann es
sich umdrehen: Dann obliegt es z. B. der Mutter, im Alltag für
Struktur und Verlässlichkeit zu sorgen, während der Vater an den
seltenen Wochenendbesuchen und in den Ferien den Großzügi-
gen und Grenzenlosen gibt. Eine besonders brisante Mischung,
die Jungen völlig überfordert, zeigt sich dort, wo die Eltern sich
extrem unterscheiden: ein überstrenger Vater und eine übernach-
giebige Mutter oder, deutlich seltener, ein übernachgiebiger Vater
und eine überstrenge Mutter.

Die grundlegende Verunsicherung der Eltern bezüglich der
eigenen Haltung ist in der Folge für Jungen fatal: Jungen sind
auf Halt und Orientierung angewiesen, der von außen kommt –
während Kindheit und Jugend ist das vor allem der Part der Eltern.
Jungen, die verunsicherte Eltern haben, tun sich schwer damit,
Halt zu finden. Sie werden in ihrer altersgemäßen Unsicherheit
alleine gelassen, können weniger Stabilität in sich selbst entwi-

ckeln. Die Bewältigung der sie umgebenden Schwammigkeit schluckt viel Energie, die ihnen woanders fehlt. Bei den meisten Jungen führt diese Unsicherheit keineswegs zur Reifung oder zur verstärkten Auseinandersetzung mit sich selbst. Sie bleiben eher in einem Stadium »hängen«, in dem sie rundum versorgt werden wollen; sie treten nach außen großspurig auf; oder sie kreisen in einer Art egozentrischer Rotation ständig um sich selbst.

Nicht zufällig tauchen die Folgeprobleme der Jungen vor allem in der Schule auf. Hier schaukelt sich die Problematik hoch: Jungen regen sich wechselseitig an, die Gruppendynamik kommt verstärkt ins Spiel. Über das, was sie eigentlich suchen – echten Halt, Orientierung, Sicherheit – denken Jungen nicht nach, sie können ihr Anliegen nicht formulieren (und müssen das in dem Alter auch nicht können). Die Ursachen für ihr oft schwieriges Verhalten bleiben verdeckt, Schule kann nicht in die Familien hineinschauen. Außerdem sind die Probleme nicht ständig und immer gleich auffällig. Phasenweise »funktionieren« Jungen ganz gut. Aber unter entsprechenden Bedingungen entwickelt sich bei einzelnen Jungen und in einer Gruppe von Jungen eine ungute Dynamik. Dies hängt einerseits von der Zusammensetzung der Klasse ab und davon, wie Jungen miteinander umgehen. Andererseits spitzt sich die Lage auch dann schnell zu, wenn Lehrkräfte dieselben Führungsschwächen zeigen wie die Eltern der Jungen.

Auffällig ist, dass diese Phänomene viele Familien betreffen und dass sie in allen sozialen und Bildungsschichten zu finden sind. Früher kannte man solche Themen von problematischen Familien und ihren schwierigen Jungen, die z. B. von der Jugendhilfe betreut wurden und bei denen es wenig Bindung gab. Heute dagegen sind die Schwierigkeiten vom Rand in die Mitte gewandert: Sie betreffen viele ganz »normale« Jungen und ganz »normale« Familien. Waren in Schulklassen vor zwanzig Jahren ein, zwei Jungen derartig vorbelastet, ist es heute häufig ein Drittel oder noch mehr. In der Jugendphase tauchen solche »schwierigen«

Jungen naturgemäß zwar gehäuft auf; heute werden sie aber in allen Altersgruppen beobachtet, von zwei- oder dreijährigen Jungen bis zur späten Pubertät.

Befinden wir uns also in einer Katastrophe, ist die Lage gar aussichtslos? Gewiss nicht. Für Alarmismus und Hoffnungslosigkeit oder dafür, die Lage der Jungen zu dramatisieren, gibt es keinen Grund. Wir leben weder in einer Zeit der Nichterziehung noch der Nichtdisziplin noch der generellen Leistungsverweigerung von Jungen, wie oft behauptet wird. Es geht um Bedürfnisse und Tendenzen, die jetzt auffallen, und darauf kann und muss reagiert werden. Die Erfahrung zeigt, dass sich sowohl Jungen als auch ihre Eltern und die Lehrerinnen und Lehrer gut erreichen lassen. Was fehlt, sind Orientierungen im Erziehungsdschungel, Erklärungen und die Erlaubnis, für Jungen eine klare Führungskraft zu sein. Viele Eltern und andere Erziehende machen ihre Sache gut, einige sogar richtig klasse – was sich immer wieder an Jungen sehen lässt, die positiv auffallen, weil sie sich stabil, lebendig und selbstbewusst entwickeln. Viele Eltern sind interessiert daran, es richtig zu machen. Ihnen helfen dann sicher keine Schreckensszenarien, sondern Hilfestellung und Orientierung.

Machtfragen

Jede Erziehungsbeziehung ist von vornherein nicht ausgewogen, sondern asymmetrisch. Eltern verfügen über ein »Mehr«, einen Vorsprung: etwa in der Körpergröße, in ihrer körperlichen und mentalen Kraft, im Alter und damit in der Lebenserfahrung, bezüglich ihrer Kompetenzen, Befugnisse, im Wissen, in der Reife, in Überblick, Status, Geld, Eigentum, Freiheit, Verantwortung – und auch über mehr Macht. In jeder Altersphase (ja, auch in der Pubertät!) haben Eltern sehr großen Einfluss darauf, wie Jungen sind, wie sie sich verhalten, wie sie sich entwickeln. Wie mit

Macht und Einfluss umgegangen wird, ist für Führung entscheidend. Andauernde Machtkämpfe verweisen genauso wie Unterwerfung auf Schwierigkeiten im Umgang mit Macht. Früher wurden die Kinder gezwungen, sich der elterlichen Macht unbedingt zu unterwerfen; die Folgen waren Rebellion, psychische Probleme oder Fassadenhandeln. Bei autoritären Eltern gibt es das heute immer noch, es wird aber im Allgemeinen sehr kritisch gesehen. Umgekehrt ist es heute immer wieder zu erleben, dass sich Eltern unterwerfen: dass sie ihre Führung aufgeben, weil sie sich nicht zu helfen wissen oder weil sie Konflikte mit ihrem Sohn scheuen. Sowohl der Zwang zur Unterwerfung unter das Kind als auch das Aufgeben der elterlichen Macht sind Formen des Machtmissbrauchs.

> *Das Schlafengehen ist beim dreijährigen Luka immer ein Drama, erzählt seine Mutter: »Kurze Zeit nachdem ich ihn ins Bett gebracht habe, steht er wieder im Wohnzimmer und sagt, er könne nicht einschlafen. Das geht dann ein paarmal so, bis wir alle entnervt sind, oft werde ich dann laut und Lukas weint am Schluss.« Im Einfühlen in ihren Sohn spürt sie, dass Luka nicht aufsteht, um sie zu ärgern, sondern weil er Angst bekommt. Beide Eltern versuchen nun, durch mehr liebevolle Führung den Halt zu verstärken: ein längeres, immer gleiches Einschlafritual, Streicheln an Füßen, Beinen und auf der Brust, das Kuscheltier muss da sein und das Nachtlicht brennen.*

Bei Jungen sorgt die Asymmetrie dann für Sicherheit, Ordnung und Vertrauen, wenn gleichzeitig ihre Bedürfnisse zu ihrem Recht kommen. Führungsbeziehungen sind nicht gleich und nicht gleichrangig. Wer kleine Jungen als gleichberechtigte Partner sieht und sich so verhält, überfordert sie. Und selbst in der Jugendphase können Jungen manche Entscheidungen nicht treffen, weil ihnen der Überblick fehlt oder weil sie sich z. B. auf den

Modus Lustbefriedigung eingestellt haben, anstatt auf ihre Gesundheit zu achten. Auch dann brauchen sie Führung, um Fehlendes auszugleichen.

Der Vorsprung bei führenden Erwachsenen ist immer vorhanden und wirkt in die Beziehung. Schwierig wird es dann, wenn versucht wird, diesen Umstand zu verschleiern, etwa wenn so getan wird, als seien alle immer gleichgestellte Partner. Jedes Erziehen, jede pädagogische Tätigkeit ist ganz automatisch auch mit Führung verknüpft. Ursprünglich meinte der Begriff »Pädagoge« ja auch »Knabenführer«. Die Führung kennt das Ziel oder wenigstens den nächsten Schritt. Wieso sollte das verborgen werden? Die Rollenkonfusion unklarer Erwachsener in dieser Hinsicht schadet der Beziehung zu Jungen: Sie wird unklar. Für den Jungen gesunde Erwachsene sind sich ihres Vorsprungs bewusst. Gleichzeitig sind sie daran interessiert, dieses Ungleichgewicht allmählich zu verringern; dass der Vorsprung des Älteren abnimmt, sollte als Ziel in der Beziehung im Blick behalten werden. Wenn der Junge ein Mann geworden ist, ist das Gleichgewicht im Normalfall hergestellt. Klare, ausgeglichene Erwachsene haben Freude am Wachsen des Jungen und daran, dass der Abstand schrumpft. In manchen Bereichen, etwa in der fachlichen Kompetenz, wird der Junge den Vater und die Mutter überflügeln, z. B. in der Bedienung von Handys oder Computern. Klar führende Eltern sind darauf stolz. Sie geben gern etwas von ihrem »Mehr« an den Jungen ab.

Der Junge als Führungspartner bekommt etwas, er braucht aber auch Vertrauen, um folgen zu können. So gesehen folgen Jungen in einer sicheren, funktionierenden Führungsbeziehung freiwillig. Im Idealfall müssen sie zu nichts gezwungen werden. Nur muss die führende Person erkennbar sein als eine, die etwas anzubieten hat. Führung geht nicht ohne Verbieten – aber es geht nicht ums Verbieten als Machtdemonstration. Egoistische oder narzisstische Menschen dagegen brauchen den Abstand als Hierarchie. Sie sind daran interessiert, den Unterschied zu betonen, ihn zu belassen oder gar noch zu vergrößern. Wer Strenge, Disziplin, blinden Gehorsam und Unterordnung fordert, hat oft nur die bestehende Diskrepanz, den eigenen Nutzen im Blick. Als Führungskraft ist so jemand nicht geeignet.

> Autorität hat der, der etwas zu *bieten* hat - nicht der, der etwas zu *verbieten* hat.

Menschen sind Individuen und soziale Wesen. Erziehung muss sich nicht nur um die persönliche Entfaltung, sondern auch um Gemeinschaftliches kümmern, um den Fortbestand und die Weiterentwicklung der Gesellschaft. Es gibt deshalb auch unangenehme Dinge, die vermittelt und gelernt werden müssen und die Teil dieser Asymmetrie sind. Auch das sollte nicht vertuscht werden. Gerade die Schule als Erziehungs- und Bildungsinstitution ist in vielen Bereichen sogar Pflicht und Zwang, und auch ein Teil des Lernens in der Familie ist und bleibt Zwangsveranstaltung. In Bezug auf die Schule unterstreicht das schon die Schulpflicht, die notfalls mithilfe der Polizei durchgesetzt wird. Schulzwang ist in der Tendenz ein Jungen-Konfliktthema: Jungen versuchen viel mehr als Mädchen, sich der Schulpflicht zu entziehen. Beispielsweise schwänzen Jungen öfter, und von allen Schulverweigerern sind rund zwei Drittel Jungen.

Dennoch – die allermeisten Jungen sind durchaus bereit, sich in eine unsymmetrische Beziehung zu begeben, sich führen oder anleiten zu lassen. Das ist zunächst eine angeborene Eigenschaft. Sie ist zweifellos individuell unterschiedlich ausgeprägt, auch in verschiedenen Lebensphasen mal mehr (Kindheit), mal weniger erkennbar (Pubertät). Aber selbst als Jugendliche wollen Jungen ihre Eltern glücklich machen, was oft erst schmerzhaft fühlbar wird, wenn die Eltern wirklich unglücklich sind. Jungen möchten nützlich und für andere da sein, sie wollen zumindest mittelfristig selbst ein guter Teil der Gesellschaft werden. Dies gilt auch dann, wenn die soziale Seite von Jungen nicht immer auf den ersten Blick und nicht bei jedem Jungen erkennbar ist. Wer sieht, wie sich Jungen in sozialen Projekten engagieren, wie ältere Jungen jüngere beschützen und begleiten können, oder wer den Stolz schwieriger Jungen sieht, die während eines Schulprojekts erfolgreich im Altenheim gearbeitet haben, weiß, was gemeint ist. Sogar bei ganz »harten Jungs« fällt oft auf, dass sie sehr gediegene Sehnsüchte in sich tragen: mit Beruf, Frau, Kindern, Wohnung, Auto, großem Fernseher und Couchgarnitur.

Jungen wollen dazugehören, sie wollen lernen, wie das Leben geht, und haben Interesse, sich selbst weiterzuentwickeln und zu bilden, um ihren Platz in der Gemeinschaft zu finden. Deshalb sind sie bereit, zu lernen, wie man Bedürfnisse anderer respektiert, sie akzeptieren auch, dass sie mitverantwortlich sind für das Lebensgefühl anderer – auch von Eltern und Lehrkräften. Eine klare, liebevolle Führung ist eine Antwort auf diese Wünsche der Jungen. Da ist eine Person, die will, dass der Junge sich entwickelt, und von der er etwas bekommt, ein Mensch, der Bescheid weiß oder einfach weiter ist: damit der Junge das werden kann, was er persönlich ist (»Werde, der du bist«), und damit er mit dieser Persönlichkeit einen guten gesellschaftlichen Ort findet. Auf so ein Angebot hoffen oder warten Jungen, und sie springen darauf an, wenn es passt.

Oft zeigt sich allerdings ein Haken bei der Sache: Führung wirkt nur dann, wenn sie überzeugt. Kein Junge wird sich nur wegen einer Funktion (Vater, Mutter, auch Lehrerin oder Lehrer) gewinnen lassen; keiner wird ein routiniertes, standardisiertes, aber leb- und liebloses Führungsangebot ausreichend interessant finden. Eine gesunde Skepsis gegenüber nicht ausreichend eingelöster Führung ist durchaus angebracht; fällt sie auf fruchtbaren Boden, dann sorgt sie für (mehr) Qualität in der Führung: Erfolgreiche Führung muss klar und entschieden sein, sie soll so präsentiert und gestaltet werden, dass sie für Jungen glaubwürdig und attraktiv ist. Erst dann können Jungen sie anerkennen und nützen.

Tim ist wie verrückt nach seiner Wii-Spielkonsole. Jedes Mal gibt es Theater, wenn er nach einer Stunde ausschalten soll, dabei ist das seinen Eltern eigentlich schon zu viel. Tim wird zornig, er ist so ungehalten, dass es lange dauert, bis Erich, sein Vater, wieder mit ihm reden kann. Ist das normal für einen Neunjährigen, fragt er mich ratlos. Solche Konflikte sind durchaus üblich, beruhige ich Erich. Es ist aber auch richtig, die Zeit zu reglementieren. Tim muss lernen, sich an Vereinbarungen zu halten. Und Erich sollte in Beziehung, aber konsequent für die Umsetzung sorgen – denn eine Stunde ist für einen Neunjährigen absolut genug. Vielleicht »spinnt« Tim auch deshalb so, weil Erich und seine Partnerin nicht klar und eindeutig in ihrer Haltung sind? Oder weil sie mit unterschiedlichem Nachdruck dabei sind?

Als Ergebnis des Gesprächs wollen sie es noch mal anders angehen: Sie reden mit Tim in aller Ruhe – also nicht in der stressigen Konfliktphase – über die Nutzung und auch über ihre Sorgen, wenn Tim zu viel spielt; sie kündigen an, dass sie bei Wutanfällen und »Theater« die Konsole einen Tag wegschließen werden, und sie einigen sich auf eine Vorwarnung: Zehn Minuten bevor die Spielzeit endet, bekommt Tim einen Hinweis. Und siehe da: Ab diesem Zeitpunkt klappt es mit dem Ausschalten besser, fast problem- und meist theaterlos.

Asymmetrie und Differenz sind besonders für kleinere Jungen die Basis für ihr Selbstständigwerden. Die Beziehungen zu Erwachsenen sind ein Übungsfeld, in dem eine innere Stabilität wachsen kann. Wenn der kleine Junge keine stabile Führung erfährt, sondern zu früh auf der ebenbürtigen Ebene gesehen wird, ist er damit überfordert. Partnerschaftlicher Umgang ist selbstverständlich ein Ziel in der elterlichen Beziehung. Aber kleine Jungen sind noch nicht fähig, eine Partnerrolle einzunehmen. Sie brauchen die Selbstverständlichkeit, ein Kind und damit abhängig zu sein, also gerade nicht reifes, reflektiertes Gegenüber sein zu müssen.

Fehlende Führung überfordert Jungen: in Form verfrühter Partnerschaft, aber auch in Form von Überversorgung, die zu wenig verlangt. Jungen, die immer zu viel bekommen, müssen sich nichts erkämpfen, auf nichts warten, nichts leisten, sich nicht einsetzen, um etwas zu bekommen. Sie brauchen sich nicht zu kümmern, sie werden gekümmert, und dabei ver-kümmert der eigene Antrieb. Der Stolz über die eigenen Fähigkeiten und die Entwicklung der eigenen Motivation werden behindert, ja sabotiert. Jungen ohne die Herausforderung, die Erfahrung und Bewältigung der durchaus auch unangenehmen Tatsache, dass sie klaren Ansagen folgen sollen, bleiben lustbezogen, stark gegenwartsorientiert und darin weder richtig leistungsfähig noch in der Lage, Beziehungen einzugehen. Sie werden später häufiger zu Jugendlichen, die sich in Abhängigkeiten verfangen. Manche nehmen in ihrer Unselbstständigkeit am sozialen Leben teil, andere bleiben zurückgezogen vor allem im eigenen Zimmer und nonstop im Internet und lassen sich ansonsten gern rundum versorgen.

> Gut, zu wissen: Wenn Eltern sich zu viel kümmern, macht das dem Jungen genauso Kummer, wie wenn sie sich zu wenig kümmern!

Das »Mehr« der Erwachsenen ruft beim männlichen Jugendlichen gern Begehren hervor: Das will ich selbst haben! Dann muss er entweder lernen, abzuwarten, oder er muss sich das Gewünschte nehmen und erkämpfen – die dazugehörigen Konflikte wollen ausgetragen werden. Auch hier spielen Geschlechterdynamiken eine Rolle: Aus der Identifikation mit dem Vater und mit anderen

Männern, aus dem geschlechtlichen Gleichsein heraus nährt sich solches Begehren in besonderer Weise: Entsprechend aufgeladen sind die entstehenden Spannungen mit männlichen Bezugspersonen. Darin liegt im Kern ein Generationskonflikt, der früher zwischen Vater und Sohn schwelte und explodierte. Heute ist diese Spannung eher verallgemeinert, sie trifft besonders in der Schule auf alle Erwachsenen.

Janosch ist 15 Jahre alt, sein Vater ist Kleinunternehmer, die Mutter arbeitete früher als Verwaltungsfachkraft und bleibt zu Hause, bis die beiden Kinder groß genug sind. Janosch bekommt praktisch alles, was er will. Er muss sich für nichts anstrengen und ist mit Konsumprodukten bestens ausgestattet.

Janosch ist ein Meister im Sichdurchmogeln. In der Schule gibt es aber zunehmend Probleme. Vor allem mit seiner Deutschlehrerin trägt er heftige Konflikte aus. Er kann ihre Anforderungen und ihre Versuche der Begrenzung nicht akzeptieren, jedes Mal reagiert er aufgebracht und bekommt Wutanfälle. Die Lehrerin ist nicht länger bereit, das zu dulden, sie will ihn aus der Schule werfen. Gerade geht es um sein zweites Berufspraktikum; er soll sich selbst um einen Praktikumsplatz kümmern.

Der Schulsozialarbeiter bietet an, ihn zu unterstützen. Janosch verspricht ihm, die Suche nach einer Praktikumsstelle in Angriff zu nehmen. Beim nächsten Termin versichert er, bereits drei interessante Praktikumplätze in der Auswahl zu haben, bei allen könne er anfangen. Am Ende stellt sich aber heraus: Nichts davon stimmt, er hat sich um nichts gekümmert. Auf den letzten Drücker besorgt ihm sein Vater dann doch noch einen Praktikumsplatz im Laden eines Geschäftsfreundes; hier hatte Janosch vor zwei Jahren bereits sein erstes Praktikum absolviert: ohne Freude und ohne echtes Interesse. Im Zweifel verlässt sich Janosch darauf, dass es der Papa schon richten wird. Und scheitert letztendlich daran, dass er keine klare Führung erfahren darf.

KLASSIKER DES FAMILIENLEBENS

Gemeinsame Mahlzeiten

Mahlzeiten machen Familie. Dass Familien zusammen essen, gehört zu ihren elementaren Verbindungen. Und im pubertären Alltag sind gemeinsame Mahlzeiten oft die letzten Inseln gemeinsam verbrachter Zeit. Umso höher ist ihre Bedeutung; Eltern dürfen dafür kämpfen. Mit der Industrialisierung und Individualisierung, mit dem zunehmenden Wohlstand und veränderten Zeitstrukturen des Arbeitens haben sich die Ernährung und die Gewohnheiten verändert. Die verbindlichen Regeln, wann und wie gegessen wird, lösen sich auf, Ernährung wird zunehmend individualistischer: Jeder oder jede isst, wann es ihm oder ihr gerade passt. Damit gehen an vielen Stellen ein Halt und eine Verbindung verloren. Schön an diesem Wandel ist jedoch, dass hier auch sichtbar wird, wie ein autoritäres Verständnis schwindet: »Punkt 12.00 Uhr wird Mittag gegessen!« oder »Kinder haben beim Essen zu schweigen!«. Da wurde Essen zum Stress. Die Kehrseite der Medaille: Das individualisierte Vor-sich-hin-Essen löst Bindungen auf oder lässt sie gar nicht erst entstehen.

Zusammen essen bedeutet Genuss und Gemeinschaft mit Bedürfnisbefriedigung. Verantwortlich dafür, dass dies so ist, sind die Eltern. Sie sorgen für eine attraktive Esskultur, weil sie wissen, wie wichtig gemeinsame Mahlzeiten als Bindeglied für die Familie sind. Harte Regeln braucht es dann meistens gar nicht. Eltern sorgen für eine (einigermaßen) gute Stimmung beim Essen und um möglichst wenig Stress dabei: Es geht ums Zusammensein, Erzählen, Genießen. Deshalb sollten die gemeinsamen Mahlzeiten auch nur begrenzt dafür genutzt werden, Konflikte auszutragen oder Aufgaben zu verteilen; dafür ist später noch Zeit. Auch während der Pubertät eines Jungen sollten das Essen und die Teilnahme an den Mahlzeiten nicht zum Kampfplatz für Machtspiele verkommen. Klare Eltern bleiben flexibel und gelassen, anstatt Prinzipienreiterei zu betreiben; dennoch geben sie ihrem Wunsch und ihrem Bedürfnis nach gemeinsamen Mahlzeiten Ausdruck.

Herd und Esstisch zentrieren die Familie und tun Jungen gut. Sie bieten Regelmäßigkeit im Alltag, einen guten Grundrhythmus und eine durchgängige Struktur. Beim gemeinsamen Essen sollten der Wert der Nahrung und das gemeinsame Erleben im Mittelpunkt stehen. Selbstverständlich und hilfreich: keine Zeitung, kein Radiogedudel und -geplapper, schon gar kein laufendes Fernsehgerät. Wer sich Zeit nimmt fürs gemeinsame Essen, spürt auch besser, wann der Körper satt ist.

Lern- und Konfliktfeld gleichermaßen sind die Umgangsformen, die Tischkultur. Eltern sind hier Vorbilder, die von Jungen nachgeahmt werden. Tischmanieren gelten auch beim Essen außerhalb der eigenen vier Wände. Eltern, die wegschauen, wenn der Junge im Restaurant andere Gäste nervt, haben es in der Situation vielleicht bequemer. Sie tun ihm aber keinen Gefallen – und ebenso wenig den anderen Menschen, die in Ruhe essen wollen. Bei denen handelt es sich nur selten um kinderfeindliche Monster, wie Eltern gern unterstellen. Führungskräftige Eltern weichen dem Konflikt mit dem Sohn nicht aus, sondern stehen für die üblichen Umgangsweisen in Restaurants mit Nachdruck ein.

Trotz der positiven Wirkung sollten gemeinsame Mahlzeiten nicht zu verkrampften Zwangsveranstaltungen werden, Ausnahmen von der gern gesehenen Teilnahme am Essen gehen selbstverständlich auch. Und das gemeinsame Essen darf nicht als Strafe herhalten, z. B. für zu spätes Heimkommen: »Um acht Uhr gibt's Frühstück, da musst du aufstehen.« Auch Essensentzug als Strafe ist völlig daneben.

Das gemeinsame Essen hat nachgewiesenermaßen Auswirkungen aufs Gemeinschaftsgefühl und auf die Gruppenfähigkeit, aber auch auf die Gesundheit. Ernährung ist ein wesentlicher Gesundheitsfaktor, und mehr Jungen sind übergewichtig als Mädchen, sie essen zu süß und zu fett: Bereits drei gemeinsame Mahlzeiten pro Woche (!) wirken sich auf die Gesundheit von Jungen positiv aus. Sie ernähren sich gesünder, werden weniger übergewichtig und leiden weniger an Essstörungen wie Magersucht (Anorexie) oder Ess-Brech-Sucht (Bulimie).

Vor dem gemeinsamen Essen steht das (selber) Kochen. Auch hier kann miteinander gehandelt werden, Jungen können altersentsprechend Aufgaben übernehmen. Zusammen Kochen ist gemeinsames Tun – und damit für Jungen gut; das Ergebnis, ein leckeres Essen, bringt Erfolgserlebnisse und Selbstwirksamkeit.

Über das Kochen werden Jungen lebenswichtige Kompetenzen vermittelt: Selbstfürsorge, kulinarische Kompetenz, ein gutes Körpergefühl. Die Seele der Familie sollte deshalb nicht oder möglichst wenig an vorgefertigte Produkte der Nahrungsmittel- und Chemieindustrie verkauft werden. Das wird die meisten Jungen nicht davon abhalten, Fast Food zu konsumieren (weshalb sie über die Risiken, z. B. Fettleibigkeit, ausreichend aufgeklärt werden sollten!). Aber wenn sie den Unterschied kennen und schmecken, dann steigt die Wahrscheinlichkeit, dass sie immer wieder zum guten und anständigen Essen zurückkehren werden.

Wie wird der Junge zum Mann?

Brauchen Jungen grundsätzlich mehr Halt, mehr Orientierung, mehr Klarheit? Im Durchschnitt: Ja. Im Einzelfall dagegen: Nein, nicht generell. Natürlich gibt es viele individuelle Unterschiede unter Jungen, etwa im Hinblick auf Temperament, persönlichen Charakter oder Erfahrungen im Leben. So gesehen ist kein Junge wie der andere. Auch ihr Männliches zeigt sich sehr verschieden. Und doch gibt es ohne Frage vieles, was sie verbindet.

Dass Kinder auf führende Eltern sowie klare und nahe Beziehungen angewiesen sind, gilt unabhängig von ihrem Geschlecht. Doch weil Beziehungen immer auch eine geschlechtliche Färbung haben, ist »Mädchen und Beziehung« ein anderes Thema als »Jungen und Beziehung«. Wenn Beziehungen von Kindern zu Erwachsenen betrachtet werden, fällt dies schnell auf: Wer riskiert gern eine große Lippe, demonstriert eigene Kompetenzen, wer neigt zum Protzen? Wer sucht Grenzen? Wer versucht, offensiv gegen Regeln anzugehen oder sie durch passiven Widerstand zu umgehen? Wer rebelliert offen gegen Eltern und Lehrkräfte? Das sind eher die Jungen. Damit ist nicht gesagt, dass so etwas bei Mädchen nicht vorkommt, dass sie keine Führung bräuchten oder dass sie nicht ebenfalls leiden, wenn Beziehungen diffus bleiben – aber sie tun dies aus ihrer Geschlechtlichkeit heraus anders. In diesem Kapitel geht es um die Jungen und damit um das Männliche, das sie von Mädchen unterscheidet.

Das Männliche ist für Jungen keine einfache Angelegenheit (ebenso wie das Weibliche für Mädchen). Je genauer man hinsieht, desto deutlicher wird, dass es vielschichtig angelegt ist, dass es von vielen Seiten beeinflusst wird und es von sehr vielen Faktoren abhängt, wie es sich ausformt. Natürlich prägen den Jungen auch sein Alter und die soziale Schicht oder das Milieu, in dem er aufwächst, seine ethnisch-nationale Herkunft und vielleicht eine Religionszugehörigkeit. Immer gibt es starke Unterschiede: So kann eine hohe Testosteronausschüttung bei dem einen Jungen zum übersteigerten Kampfinteresse führen, weshalb er eine Sportlerkarriere anstrebt, während der andere versucht, körperliche Impulse zu besänftigen, und er sich zur Leseratte oder zum Musiker entwickelt.

Hier liegt wohl der Grund dafür, warum im Alltag jede und jeder weiß, dass es das Männliche gibt, aber was es genau ist, woran es festzumachen ist, da wird es sehr schwierig. Immer wenn wir das Männliche greifen wollen, flutscht es uns aus den Fingern, eine eigentümliche Ja-aber-Situation. Ganz sicher ist nur: Das Männliche ist vielfältig – und Jungen ebenso! Wahrscheinlich liegt genau darin, in der Vielseitigkeit des Männlichen, der entscheidende evolutionäre Vorteil (und sicher nicht in einer zwangsläufigen »Der Mann als Jäger«-Logik; das wäre dann doch zu trivial – und es stimmt auch einfach nicht). Monokulturelle Männlichkeitsvorstellungen sollten deshalb am besten ins Museum gestellt werden.

Jeder weiß: Jungen sind wild und wollen sich bewegen.
Ja schon – aber nicht immer. Es gibt auch viele, denen das nicht so viel Spaß macht. Sie sind ohne Frage trotzdem Jungen!

Das Männliche des Jungen speist sich gleichsam aus drei Quellen: körperliche Gegebenheiten, psychische Faktoren und schließlich soziale oder gesellschaftliche Einflüsse[*]. Kein Aspekt des Männli-

---

[*] Diese Einflüsse werden hier nur knapp in ihrer Bedeutung für führungskräftige Eltern und klare Beziehungen beschrieben. Ausführlich dargestellt habe ich sie im ersten Teil meines Buches »Jungen. Eine Gebrauchsanweisung«.

chen kann nur auf einen einzigen dieser Einflussbereiche zurück-
geführt oder reduziert werden: Die drei Motive beeinflussen sich
permanent wechselseitig, sie sind eng miteinander verwoben.
Wie bei einem Kuchen kann man am Ende nicht mehr erkennen,
welche Zugabe den leckeren Geschmack ausmacht: Schmeckt der
Schokokuchen, weil Mehl darin ist, wegen Zucker oder Fett, oder
sind es die Schokostückchen? Alles vermengt sich und wirkt gemeinsam; so ist es auch mit den drei Zugaben zum Männlichen.

KLASSIKER DES FAMILIENLEBENS

Sprühwirkung oder Sitzpinkeln? Über die korrekte Toilettenbenutzung

Hygiene spielt bei der Erziehung immer wieder eine wichtige Rolle. Das Benützen von Toiletten ist Teil unserer Kulturtechniken. Die Hygiene- und Toilettenentwicklung hat in unseren Breiten dazu geführt, dass in den meisten Haushalten Sitztoiletten angebracht sind. Die Sitztoilette erhielt ihren Namen zu Recht. Wird sie im Stehen verwendet, führt die Aufprallenergie des Urinstrahls zu einer mehr oder weniger heftigen Streuwirkung: Es spritzt unausweichlich. Wegen der Bauart des Gefäßes werden dabei einzelne kleine und mikrofeine Tröpfchen wieder in die Höhe, auf den Rand, die Sitzbrille und den sie umgebenden Boden geschleudert. Dort trocknender Urin wird von Bakterien zersetzt und beginnt, unangenehm zu riechen. Bald entstehen Rückstände, die sich nur schlecht entfernen lassen. Es stinkt.

Schön ist es für Jungen (und für viele Männer ebenso), in der freien Natur einen weiten Bogen zu pinkeln. Auch das Benützen von Urinalen kann sich männlich anfühlen, wobei fehlende Begrenzungen dazwischen bei Jungen oft Schamgefühle wecken. Gegen das Stehpinkeln an sich ist nichts einzuwenden, wenn es in der Natur bzw. vor dem Urinal vollzogen wird. Der Unterschied zwischen dem Benutzen einer Sitztoilette und eines Urinals oder dem Pinkeln in der freien Natur ist groß. Deshalb sollte er Jungen vermittelt werden, es ist Teil seiner Kultivierung.

Medizinisch gesehen hat die sitzende Körperhaltung beim Wasserlassen keinerlei schädlichen Auswirkungen auf den männlichen Körper. Das Problem liegt eher im sozialen und psychischen Bereich. Denn der Begriff »Sitzpinkler« wird nicht selten abwertend verwendet. Dies verweist auf eine Unsicherheit mancher Männer in ihrem Männlichsein. Jungen und Männer, die mit ihrem Geschlecht kein

Problem haben, können ohne Weiteres im Sitzen pinkeln. Im Übrigen ist ein Stehpinkler genauso wenig wie das Hartei männlicher als andere Jungen und Männer (und »Hartei« ist eher ein Symptom für Krankheit: Der gesunde Hoden wirkt elastisch).

Viele Männer und damit auch Väter verstehen sich als eingefleischte Stehpinkler. Beim Thema Sitzpinkeln lernt der Junge durch Imitation gern vom väterlichen Vorbild. Deshalb muss hier oft erst der Mann überzeugt, der Konflikt zwischen Mutter und Vater bewältigt werden: ein Geschlechterkonflikt, aber durchaus lösbar (z. B.: Der Mann darf, weil es ihm wichtig ist, im Stehen mit hochgeklappter Sitzbrille pinkeln; im Gegenzug putzt er täglich (!) und unaufgefordert die Toilette, inkl. gefährdeter Wände und des Bodens). Es stärkt die Eltern, wenn sie diese Frage frühzeitig und auf Dauer klären – nach Möglichkeit, bevor der Sohn aufgrund seiner Größe das Sitzklo stehend benützen kann. Und es ist ein schönes Medium geschlechtlicher Solidarität, wenn der Mann die Interessen der Frau mit vertritt. Aber es kann auch kreativ nach weiteren Lösungen gesucht werden: Wer über die nötigen Rechte und das Geld verfügt, kann sich in seiner Wohnung ohne allzu großen Aufwand ein Urinal fürs männliche Wasserlassen im Stehen montieren.

Wenn aber lediglich eine Sitztoilette vorhanden ist, gilt eine ganz einfache Regel, die dem Verursacherprinzip folgt: Wer das Klo versaut, putzt es. Und zwar sofort. (Dieselbe Regel empfiehlt sich im Übrigen auch bei Erbrechen nach übermäßigem Alkoholkonsum.) Um diese Regel durchzusetzen, sind am Anfang gemeinsame Analysen nach der Toilettenbenutzung oder auch Kontrollen angebracht. Die Konsequenz ist naheliegend und einleuchtend: Erfahrungsgemäß lernen Jungen schnell, wenn sie nach jedem zweiten Pinkeln die Toilette putzen und den Boden wischen müssen.

Jungenkörper

Zuerst bestimmen körperliche Bedingungen das Männlichsein des Jungen. Ganz wichtig ist auch hier: Jungen sind in ihrer Körperlichkeit ausgesprochen verschieden. Es gibt körperliche Einflüsse, die Verhalten anstoßen. Richtig befeuert wird dies meistens durch Bilder und Vorstellungen darüber, wie Jungen und Männer sind oder zu sein haben. Wenn die Biologie etwas ganz sicher ermöglicht, dann dass Geschlechter vielfältig und vielseitig sind. Und diese Potenz sollten wir nach Möglichkeit erhalten.

Der Jungenkörper ist im Vergleich zum Mädchenkörper für Krankheiten und Störungen anfälliger. Das liegt daran, dass X- und Y-Chromosom jeweils nur einmal im Jungenkörper vorhanden sind. Normalerweise kann sich ein defektes Chromosom selbst reparieren, weil es doppelt vorhanden ist. Das ist beim X- und Y-Chromosom im Jungen- und Männerkörper nicht der Fall. Fehler und Störungen bleiben und werden vererbt. Darin liegt eine gewisse Schwäche in der Anlage des männlichen Körpers. Möglicherweise sind Jungen schon deshalb mehr auf Halt und Sicherheit angewiesen – ein erster Hinweis für ein stärkeres Bedürfnis nach Führung in der Beziehung.

Das Y-Chromosom sorgt dafür, dass Testosteron gebildet wird, was wiederum einen etwas stärkeren Muskelaufbau in Gang setzt. Muskeln haben etwas mit Kraft zu tun, und wenn wir im Körper gut entwickelte Muskeln haben, wollen diese auch verwendet werden. In der Pubertät regt Testosteron unter anderem das Muskelwachstum an, die Körperkraft von Jungen nimmt zu, besonders dann, wenn sie ihre Muskeln einsetzen und trainieren. Im Vergleich zum Mädchenkörper sorgt die Pubertät auf jeden Fall für einen deutlichen Kraftunterschied. Aber wohin mit der ganzen Kraft? Der Jungenkörper sucht nach Orten und Gelegenheiten, diese neue Potenz zu erproben und weiterzuentwickeln.

Anregung, klare Ansagen, Begrenzung und vorbildliches Verhalten sind besonders in der frühen Jugendphase wichtig, um dieses Bedürfnis in gute Bahnen zu bringen: ein Job für führungskräftige Erwachsene in seinem Umfeld.

Gleichzeitig setzt Testosteron auch Impulse in Richtung Aktivität, es erhöht das Energieniveau im Körper, lässt Interesse an Bewegung und den Wunsch entstehen, in Aktion zu sein, vorwärtszukommen, auch nach außen zu streben und Grenzen zu überwinden. Aufgabe führungskräftiger Erwachsener ist es, diese Bewegungs- und Aktionsimpulse aufzunehmen und zu unterstützen. Es sind körperliche Bedürfnisse, die wie andere respektiert werden möchten und sollten. Körperliche Impulse zu entfalten, sie zu kontrollieren und allmählich zu kultivieren: Das sind Lernprozesse, die Anregung und Anleitung, Regeln und Orientierung benötigen. Ein stabiles Gegenüber für Jungen tut gut daran, sich nicht aufs Verbieten zu beschränken, viel wichtiger sind das Aufnehmen, Anbieten, Erweitern.

Dirk nimmt den kleinen Jonas auf den Arm und zeigt ihm die Straße: wie schnell die Autos fahren, wie gefährlich das sein kann; dabei erklärt er ihm, dass er nicht auf die Straße rennen darf: Das ist gefährlich. Dann wird an einer (ungefährlichen) Straße geübt: Stopp am Straßenrand!

///////////////////////

Wenn die Jungs lange genug vor dem Fernsehgerät gesessen haben, sagen Papa oder Mama: Genug, ausschalten und raus jetzt ins Freie! Dort setzen sie sich in die Schaukel und reden, einfach so.

///////////////////////

Ab ins Erlebnisbad: Der pubertierende Daniel nimmt zwei Freunde mit; die Eltern gehen dort so lange in die Sauna.

Anna bringt ihren Söhnen neue Bewegungsspiele und Spielideen mit: Kämpfen mit Schaumstoffschlägern (Batacas), Indiaca, Speedball, Wettrennen rückwärts; Balancieren auf der Mauer – aber Vorsicht: Die Peinlichkeitsschwellen von Jungen sind oft sehr niedrig (ganz besonders ab der Pubertät)!

Im Kindergarten- und Grundschulalter sind Jungen im Durchschnitt unruhiger und wirken ungeduldiger als Mädchen. Die Hirnforschung erklärt dies mit der Entwicklung der Inhibition: Das ist die Fähigkeit, Handlungsimpulse zu hemmen oder zu bremsen. Im Durchschnitt entwickelt sich die Inhibitionskontrolle bei Jungen langsamer als bei Mädchen. Zusätzlich lernt der Junge mit der Zeit von und mit Erwachsenen (aber auch von anderen, vor allem von Gleichaltrigen), dass Impulse nicht immer sofort ausagiert werden können und müssen: nicht bei jedem Reiz darauf zu reagieren, nicht bei jeder Anregung loszureden oder zu rennen. Auch die Begrenzung wird gelernt; bei aller Bewegungsleidenschaft gibt es Tabuzonen und Selbstkontrolle, und nach dem Toben muss man auch wieder ruhig werden und runterkommen können.

Aufgabe von Eltern und anderen Erziehenden ist es, dem Wunsch der Jungen nach Bewegung altersgemäße Wege zu öffnen. Dazu gehören die Bitte oder auch die Forderung, regelmäßig etwas für den Körper zu tun: eine Bewegungs- oder Sportart auszuwählen und kontinuierlich dabeizubleiben. Während der Kindheit ist dies meist relativ einfach, weil viele Jungen in diesem Alter sich gern organisiert bewegen und sich gegenseitig anregen und mitnehmen: zum Kinderturnen, Fußball, Schwimmverein. Sein Bewegungsinteresse bringt der Junge mit in die Pubertät. Oft bietet zu Beginn der Pubertät regelmäßiger, mit Spaß, Eifer und einem gewissen Ernst betriebener Sport ein neues und interessantes Betätigungsfeld. Die Jungen merken allmählich, dass es jetzt um etwas anderes geht, nämlich um Leistung und eine deutlichere Entschiedenheit; die Erlebnisintensität und die Ansprüche steigen. Generell können Jungen im Sport viel lernen: die eigenen Grenzen, Regeln, Fairness, Motivation, Selbstwirksamkeit, Selbstvertrauen. In Trainerinnen und Trainern begegnen sie Menschen, die in ihrer Sportart weiter sind, von denen sie etwas annehmen und lernen können. Manche Jungen finden hier wahre Meister ihrer Disziplin. Wenn sie Glück haben, begegnen ihnen dort Menschen, die über die sportlichen Qualitäten hinaus ein Mehr an Persönlichkeit verkörpern. Sind diese selbst Jugendliche oder junge Erwachsene, fällt es dem Jungen leichter, sich zu identifizieren. Eltern können die Auswahl des Sports begleiten und Interesse zeigen. Denn wenn sie Pech haben, dann trifft ihr Sohn auf autoritäre Personen und Strukturen, auf Zwang, Drill und schwarze Pädagogik mit reaktionärer Männlichkeitsideologie.

Leider zeigen sich viele Sportvereine nicht besonders fähig darin, Jugendliche in der Hochphase der Pubertät zu binden und zu halten. Die offene oder verdeckte Entscheidung, die ihnen abverlangt wird, lautet: Leistung oder raus. Viele Jungen lassen sich das nicht zweimal sagen, steigt doch mit dem Alter ihre Unlust an den Zwängen organisierter Körperertüchtigung. Sie haben zwar noch Freude an der Bewegung, aber Verbindlichkeit und Stress des leistungsorientierten Sports stoßen sie ab. Darin liegt ein Fehler im erfolgsorientierten Vereinssport. Bisweilen wirken Trainer oder gelegentlich auch Trainerinnen dem durch ihre Persönlichkeit entgegen. Sie sind als Person für den Jungen interessant und animieren ihn so zum Bleiben, auch wenn sein Leistungsinteresse eigentlich nicht so stark ausgeprägt ist.

Das Testosteron entfaltet noch eine weitere Wirkung: Es stimuliert das Gehirn. Häufig wirkt das Testosteron im Jungengehirn als Impuls zum Pointierten und Prägnanten. Nicht alle, aber viele Jungen kommen gut auf den Punkt und zeigen weniger Interesse als Mädchen an ausschweifenden oder umkreisenden Erläuterungen und Feinheiten.

> »Na, wie war's heute in der Schule?«
> *»Gut.«*
> »Und beim Basketballtraining?«
> *»Auch gut.«*

Gedanken werden durch den Einfluss von Testosteron ausgefiltert oder formen sich deutlich und markant. Dies wird gerade in Phasen befeuert, in denen Jungen unter starkem Testosteroneinfluss stehen: in der frühen Kindheit und zu Beginn der Pubertät, wenn sich Körper und Gehirn noch nicht an die neue Menge an Testosteron gewöhnt haben. Wahrscheinlich führt diese Fähigkeit zur Reduktion auf Wesentliches, zum Pointierten, im Jungengehirn auch zu einer Art Erwartung, dass sich die Umwelt ähnlich äußert. Das bedeutet für die Jungen-Führungskraft, ihre Sprache auf Jungen einzustellen und etwas mehr auf den Punkt zu kommen: Klare, verständliche Kommunikation stellt sicher, dass Botschaften beim Jungen ankommen.

Klare und verständliche Ansagen kommen beim Jungen besser an!

»Ich bitte dich darum, jetzt die Spülmaschine auszuräumen.«

///////////////////

»Nach den Hausaufgaben spielst du nicht gleich am Computer – erst zwei Stunden Verdauungspause für dein Gehirn: Geh raus, dich bewegen!«

///////////////////

»Ich will, dass du heute dein Zimmer aufräumst.«

Im Durchschnitt (!) ist das Jungengehirn etwas weniger gleichmäßig abgestimmt als das Mädchengehirn; es geht leichter ins Extrem. Hinzu kommt die Wirkung des Testosterons als Aktivitätshormon: In der Pubertät sind Jungen möglicherweise auch deshalb bisweilen heftig, direkt und impulsiv. Gerne platzen sie mit ihren Ideen und Gedanken einfach heraus. Die Tendenz zu impulsiveren Äußerungen hat natürlich auch Auswirkungen auf die Beziehung zu Erwachsenen: Impulsivität verlangt nach Raum, gleichzeitig aber auch nach Begrenzung. Wenn innere Impulse sich filtern lassen und nicht (immer) spontan, sondern kultiviert geäußert werden, ist das sozialverträglicher. Das ist ein Lernprozess, der klare Ansagen braucht – etwa indem Regeln wiederholt und Aufgaben eindeutig gestellt werden.

Und noch eine Wirkung entfaltet das Testosteron, die für die Beziehung zwischen Eltern und Junge von Belang ist: Testosteron provoziert beim Jungen ein Interesse an seiner sozialen Position, an seinem Rang – ganz besonders in Bezug auf etwa gleichaltrige andere Jungen, aber auch bezogen auf Erwachsene, ab der Pubertät noch mal besonders auf Männer. Das ist vermutlich ebenfalls genetisch programmiert, daraus erwuchs in der Evolution ein Vorteil. Statusthemen interessieren Jungen, durch sie entwickeln Jungen ein Rangbewusstsein. Haben viele Jungen bereits in der Kindheit Interesse an Statusthemen und Lust am Kämpfen, so erhält beides ab der Pubertät eine neue Qualität. Mit zunehmender Größe und Körperkraft können Positionskämpfe immer ernster werden. Der Generationskonflikt mit dem Vater war in der frühen Kindheit nur Spiel. Nun kann er – auch vor dem Hintergrund der Impulsivität und verbunden mit der größeren Körperkraft – realistisch und echt werden.

Achtsame Körperlichkeit

Wenn der Junge mit seinen Eltern körperlich kämpft, kann das während der Kindheit sehr lustvoll sein: eine schöne Form der Körperlichkeit. Mit zunehmendem Alter und vor allem in der Pubertät schleicht sich dann der Ernstfall ein. Hier heißt es, achtsam zu bleiben, und wenn das Raufen (zu) ernst wird: aussteigen. Dann wird es Zeit, Konflikte auf eine andere Ebene zu bringen. Wird der Junge zu kräftig, geht das lustvolle körperliche Streiten auf die Auseinandersetzung mit Argumenten über: Der Konflikt wird verbal geklärt, nicht mehr körperlich. Was es aber dennoch braucht und was verloren zu gehen droht, ist der Körperkontakt: Sich in den Arm nehmen, die Hand auf die Schulter legen, sich knuffen, über den Kopf streichen, beim Reden mit der Hand am Arm berühren: wichtige Formen der Nähe und des Kontakts!

Jungenpsyche

Ein weiteres Element des Männlichen im Jungen entfaltet sich in seiner Psyche. In Selbstbildern und im Selbstverständnis, in der Identität hat das Geschlecht meist eine sehr wichtige Bedeutung. Ein kleinerer Teil der Psyche ist vermutlich auch ererbt, so etwas wie der Grundcharakter oder bestimmte Aspekte der Persönlichkeit. Das allermeiste wird aber erworben, es entwickelt sich durch Reifung und entsteht wesentlich in der Biografie: grundlegend in der Kindheit, dann frisch gemischt und gewissermaßen runderneuert in Pubertät und Jugendphase. Aber auch danach, im Erwachsenenalter, hört die Entwicklung nicht auf.

Für die psychische Entwicklung von Menschen sind klare, durchschaubare und authentische Beziehungen ein wichtiges Element – vor allem die zu den Eltern. Dass sich Erwachsene an diese

Beziehungen so gut erinnern, zeigt, dass sie das ganze Leben lang in uns psychisch wirken.

Jungen sind in ihrer Kindheit darauf angewiesen, ja: Sie haben das Recht darauf, dass ihnen von den Erwachsenen die Welt gezeigt wird. Dazu gehören auch durchschaubare Werte: So ist es. So ist es nicht. So ist es richtig. So ist es falsch. Für ein sicheres Aufwachsen und zur Entwicklung einer stabilen Psyche helfen Orientierung und Stabilität. Wenn Eltern klare Werte und Integrität vorleben, können sich Jungen psychisch gut entwickeln.

Jungen, die ihre Kindheit in stabilen Bindungen, in einem wertschätzenden Klima verbringen, das ihr Selbstwertgefühl steigert, können in der Jugendphase immer mehr reife Beziehungen auch zu Erwachsenen eingehen. Väter und Mütter sollen und dürfen deshalb klare Standpunkte vertreten. Eltern mit schwacher Persönlichkeit oder mit unklaren Werten bleiben hier für den Jungen wenig greifbar; oft agieren sie ihm gegenüber schneller rigide und autoritär.

Wann beginnt die Bedeutung führungsstarker Väter und Mütter? Ganz klar: mit der Geburt des Sohnes. Ab diesem Moment lernt der Junge. Er bildet sich, er wird dabei beeinflusst, mehr oder weniger erfolgreich. Natürlich wird die Psyche nicht nur vom Geschlecht geformt, es gibt noch zahlreiche andere Aspekte. Aber Geschlecht ist meistens etwas Zentrales für die Psyche. Dementsprechend gibt es auch enge Zusammenhänge zwischen dem Geschlecht, den Beziehungen und der psychischen Entwicklung bei Jungen. Klare Ansagen, Orientierung und Halt sind besonders in der Kindheit einflussreich. Später dann besteht ein Sinn der Pubertät darin, widerständig zu werden, in sich übernommene, alte Vorstellungen abzureißen, um eigene dagegenzusetzen und auch gegen die Werte Erwachsener aufzubegehren. Wenn es nun in diesem Fundus nichts oder nur wenig gibt, ist das kaum möglich.

»Wer bist du denn?«
»Der Sebastian.«
»Und was bist du?«
»Mhm – ein Junge.«

Die Psyche der Jungen ist stark geprägt davon, was sie lernen. Wie Jungen sind und wie sie sich dann auch verhalten, erwerben sie bevorzugt durch Nachahmung (und übrigens: eher weniger durch permanente Zurechtweisungen, auch nicht durch ständig ungefragt sprudelnde Erklärungen). Das gilt auch für ihr geschlechtliches Verhalten: Jungen machen das, was Menschen machen, die für sie wichtig sind. Dafür brauchen sie Männer, unbedingt. Es ist ganz einfach: Fehlen Männer, fehlen auch Imitationsmöglichkeiten. Dann lernen Jungen nur Ideen des Männlichen, ihre Psyche entwickelt sich durch Vorstellungen und vor allem über mediale Abbilder. Oder sie sind auf eine andere Strategie angewiesen: Das nicht machen, was Frauen machen. Stereotype Ideen des Weiblichen sind hier besonders einflussreich, denn da ist alles schlicht und reduziert, und es ist einfacher für Jungen, das Männliche als das Gegenteil abzuleiten.

Für die psychische Geschlechtentwicklung bedeutsam sind vor allem die ersten Beziehungen, die frühen Bindungen. Sicher reichern Jungen ihr Selbstverständnis auch mit Informationen an, die sie von anderen Personen, allen voran anderen Jungen, aus den Medien oder über die Wahrnehmung der Welt erhalten. Aber im Kern sind es vor allem Vater und Mutter, die das psychische Geschlecht prägen. Das lässt sich von der Arbeit mit Erwachsenen ableiten: Wenn es ums Geschlecht geht, landen auch sie immer bei Vater und Mutter, bei den Beziehungen zu ihnen und bei Geschlechterbotschaften, die sie mitgegeben haben.

Bereits im frühen Jungenalter ist nicht zu übersehen, dass Mutter und Vater als geschlechtlich verschieden auf die Beziehungsthemen des Jungen wirken. Dass und wie die Eltern – in der Vater- und Mutterrolle – gleich, aber auch, wie sie geschlechtlich verschieden sind, macht für den Jungen einen Teil der Ordnung der Welt aus. Im Kern seines Selbst sind die Geschlechter mit verankert: seine Mutter, sein Vater und mit ihnen auch eine gewisse Ordnung der Dinge.

> »Du musst tun, was deine Mutter sagt.«
> »*Warum?*«
> »Weil sie deine Mutter ist.«

Liebevolle Bindungen sind die Grundsubstanz für Beziehung, für Mitgefühl und für den elterlichen Einfluss. Nicht die frühe Förderung zählt, nicht die mechanistische Daueranregung, kein unablässiges Traktieren mit Anforderungen, kein Rumnörgeln und auch kein Vorhalten dessen, was andere alles schon machen oder können. Eine elementare psychische Sehnsucht des Jungen während der Kindheit liegt darin, dass er von seinen Eltern spüren und hören möchte: »Du bist ganz in Ordnung so, du machst es schon richtig, und du machst es auch als Junge richtig – klar: du bist ja auch mein Sohn.« Er braucht die persönliche Klarheit seiner Eltern, die für Werte steht und den Jungen ganz annimmt. Eine ständig meckernde Mutter oder eine, die dauernd beleidigt ist und aus dem Kontakt geht; ein stets gestresster oder abwesender Vater oder einer, dem sein Handy immer wichtiger ist als das, was sein Sohn erzählt; einer, der immer mal wieder auf den Tisch hauen muss, um den starken Max zu markieren – solche Figuren enttäuschen Jungen. Auch wenn sie das alles noch nicht durchschauen können: Sie spüren es schon früh, wenn ihren Bedürfnissen nach unbedingtem Angenommensein nicht entsprochen wird, und reagieren darauf mit Ungehorsam, ständiger Aktivität, Aggressivität oder mit Rückzug und Depression.

Sex – alles kein Problem!?

Sex? Ein Konflikt? Lächerlich. Das war einmal, in den 1950er-Jahren. Nein, heute gibt es damit doch kein Problem mehr!

Das gilt aber nur so lange, bis der Sohn das Thema auf seine Art in den Raum stellt: Manche Jungen äußern ihr Interesse an Sexuellem durch nette Reime, andere erforschen Körper ganz direkt oder üben sich schon als Vierjährige in der Masturbation. Einige stoßen im Internet auf sexuelle Angebote oder forschen bewusst danach, was Eltern erschrocken registrieren. Viele Eltern verhalten sich dabei tolerant-verschämt.

Die Einstellung zur Sexualität hat sich in den vergangenen 50 Jahren durchgreifend verändert. Dass Kinder irgendwann sexuell werden, gilt als weitgehend akzeptiert. Dass sie wahrnehmen und sagen können, was sie sich wünschen, wird als selbstverständlich vorausgesetzt: also »alles kein Problem«. Diese Einstellung brachte allerdings neue Schwierigkeiten mit sich, denn nach diesem Motto darf es Probleme gar nicht mehr geben. Früher wurde Sex tabuisiert, weil es sich dabei um eine schwierige Sache handelt. Heute werden Schwierigkeiten im Umgang mit Sexuellem tabuisiert. So schleicht sich über die Hintertür doch wieder etwas Verklemmtes ein. Denn in Wirklichkeit fällt es den meisten Eltern schwer, über Sex zu reden – nicht nur mit ihren Söhnen, oft auch miteinander. Und viele Paare mit Kindern sind mit der eigenen gelebten Sexualität alles andere als glücklich und zufrieden. So wird Sexualität heute mit neuen Problemen beladen.

Aber ist das Sexuelle ein Konfliktfeld im Zusammenleben mit dem Sohn? Gestritten wird über Sexualität ja meistens nicht. Der Umgang ist tolerant, es wird vermittelt, dass alles möglich und erlaubt sei. Aber wie können Jungen sexuelle Werte erwerben? Woran sollen sie sich abarbeiten? Welche luststeigernden Grenzüberschreitungen können sie sich in Medienwelten oder real erschließen? Sex kann und muss gelernt werden. Eltern sind dabei die ersten Vermittler, weniger durch das, was sie reden, als durch das, was sie tun – der zärtlich-körperliche Umgang mit dem Jungen und die gelebte Erotik als Paar: zärtlich sein, sich in den Arm nehmen, sich küssen, auch mal eine liebevolle, leicht frivole Bemerkung zur Partnerin oder zum Partner. Das vermittelt Jungen: Sex ist gut und darf sein. Klare Eltern zeigen sich auch als sexuelle Wesen, ohne damit übergriffig zu werden.

Ab der Pubertät ist Sexualität für Jungen weniger ein äußeres, als mehr ein inneres Thema – und Problem. Hormonell bedingt wächst das Interesse am Sexuellen. Die Eltern scheiden als Ansprechpartner zunehmend aus; hier gibt es zwar auch Ausnahmen, nur lässt sich das nicht gezielt herstellen. Das sexuelle Erfahrungsneuland ist für den Jungen schambesetzt und dennoch drängend: Woher sollen Information und Anregung kommen? Was tun bei oder gegen Masturbationsflecken? Wohin mit dem Begehren anderen Jungen gegenüber? Wie könnte ich mal praktisch sexuell werden? Schön, wenn Jungen bei all den Fragen und den drängenden sexuellen Wünschen dennoch die Gelassenheit gewinnen können: Das wird schon werden.

Bei Fragen zur Sexualität verlassen sich viele Eltern auf die Selbstaneignung – wie auch immer diese geschieht – und auf die Unterstützung der Schule, meistens zu Unrecht. Denn gute Sexualaufklärung für Jungen scheitert oft an Schulen, die ihren Bildungsauftrag nicht ernst nehmen. Grundsätzlich käme der Sexualunterricht zwar besonders Jungen zugute, die sich scheuen, über Sexuelles zu reden oder die darüber zu wenig wissen. Aber Menge und Qualität solcher Angebote sind häufig recht dürftig. Auch Eltern sind an der Aufklärungsmisere wesentlich beteiligt. Die Mehrheit begrüßt Sexualerziehung in der Schule, aber meistens nur »heimlich«: Sie setzen sich nicht dafür ein, fragen nicht nach und finden letztlich gute Noten in Kernfächern viel wichtiger als das sexuelle Glück ihrer Söhne und deren Partnerinnen oder Partner. Die problematische, meist reaktionäre Elternfraktion dagegen artikuliert sich lautstark und wettert gegen Sexualerziehung; wenn ihnen etwas nicht passt, bilden sie die Widerstandsfront oder drohen Klagen an. Aus vorauseilendem Gehorsam oder aus Konfliktvermeidung verhindern viele Schulen gute sexuelle Bildung. Und in dem Alter, in dem Sexualität wirklich interessant wird, gibt es plötzlich keine Sexualkunde mehr.

Aber selbst unabhängig von solchen Mängeln ist es schwierig, wenn Sexualität »verstaatlicht« wird: Dann wird Sexualkundeunterricht gern als Prävention missverstanden; am langen Arm staatlicher Gesundheitsförderung wird Sexualität zum Problem definiert, bei dem es nur um die Verhütung von Krankheiten, Schwangerschaften, Gewalt geht und nicht um den Kern der Sache, der Jungen viel mehr interessiert: um die Lust.

Zu diesem Aspekt der Sexualität müssen Jungen anderswo suchen. Fündig werden sie in der Pornografie. Durch das Internet sind frühere Zugangsschranken gefallen, Pornografie ist kostenlos und unbegrenzt frei verfügbar. Und hier geht es um Sex pur, ums explizit Genitale – und dabei um Lust, aber auch um Macht und die Abgründe des Begehrens, die gesellschaftlich gern verdrängt werden. Diese Offenheit zieht viele Jungen an, sie ist für die männliche Wahrnehmung gemacht, aber sie trainiert und bildet eine einseitige Sicht aufs Sexuelle. Nicht zuletzt hat dieser Blick auch eine beschämende, demütigende Seite. Zudem kann Pornografie Jungen erheblich unter Druck bringen. Mit dieser Art von Leistungssexualität können sie nicht mithalten: weder von ihrem Körper, von der eigenen Ausdauer und Kompetenz her noch von dem, was die dargestellten Männer offenbar bei Mädchen oder Frauen bewirken. Die Messlatte ist nicht zu schaffen, die gebotene sexuelle Perfektion nicht einzuholen. Das alles verunsichert viele Jungen erheblich; manche fragen sich, ob an ihnen etwas nicht richtig ist oder ob sie gestört sind. Auch wenn Jungen wissen, dass Pornos eben mediale Darstellungen und nicht die Wirklichkeit sind: Im Halb- oder Unterbewussten bleibt oft etwas hängen. Dies ist gerade dann der Fall, wenn der eigene Erfahrungshorizont noch eher beschränkt ist.

> Zum Glück gibt es Pornografie: Denn hier findet sich endlich ein heikles Feld, um über Sex Konflikte zu finden, um mit dem Jungen über Sex zu reden. Bei jüngeren Jungen zu Beginn der Pubertät kann vielleicht noch (im Cache des Computers) kontrolliert werden, was er denn so schaut. Das ist allerdings bereits ein Eingriff in seine Intimsphäre. Also hilft nur, auch wenn es peinlich ist: Klare Eltern – und hier vor allem die Väter – reden mit dem Sohn über Internet-Pornografie, über Freuden und Risiken. Verbieten lässt sich der Konsum nicht. Aber Eltern können aus ihrer Warte Empfehlungen aussprechen, z. B. lustvoll, aber auch mal nüchtern und kritisch zu schauen, was da eigentlich gespielt wird.
>
> Irgendwann wird es so weit sein, dass der Sohn nicht nur Sex mit sich, sondern auch mit anderen Menschen erleben wird. Der Zeitpunkt ist (auch für den Sohn) meist schwer zu kalkulieren. Zur Verhütung von Schwangerschaften und Krankheiten gehört beim Jungen selbstverständlich das Kondom zur Grundausstattung. Dies zu vermitteln und zu unterstreichen ist eine der letzten sexuellen Führungsaufgaben der Eltern: Deshalb stellen klare Eltern an einem frei zugänglichen Ort Kondome bereit, auch mit dem Risiko, dass jüngere Jungen damit bevorzugt (aber nicht selten auch kreativ) Blödsinn anstellen.

Achtung Männlichkeitsbilder

Die dritte Komponente des Männlichen in Jungen sind soziale Einflüsse. Als gesellschaftliche Wesen nehmen Jungen Informationen zu den Geschlechtern auf, deuten und verarbeiten sie.

Sobald Jungen verstanden haben, dass es zwei Geschlechter gibt, dass der Unterschied wichtig ist und sie zum männlichen gehören, beginnen sie, danach zu suchen und ihre Funde zu verwenden. Sie orientieren sich an Männlichkeitsideen, die sie kulturell vorfinden. Dabei sind Spielsachen und Medien wichtige Fundorte, Geschlecht findet sich in der Werbung, in Witzen, aber genauso in Personen: Männer dienen als Vorbilder, aber auch Frauen vermitteln Vorstellungen von Männlichkeit, z. B. indem sie über das Männliche sprechen. Es lassen sich gesellschaftliche Geschlechterstrukturen erkennen, etwa in der Arbeitsteilung, selbst Gebäude treffen Geschlechteraussagen mit ihren Geschlechterräumen (Toiletten, Umkleidekabinen). Bereits in der Kindheit, besonders aber mit Beginn der Pubertät werden für den Jungen die Gleichaltrigen, vor allem die anderen Jungen, wichtig. Hier kommt es darauf an, sich als »männlich« zu präsentieren, über das Männliche Bescheid zu wissen.

Ihre Männlichkeitsbilder übernehmen Jungen aus der Gesellschaft, in der sie leben. Was sie an Männlichem erlernt und erworben haben, spiegeln sie mal offen, mal indirekt in ihrem Verhalten wider. Jungen setzen sich weder in der Kindheit noch in der Jugendphase zusammen und hecken möglichst gemeine Vorstellungen von Männlichkeit aus, um damit Erwachsene zu ärgern. Sie reflektieren das, was sie über das Männliche aufgenommen haben. Weil ihnen dabei viele überholte Vorstellungen vermittelt werden, müssen führungskräftige Erwachsene unbedingt begleitend und korrigierend dabei helfen, auch das Männliche ins Heute zu bringen.

In der Tendenz sind Jungen mit ihren Männlichkeitsideen strenger als Mädchen mit Weiblichkeitsbildern. Jungen disziplinieren sich gegenseitig stärker, wenn sie den Eindruck haben, ein Verhalten sei nicht richtig männlich. Fühlt sich ein Junge ungerecht behandelt und beschwert sich, dann fällt vielleicht eine Bemerkung wie »Heul nicht rum wie ein Mädchen«; spielt er mit Mädchen, wird er vor die Entscheidung gestellt: die oder wir.

Warum sind Jungen hier so rigide? Bilder der Männlichkeit sind immer noch ziemlich eng gefasst – symbolisch erkennbar an der Kleiderordnung: Jungen dürfen nur Hosen tragen, Mädchen können zwischen Hosen oder Röcken und Kleidern wählen. Vermutlich hängt die männliche Engführung auch damit zusammen, dass Jungen in kindlichen Lebenswelten viel weniger Männer zur Verfügung stehen. So können Jungen das Männliche weniger an Männern erleben, sondern lernen es indirekt, eben über Medien, Spielsachen oder andere Informationen aus zweiter Hand. Solche Abbilder sind niemals so vielfältig wie die Wirklichkeit. Dadurch, dass sie wenig oder keine Möglichkeit erhalten, echte Männer zu erleben, haben sie kaum Chancen zur Auseinandersetzung mit der Vielfalt und Unterschiedlichkeit lebendiger Männer. Dazu kommt, dass Jungen erlernte Bilder und Ideologien des Männlichen im Kontakt mit Männern nur selten relativieren können: Weil sie viel zu wenige Männer um sich herum haben, erleben sie es nicht, dass es keinen Mann gibt, der diesen Vorstellungen wirklich entspricht.

Zu den Männlichkeitsbildern gehören zwar auch modernisierte, demokratische oder vielfältige Darstellungen des Männlichen. Doch hartnäckig halten sich zugleich alte Männlichkeitsvorstellungen, die machtbezogen, dominant, überlegen und autoritär daherkommen: einerseits, indem Männer andere Menschen beherrschen, andererseits, indem sie sich selbst unter solche Machtfiguren stellen. Machtvolle Personen erfahren Bewunderung bis hin zur Unterwürfigkeit, nicht wegen der Werte, die sie vertreten, sondern weil sie Macht haben. Das wird in Medien und Spielen aufgegriffen und dargestellt (oft als das Böse), funktioniert aber unhinterfragt in der Wirtschaft, in Verwaltungen und der Politik, aber auch im Fernsehen (was z. B. am Zuspruch sichtbar wird, den Dieter Bohlen erfährt). Umgekehrt ruft Machtlosigkeit

Verachtung hervor; Machtlosigkeit scheint anderen das Recht zu geben, Menschen zu beherrschen, zu entwerten oder zu erniedrigen. Für viele Jungen scheint diese Art von Macht einen besonderen Reiz auszuüben, der sie verführbar macht.

Dass solche Bilder fest in der Gesellschaft verankert sind, zeigt sich dort, wo Jungen heute nicht den gängigen Männlichkeitsvorstellungen entsprechen; dort, wo viele Jungen alles andere als stets dominant und leistungswillig sind: in der Schule, in ihrer Freizeitgestaltung (Hauptziel: Chillen), im Verfolgen bzw. Nichtverfolgen beruflicher Ziele. Ist hier nicht genug »Männliches« zu erkennen, löst das bei Erwachsenen schnell Ängste aus.

Kann das nicht auch positiv gesehen werden? Jungen entwickeln ihr Männliches auch im Kontrast und im Widerstreit zum Männlichen ihrer Väter. Das, was diese und andere erwachsene Männer präsentieren, ist für viele Jungen wenig attraktiv: Leistung, Erfolg, Berufsfixierung, keine Zeit für sich, fürs Vatersein, für die Liebe und die anderen schönen Seiten des Lebens. So kann »Kein Bock auf Schule« auch eine Form der Generationenabgrenzung und der Kritik an den Vätern darstellen. Vielleicht wollen manche Jungen den alten Leitsätzen der Männlichkeit nicht mehr entsprechen, die ihren Vätern noch eingehämmert wurden: »Halte durch!«, »Geht nicht gibt's nicht!«, »Erfolg ist alles!«, »Steh deinen Mann!«, »Nicht unterkriegen lassen!«, »Du musst nur richtig wollen, dann geht's!«. Blinzelt hinter ihrer Haltung nicht eine andere Facette des Männlichen heraus? Die Einstellung vieler Jungen der Schule gegenüber könnte möglicherweise die entspannte, lebensfreundliche Seite des Männlichen ausdrücken, ein anderes, schöneres, lockeres, genießendes Männlichsein – gut, wenn es Jungen gibt, die das für uns entdecken! Schauen wir einfach, was sie draus machen.

Bilder von Männlichkeit sind natürlich auch mit Führung verwoben. Auch heute noch wird Männlichkeit mit Durchsetzungskraft oder Pioniergeist assoziiert. So sind Führungsbilder indirekt häufig verknüpft mit dem Männlichen. Nicht nur in den Augen der Jungen funktioniert das in einer Wechselwirkung: Führung ist männlich und männlich ist Führung. Religionsführer oder politische Idole sind meistens männliche Figuren: Jesus, Mohammed, Buddha oder der Dalai-Lama; Che Guevara, Fidel Castro, Nelson Mandela, Mahatma Gandhi, Martin Luther King oder Barack Obama. Sicher gab und gibt es auch einflussreiche Frauen, aber werden sie auch als wirkliche Führerinnen, als »Autoritäten« verbucht? Mutter Theresa etwa? Oder Angela Merkel: Sie ist sicher eine strategische Machtpolitikerin – aber gilt sie wirklich als eine angesehene Führungspersönlichkeit? Ihr Spottname »Mutti« verweist in eine andere Richtung. Und wenn es so wäre: Wird sie dabei nicht nur als Ausnahme wahrgenommen, so wie der Erzieher im Kindergarten?

Reviere des Männlichen

Häufig haben Ideen des Männlichen auch räumliche Bezüge. Der Eigenbezirk oder das Territorium ist ja generell ein fürs Leben und Überleben bedeutsamer Raum. Kulturvergleichende Studien belegen, dass bei allen Völkern Territorien wichtig sind, sie werden markiert und gegebenenfalls verteidigt. In Bezug auf die Gemeinschaft, also Familie, Clan, Dorf, Stadt, Gesellschaft ist das Männliche traditionell auch territorial bezogen. Die Verteidigung obliegt allen Männern bzw. denen in entsprechenden Berufen: Krieger, Bürgerwehr, Polizist, Soldat. Weil Territorien generell fürs Leben bedeutsam sind, wird der Eigenbezirk gegen Ein- und Angriffe verteidigt: durch Markierverhalten, Kennzeichnung oder »Duftmarken«, durch Drohen, das Gegner zum Rückzug veranlassen oder einschüchtern soll, oder durch Kampf. Die Vorstellung, dass dafür traditionell Männer zuständig sind, lockert sich allmählich, aber nur langsam – etwa indem auch Frauen Soldatinnen werden oder sich bei der Feuerwehr engagieren. Instinktive Reste des männlichen Revierverhaltens, die sich in der Tierwelt finden, gibt es möglicherweise auch noch im Menschen.

*Revierkämpfe werden in der Schule häufig territorial ausge-
tragen. Jungen streiten zum Beispiel am gemeinsamen Tisch,
wenn einer die Reviergrenze überschreitet: »Der macht sich
immer so breit, der legt sein Zeug immer in meinen Bereich.«*

In den Industriegesellschaften haben sich die Formen dieses Verhaltens ziemlich verfeinert und sind nicht mehr so leicht zu erkennen. Im extremen Feld der aggressiv-traditionellen Männlichkeit, etwa bei Rechtsextremisten, Rockern, kriminellen Gangs oder Hooligans, haben die territorialen Dimensionen aber immer noch eine erhebliche und ganz offensichtliche Bedeutung, z. B. in der Form, wie Cliquen sich Räume erobern, wie sie öffentlichen Raum besetzen (Bushaltestelle, Straßenecken, Plätze), bis hin zu regelrechten Territorialkämpfen z. B. um Sportanlagen oder Straßenzüge.

Das Revierverhalten äußert sich heute z. B. in Zäunen und Gebäudegrenzen, in Sitzgewohnheiten oder im Einhalten bestimmter Distanzen zwischen Personen. Der Status einer Führungskraft in Unternehmen oder Verwaltungen wird oft durch die Größe des Büros unterstrichen, das ihr zusteht. Teilweise hat sich das Revierverhalten vom Geschlecht gelöst: Das Mädchen bekommt ein gleich großes Kinderzimmer wie der Junge, die Managerin erhält einen gleichwertigen Privatparkplatz wie der Manager. Weil soziale Führung jedoch noch sehr häufig männlich besetzt ist, lernen und üben Jungen ihr Männlichsein viel selbstverständlicher und häufig unbewusst auch über territoriale Elemente.

Der Zusammenhang »männlich = territorial agieren« funktioniert auch umgekehrt, als eine Form, sich als männlich zu markieren: Ich handle territorial, damit betone ich, dass ich männlich bin. Für nicht wenige Jungen hat territoriales Verhalten deshalb eine hohe, oft allerdings unbewusste Bedeutung. Manche Eigenart von Jungen (und Männern) lässt sich als Markierverhalten entschlüsseln: als räumliche Kennzeichnung, wenn persönliche Gegenstände verstreut werden oder Duftmarken ganz eigener Art aus dem Jungenzimmer strömen. Auch die markanten Drohungen beim Überschreiten von Reviergrenzen und Kampfansagen von Jungen unterstreichen das Territorial-Männliche.

Mit dem Territorialbezug ihres Sohnes müssen Eltern einerseits umgehen, indem sie gemeinschaftliche und eigene Zonen verteidigen, andererseits indem das Revier des Jungen respektiert wird.

Das Tohuwabohu im Zimmer Ihres Sohnes ist schwer auszuhalten? Vielleicht wird es so leichter: Bedenken Sie, dass ein nicht wertender Blick ins Jungenzimmer aufschlussreich sein kann: Öffnen Sie die Tür und stellen Sie sich vor, dass das, was Ihnen nun begegnet, ein Abbild seines inneren Zustands ist: »Aha, so etwa sieht es gerade in Jans Psyche aus!« Dann schließen Sie die Tür und bedanken sich innerlich für den Einblick. Bewältigen muss er seine psychischen Zustände sowieso alleine – so wie das Chaos in seinem Zimmer.

KLASSIKER DES FAMILIENLEBENS

Hoheitsgebiete – über Ordnung und Chaos im Jungenzimmer

Das eigene Zimmer wird mit zunehmendem Alter des Jungen und vor allem im Verlauf der Pubertät ein Ausdruck für das territoriale Denken und Empfinden von Jungen. (Die meisten Kinder heute haben tatsächlich ein eigenes Zimmer, falls nicht, gilt das Gesagte in gleicher Weise für den persönlichen Bereich in einem gemeinschaftlichen Zimmer.) Hier, im persönlichen Hoheitsgebiet, herrscht weitgehend Selbstbestimmung, was mancher Junge auch vehement verteidigt. Sobald der Junge »richtig« in die Pubertät kommt, ist sein Zimmer jetzt und zuerst sein Revier, auch aus Gründen der Intimität (Körperscham, Sexualität mit sich, mit Mädchen oder anderen Jungen). Das bleibt auch so. Eltern sollten dies respektieren und akzeptieren.

Keine leichte Aufgabe für manche Väter und Mütter, ist die Verteidigung des eigenen Territoriums doch symbolisch ein Ausdruck für das Selbstständigwerden des Jungen. Es unterstreicht: Ihr müsst mich unausweichlich loslassen. Eltern dürfen, auch das steckt in der territorialen Symbolik, nicht mehr so stark mitmischen, nicht mehr einfach so in seinem Bereich herumfuhrwerken. Der Junge steuert und reguliert sich, seine Entwicklung, sein Innen- und Außenleben nun viel stärker selbst. Aufgabe der Eltern ist es, dem Jungen diesen Raum zuzugestehen. In einer Übergangsphase zu Beginn der Pubertät kann es hilfreich sein, ihn im selbstständigen Organisieren des Zimmers noch zu unterstützen – ob das wirklich etwas bewirkt, ist zweifelhaft, aber es dient der elterlichen Beruhigung.

Und dann ist es so weit: Sein Zimmer soll tatsächlich *sein* Zimmer sein – ein kleiner Schritt zum Erwachsenwerden des Jungen, ein großer Schritt für den Jungen und die Eltern. Es ist schön, wenn die Bedeutung eines solchen Übergangs auch formal unterstrichen wird:

Vielleicht fällt den Eltern dazu ein Ritual ein? Die feierliche Schlüs-
selübergabe, das gemeinsame Vereinbaren von Regeln, die dann un-
terschrieben werden, das Überreichen eines Geschenks ...

Die Übergabe der räumlichen Verantwortung an den Jungen ist nicht
nur belastend, sie kann auch entspannend wirken: Eine Aufgabe im
Haushalt weniger; ein Bereich fällt weg, der regelmäßig gepflegt
oder kontrolliert werden muss; der ständige Kampf ums Aufräumen
ist erledigt (ob gewonnen, verloren oder unentschieden – egal).

Ab diesem Zeitpunkt gibt es Intervention nur im vereinbarten Rahmen und in Notfällen. Das sollte mit dem Jungen vorab besprochen
werden und hängt von der Toleranz der Eltern ab. Gehen Sie dabei
so weit, wie Sie es gerade noch aushalten können. Wenn keine un-
mittelbare Gefahr im Verzug ist, sollte die Intervention angekündigt
werden, nach Möglichkeit stellen die Eltern vorher ein Ultimatum. Zu
solchen Anlässen zählen etwa hygienische Grenzüberschreitungen,
vielleicht bildet sich Schimmel, Abfälle häufen sich oder Schädlinge
breiten sich aus. Auch Geruchsbelästigung in der Restwohnung kann
ein Einschreiten rechtfertigen, oder der Brandschutz, wenn Kerzen
angezündet werden oder geraucht wird. Dasselbe gilt, wenn Gesetze
übertreten und z. B. Marihuanapflanzen oder Hehlerware im Zimmer
vermutet werden. In echten Notfällen, etwa bei Feuergefahr, muss
selbstverständlich nicht viel angekündigt, sondern sofort interve-
niert werden.

Wer das Hoheitsgebiet des Jungen respektiert, kann auch den Respekt dem Rest der Wohnung gegenüber einfordern.

Jungen und Schule:
Was Eltern tun können

Neben der Familie ist die Schule die wichtigste Lebenswelt im Jungenleben. Hier verbringt ein Junge einen großen Teil seiner Zeit in Kindheit und Jugend, hier lernt er fürs Leben: nicht nur den offiziellen Stoff, sondern vieles nebenbei und zwischen den Zeilen. Für Eltern ist die Schule ein Synonym für die Zukunft: Schule gut? Dann schafft's mein Sohn! Und wenn nicht? Dann drohen Zukunftsängste und Untergangsszenarien. Kein Wunder, dass sich Fragen zu Gegenwart und Zukunft von Jungen besonders gern an diesem Thema stellen. Und ebenso wenig überrascht es, dass Konflikte mit und über Jungen sich häufig hier entzünden.

Allerdings wird das Thema Jungen und Schule von vielen Erwachsenen überzogen, es wirkt an etlichen Stellen völlig überhitzt. Wenn Jungen in der Schule nicht so funktionieren, wie Erwachsene sich das vorstellen, reagieren viele hysterisch und übertrieben. Eine Relativierung und ein Appell zu mehr Gelassenheit sind in meinen Augen dringend angebracht. Schulisches Lernen ist für Jungen sicher wichtig, aber nicht alles. Kognitives Lernen wird in unseren Schulen überbetont; es ist nur begrenzt sinnvoll, den Kopf der Schüler mit Inhalten vollzupressen. Wirklich fit für die Anforderungen der Zukunft machen Jungen Fähigkeiten und Kompetenzen, die sie teils in der Schule, teils aber auch anderswo erwerben. Und glücklich werden sie, wenn sie geliebt werden und nicht, weil sie gute Schulabschlüsse vorweisen. Nehmen wir das Thema also ernst, aber sehen wir es nicht zu verbissen!

Diskussionen um Jungen in der Schule kreisen vor allem um die Frage, warum ihre Bildungskarrieren im Durchschnitt ungünstig verlaufen, warum sie in der Schule weniger erfolgreich sind – immer auch im Vergleich zu Mädchen. Das dürfte von den kognitiven Voraussetzungen her nämlich nicht so sein, da gibt es keine großen Abweichungen zwischen den Geschlechtern. Genetisch ist der Unterschied ebenfalls nicht begründet, denn viele Jungen sind ja in der Lage, in der Schule erfolgreich zu sein oder zumindest einigermaßen durchzukommen. Doch eine viel zu große Zahl von Jungen erreicht keinen Abschluss; das ist dramatisch, nicht nur für sie selbst, sondern auch für die Wirtschaft, der gut gebildete Fachkräfte verloren gehen.

In Leistungstests werden Jungen bei gleichen Kompetenzen schlechter benotet; ihre Lesekompetenzen liegen im Durchschnitt ebenfalls bereits seit Längerem weit unterhalb der von Mädchen. Ein Teil der Jungen stört den Unterricht. Und sie brauchen mehr Nachhilfeunterricht. Jungen müssen öfter eine Klasse wiederholen als Mädchen (wo es das noch gibt), und sie erreichen durchschnittlich niedrigere Abschlüsse. Auch bei Extremen wie der totalen Schulverweigerung sind überwiegend Jungen vertreten (es gibt keine exakte Statistik, geschätzt sind etwa zwei Drittel aller Schulverweigerer männlich). Leistungsunterschiede finden sich vor allem ab der fünften Klasse. Bei den Leistungstests unterscheiden sich Mädchen und Jungen besonders in den beiden Kompetenzbereichen Mathematik und Sprachen; das hat weniger mit Begabung, sondern mit Bedeutung und Image zu tun. Diese Bereiche gelten als »Geschlechterterritorien«, in denen Geschlechterbilder sich stark auswirken: Jungen befürchten, als »Streber« oder gar als unmännlich oder »schwul« angesehen zu werden, wenn sie sich für Sprachen begeistern und dort gute Leistungen zeigen.

Schaut man genauer hin, so fällt auf, dass nicht alle Jungen, also nicht »die« Jungen, ständig Probleme haben. Es gibt Gruppen von Jungen, die es besonders schwer haben: So müssen Jungen mit Migrationshintergrund im Durchschnitt bereits in der Grundschule oft eine Klasse wiederholen, sie erreichen wesentlich niedrigere Schulabschlüsse. Ähnlich ist es bei Jungen aus bildungsfernen Milieus. Jungen mit hoher Mediennutzung zeigen meist schlechtere Schulleistungen. Und natürlich gibt es jenseits solcher Gruppen individuelle Unterschiede. Einige Jungen hören nicht so genau hin, sie sind eher abwesend oder haben eine dickere Wahrnehmungsschale. Um sie zu erreichen, sind klare Worte notwendig, auch mal etwas forcierter formuliert oder lauter gesprochen. Andere sind empfindlich, eher zartbesaitet und das ist gut so. Wer mit Klarheit und Direktheit Aufgaben stellt, Anweisungen gibt oder Konsequenzen einfordert, kann solche Jungen ängstigen, vor allem dann, wenn sie es nicht gewohnt sind. Diese Jungen brauchen vielleicht öfter den »Keine-Angst-Blick« oder ein »Es ist alles okay«-Lächeln oder auch die Information, dass es jetzt wieder ruhiger zugeht.

Das uneinheitliche Bild rechtfertigt nicht den Eindruck, die Jungen (= alle Jungen) seien in der Schule immer deplatziert oder gar »Bildungsverlierer«. Umgekehrt ist offensichtlich, dass ein Teil der Jungen besondere – auch geschlechtsbezogene – Unterstützung in der Schule benötigt. Allerdings sind die Formen und Wege dieser Unterstützung bislang unklar. Das Schlagwort einer »Feminisierung des Bildungswesens« ist schnell hingesagt, wie aber soll eine korrigierende »Maskulinisierung« aussehen? Genügen dafür Boxen, Rugby und Klettern, müssen alle Aufsatzthemen mit Technik und Fußball gekoppelt werden? Brauchen besondere Jungengruppen – z. B. bildungsferne oder migrantische Jungen – eine spezielle, auch geschlechtsbezogene Förderung? Was verspricht hier Erfolg: vielleicht muttersprachliche, männliche Lehrer? Und was ist mit den vielen Jungen, die in einer »feminisierten« Schule erfolgreich sind, das ist ja nach wie vor die Mehrzahl – müssten die sich in einer stärker jungenorientierten Schule unterwerfen, würden sie möglicherweise schlechter, wenn sie sich nicht für Fußball und Technik interessieren? Über Antworten auf diese Fragen wird meist nur spekuliert.

Neben strukturellen Aspekten treten zunehmend »weiche« Faktoren in den Vordergrund, die vielleicht viel entscheidender sind für unser Jungenthema. Es sind zum Beispiel eher die nicht kognitiven Fähigkeiten, bei denen Jungen im Durchschnitt weniger punkten: sich konzentrieren und dranbleiben, Durchhaltevermögen, die Fähigkeit, zu organisieren und selbstständig zu arbeiten. Auch ist für Noten und den schulischen Erfolg die Einstellung der Schülerinnen und Schüler zum Lernen besonders bedeutsam. Viele Jungen zeigen eine eher geringe Lern- und Leistungsbereitschaft.

Auch in meiner Arbeit mit Jungen in der Schule, in vielen Gesprächen mit Eltern und Lehrkräften habe ich den Eindruck gewonnen, dass der Erfolg von Jungen in der Schule sehr viel mit der Qualität von Beziehungen zu Erwachsenen zu tun hat. Verantwortlich sind keineswegs nur Jungen und Lehrkräfte, sondern in hohem Maß auch die Eltern. Sie legen die Grundlagen für Jungen und für ihr Lernen in der Schule. Es lohnt sich deshalb, den Blick gezielt darauf zu richten, was stabile und erfolgreiche Jungen von ihren Eltern bekommen.

KLASSIKER DES FAMILIENLEBENS

Lernen und Leistung

In vielen Familien gibt es mit Jungen Streit um schulische Leistungen. Leistungsthemen und -konflikte brechen besonders am Ende von Schulabschnitten auf: beim Übergang von der Grundschule in die Sekundarschule, oder wenn es Richtung Schulabschluss geht. Ab der Pubertät spitzt sich die Sache noch mal zu: Weil in diesem Alter die kindlichen Formen der Erziehung ohnehin nicht mehr funktionieren und auch nicht mehr sinnvoll sind, spielen sich beim leidigen Thema Schule häufig Dramen ab. Dies hängt oft damit zusammen, dass sich Eltern nicht von ihrer alten Identität als Erziehende lösen wollen.

Wenn ein Junge keine große Lust auf Leistung hat, ist das in einem gewissen Rahmen normal – besonders ab der Pubertät. Gute Noten zu haben baut Jungen nicht auf, sie werden eher davon bedroht, vor Gleichaltrigen als Streber dazustehen. Die Haltung der Eltern zu Lernen und Leistung ist dennoch klar: Die Aufgabe des Jungen in der Schule liegt darin, gut zu arbeiten, zu zeigen, was er kann, und den Leistungserwartungen zu genügen; dazu soll er sich anstrengen. Eine solche Haltung nervt viele Jungen. Eltern könnten ihre grundlegenden Leistungserwartungen formulieren und versprechen, sich so lange aus den Schulangelegenheiten rauszuhalten, wie diese erfüllt werden, z. B. wenn der Sohn im Stoff einigermaßen mitkommt und die Zeugnisnoten akzeptabel sind. Auf dieser Grundlage lassen sich Schulzeiten gelassen erleben, solange es keine größeren Abstürze gibt.

Eltern können ihren Sohn nicht bilden. Das kann er nur selbst. Sie können ihn auch nicht zu Leistungsverhalten zwingen. Es ist seine Entscheidung, etwas zu tun. Weder ein Erhöhen des Drucks noch Strafen helfen nachhaltig. Lob ist wichtig und wirkt aus der Beziehung heraus anerkennend und motivierend, aber Belohnungen oder finanzielle Anreize sind meistens nur kurzfristige Entscheidungshilfen für ihn. So viel können Eltern also gar nicht tun: eine gute Begleitung, Interesse am Sohn und seinem Befinden und, falls er das möchte, Unterstützung beim Strukturieren, das ist wirkungsvoller.

Wenn sie den Eindruck haben, die Schwierigkeiten liegen an der Schule, sollten Eltern sich dort einmischen. Bisweilen haben Schulen Entwicklungsbedarf in Bezug auf die Unterstützung von Jungen. Rechnen Sie aber auch damit, dass sich Ihr Junge in der Schule von einer anderen Seite zeigt als zu Hause – meistens nicht von der fleißigeren. Vielleicht ist seine Schule aber auch einfach nicht die richtige für Ihren Sohn?

Genauso, wie es an Leistung wenig interessierte Jungen gibt, können leistungsautoritäre Eltern zum Problem werden: Wenn sie überhöhte Eliteerwartungen an den Sohn richten, verknüpft mit der ständig drohenden Angst, der Junge schaffe es später nicht, er könne nicht »seinen Mann stehen«, er wird ein Loser usw. Hier laden Eltern ihren eigenen Erfolgsstress und ihren Leistungsdruck bei Jungen ab. Da gehören sie nicht hin! Wenn solche überlasteten Jungen nicht so funktionieren, wie die Erwachsenen es gerne hätten, reagieren sie mit gesunder Abgrenzung und Selbstschutz.

Ganz normale Jungen zwischen Familie und Schule

Ein wesentlicher Grund, warum Jungen »schwierig« werden, ist, dass sie auf ihre Beziehungsfragen von Erwachsenen keine oder keine klare Antwort bekommen. Dieses Schwierigwerden ist nicht das persönliche »Problem« einzelner, vielleicht besonders problematischer, durchgedrehter, traumatisierter oder kranker Jungen, sondern es betrifft zunehmend mehr Jungen und Erwachsene. Den »ganz normalen« Jungen fehlt häufig etwas, was sie für ihre gute und gesunde Entwicklung benötigen. Und in der Regel haben wir es mit »ganz normalen« Eltern zu tun, wie auch mit »normalen« anderen Erwachsenen, also z. B. Lehrerinnen oder Lehrern. Die Schwierigkeit liegt dabei im Diffusen: Es ist ja nicht so, dass bei den Erwachsenen gar nichts vorhanden ist oder dass sie ihre Aufgaben überhaupt nicht übernehmen könnten. Aber sie handeln oft nicht eindeutig und überzeugend. Und wenn sie es doch tun, sind sie dennoch unsicher, ob das denn richtig ist und sein darf. Ihre Beziehung zum Jungen ist an vielen Stellen unpräzise und unkalkulierbar, sodass sie in den Augen von Jungen gebremst oder schwammig wirkt.

> Jungen in extremer Lebenslage, psychisch stark belastete, kranke oder traumatisierte Jungen, notorisch kriminelle oder extrem gewalttätige Jungen usw.: Solche Jungen brauchen Spezialisten. Ihnen ist allein mit einer starken Dosis Führungskraft nicht zu helfen.

Viele Eltern nehmen die Folgen davon, also die Probleme ihres Jungen, gar nicht wahr. Denn zu Hause ist alles eingespielt: Hier scheint es keine Störungen zu geben, und so meinen sie, auch in der Schule laufe alles ohne große Schwierigkeiten. Die Lehrkräfte in der Schule sehen das anders. Sie stellen etwa fest, dass der Junge nicht reagiert, wenn er einen Auftrag erteilt bekommt, oder dass sie eine Aufgabe viermal wiederholen müssen, bis der Junge mit dem Bearbeiten anfängt. Bei diesen Phänomenen geht es nicht darum, dass der Junge mal nicht aufpasst oder etwas vergisst, das ist ganz normal. Gemeint sind auch nicht einzelne, verträumte Jungen, deren Verhalten etwas mit ihrem Charakter zu tun hat; auch das gab es immer schon in Einzelfällen. Nein, auffällig ist, dass sich hier Muster zeigen, die wir bei vielen Jungen erkennen können.

Das Problem wird erheblich dadurch verschärft, dass Jungen in der Schule und zu Hause ähnliche Erfahrungen machen. Auch in der Schule ist Führung oft diffus, echte Führungs*kräfte* sind seltene Exemplare. Schon in der Grundschule geht es für Jungen bisweilen viel zu unstrukturiert und mütterlich zu. Später dominieren partnerschaftliche, erklärende Konzepte, was auf der einen Seite ein Fortschritt ist; die fordernden und anspruchsvollen Regelsysteme, die klaren Strukturen bleiben aber häufig unterentwickelt, oder sie werden nur in Krisenfällen als letzte Option erkennbar. Das ist kein Zufall, haben die Lehrerinnen und Lehrer ja denselben Hintergrund wie die Väter und Mütter, und oft haben sie (vielleicht sogar als Pädagogen besonders) mit ihren Söhnen zu Hause dieselben Führungskonflikte wie die Eltern der Schüler.

Samuels Mutter ist ratlos, es wird immer schlimmer mit ihm. Sie beschreibt eine Szene, die sie als typisch erlebt: Der fünfjährige Samuel fährt mit dem Fahrrad hinter ihr her. Er will einen anderen Weg nehmen, als Sabine fährt, und schreit deshalb laut auf sie ein. Die bremst deshalb langsam ab und bleibt dann mit ihrem Rad stehen, um die Sache zu klären. Weil Samuel vor lauter Rumbrüllen nicht aufpasst, streift er dabei das Hinterrad seiner Mutter und fällt hin. Er steht auf, flippt fast aus, weint wütend, schreit rum und schlägt wild auf Sabine ein: Sie sei schuld, weil sie stehen geblieben sei. Sie dagegen war-

*tet geduldig ab, redet dabei verständnisvoll auf ihn ein, bis er
sich wieder beruhigt hat.*

*Für mich fühlt sich das nicht führungsstark, sondern wie Watte
an. Die Mutter bestätigt im Gespräch, dass sie oft gar nicht
weiß, wo sie steht. Sie erduldet immer mehr und wartet ab,
was passiert. Gemeinsam suchen wir nach Möglichkeiten, wie
sie mit Samuel mehr haltend, führend und klar umgehen kann.*

*Und es zeigt sich: Samuel ist darüber mehr verblüfft, als dass
er groß rebelliert, seine Anfälle lassen nach. So kann er seine
Mutter anscheinend viel besser akzeptieren.*

Ein Junge, der klare Beziehung durch seine Eltern erfährt und
als Prinzip erkennt, ist üblicherweise im Alter von sechs, spätestens neun Jahren so weit, dass er Führungsbeziehungen verallgemeinern kann und angemessen reagiert. Er hat Führung inter-
nalisiert, sie als etwas Stabiles in sich aufgenommen. Der Junge
weiß, ohne darüber nachdenken zu müssen, dass sein Handeln
zu Reaktionen führt, dass es Konsequenzen hat. Er lässt sich nicht
dreimal bitten, den Tisch zu decken, sondern macht es nach der
ersten Aufforderung – nicht aus blindem Gehorsam, sondern aus
der liebenden Beziehung heraus. Wenn ein Junge in der Schule
dauernd stört, also vielleicht immer dazwischenredet, und die
Lehrerin reagiert darauf mahnend, dann weiß der Junge, dass er
das selbst verursacht hat; er verhält sich ruhiger oder lernt aus der
Rückmeldung.

Bei Jungen, die zu wenig Klarheit erfahren haben, fehlt dieser Entwicklungsschritt oder er bleibt nur schwach erkennbar. Sie
benötigen ständige Wiederholung und Nachdruck, sie reagieren
abwehrend und übernehmen keine Verantwortung für ihr Verhalten, und sie empfinden Korrekturen als Einmischung in ihre
inneren Angelegenheiten. Oft fehlt die altersgemäße Reife nicht
völlig, sie blitzt vielleicht ansatzweise auf, ist aber insgesamt nicht
stabil verankert. Wie die nicht erlebte und erfahrene Klarheit der

Eltern bleibt auch sein Verhalten diffus. Das unklare Äußere spiegelt sich im Jungen selbst: Ihm fehlt die Ordnung in sich.

Das schlägt sich auf den Umgang mit Aufgaben in der Schule nieder. Der Junge kann dann Leistung nicht so erbringen, wie es seiner Intelligenz entsprechen würde. Jungen ohne stabilen Grundstock klarer Beziehungserfahrungen brauchen immer eine Mama oder einen Papa, die ihre Motivation und ihre Selbstorganisation stellvertretend übernehmen. Zu Hause sind das die Situationen, bei denen Eltern ständig auffordern und ermahnen, meist ohne dass es viel bewirkt: Sie achten auf Verabredungen und Termine, erinnern an Hausaufgaben und Klassenarbeiten und tragen unablässig Pausenbrote und den Turnbeutel hinter Jungen her. Diesen gewohnten Service erwarten Jungen später auch von der Lehrerin oder dem Lehrer, was diese nur sehr beschränkt übernehmen können oder wollen. Wenn das nicht passiert, hängen solche Jungen ab, sie verlieren das Interesse und den Anschluss, gehen lustbetonten Aktivitäten nach und stören.

An dieser Stelle ist wichtig, die Diagnose nicht mit einer Etikettierung oder einem Abstempeln zu verwechseln: »So ist der Junge, es ist aussichtslos, er ist eben so, sozial unentwickelt und unangepasst.« Nein: Alle diese Defizite lassen sich ausgleichen; Eltern können sich entwickeln, Jungen können in verbesserten Bedingungen weiterlernen und auch »nachreifen«. Das Hin-und-her-Schieben von Verantwortung zwischen Schule und Eltern ist sinnlos, und wechselseitig abwertende Zuschreibungen sind keine Lösung. Was hilft, ist die Verbesserung der Beziehung: Jungen brauchen Führung, die erkennbar, klar und situationsbezogen ist.

Leistung bringen, Leistung verweigern

Alle Kinder bringen den Wunsch und die Fähigkeit mit, Aufgaben zu bewältigen und alles selbst machen zu wollen. Darüber freuen sich führungsstarke Eltern, auch wenn die Bemühungen zu Beginn gar nicht vollkommen sind und sich Jungen oft auch selbst überschätzen. Das Alleine-machen-Wollen führt zur Lust am erfolgreichen Bewältigen, und Eltern sollten es mit Ruhe, Entspannung und Geduld begleiten. Lassen Sie ihm seinen Erfolg, unterstützen Sie so wenig wie möglich. Wahre Feinde dieser kindlichen Freude sind Perfektionismus und Zeitdruck bei den Eltern (»Lass mich, ich mach das schneller oder besser«).

Max schreibt in der dritten Grundschulklasse eine schöne Geschichte. Die Lehrerin lobt ihn, die Geschichte gefällt ihr wirklich. Zu Hause reißt seine Mutter die Seite aus dem Heft: Max hat nicht schön genug geschrieben. Er muss die Geschichte noch mal sauber abschreiben.

Anforderungen, die Jungen erfüllen müssen, sollten altersgemäß angemessen und zu bewältigen sein. Indem sie Aufgaben übertragen bekommen, lernen sie, und vieles lernen sie auch gerne und leicht – sie bringen Leistung.

Zwei Dinge lassen Jungen Leistung verweigern: Sie haben einfach keine Lust und versuchen, sich zu drücken – dann hilft es, darauf zu bestehen und das Erledigen auch mit Nachdruck zu verlangen. Oder aber sie haben Angst, ein zu geringes Selbstwertgefühl oder fühlen sich tatsächlich überfordert. In beiden Fällen können Eltern ihren Sohn fordern und Tendenzen zur Verweigerung nicht nachgeben. Aber sie sollten ihn unterstützen, aus der Verweigerungsfalle herauszukommen.

Es ist gut, Verweigerungen gemeinsam anzugehen, möglichst früh und immer dann, wenn sie auftauchen. Vielen Jungeneltern gelingt das, weshalb es selten zur Totalverweigerung kommt, nicht mal in der Jungenpubertät. Zum Glück bietet der Alltag viele Möglichkeiten, Anforderungen zu stellen und Jungen beim Bewältigen zu helfen: Zähne putzen, Zimmer aufräumen, den Anorak an den Haken hängen, duschen, Tisch decken, Spülmaschine ausräumen ...

Wichtige Voraussetzungen sind das liebevolle Verstehen der Jungen, Gelassenheit und auch eine Portion Humor. Sie verweigern Anforderungen ja nicht, weil sie bösartig sind oder weil sie ihre Eltern ärgern wollen. Deshalb ist es auch gut, wenn Eltern im Verweigerungsfall bei sich und ruhig bleiben: Also möglichst nicht explodieren, schreien oder Strafen androhen – solche Wutausbrüche der Eltern machen Jungen nur Angst und zeigen, dass Eltern ihre Führungskraft verlieren.

Besser ist es, beharrlich die Aufgabe zu wiederholen. Braucht der Junge noch mehr Unterstützung, hilft es ihm, Schritt für Schritt die Aufgabe gemeinsam anzugehen und ihn mit der Fragen-Sagen-Tun-Methode zu unterstützen: »Schau, ich nehme die Teller aus dem Schrank, trage sie zum Tisch, dann stelle ich jeden auf einen Platz – siehst du, gut haben wir das gemacht!« Tatsächlich machen Sie es zwar selbst, aber Sie tun es an seiner Stelle, für den Jungen. Dabei lernt er passiv; seine Verweigerung kann sich auflösen, die Aufgabe schrumpft und es wird ihm leichter, sie selbst zu erfüllen.

In der Pubertät, wo der Junge ja nach seiner Identität forscht, sollte er immer wieder daran erinnert werden – mit Nachdruck und auch mit liebevollem Humor –, sich nicht über Regelverstöße oder aggressives Verhalten selbst zu definieren, sondern über Positives: Also mehr: »Ich bin der, der etwas packt, dem etwas zugetraut werden kann«, oder: »Ich bin einer, der entspannt bleibt und die Dinge auf den letzten Drücker doch noch erledigt«, und nicht: »Ich bin der Böse, der Gangster, der gegen Regeln verstößt und seine Eltern zur Weißglut bringt.«

Druck oder das Androhen von Strafen hilft bei Leistungsverweigerung meist nichts: Jungen brauchen in solchen Situationen Erwachsene, die ihnen helfen, Selbstvertrauen zu gewinnen und ihre Ängste zu überwinden. Das kann je nach Alter, Thema und Situation ganz unterschiedlich vor sich gehen. Generell gilt: Je stärker die Verweigerung, desto intensiver der Unterstützungsbedarf des Jungen. Eine Skala von »wenig« zu »sehr viel« sieht etwa so aus:

1. Erinnern, Hinweis geben.
2. Einfache Präsenz: in Hör- oder Sichtweite bleiben.
3. Nahe Präsenz: sich mit einer eigenen Beschäftigung in der Nähe aufhalten.
4. Konzentrierte Präsenz: die Aufgaben und das Bewältigen aufmerksam begleiten.
5. Erste Hilfen bei der Bewältigung der Aufgabe.
6. Letzte Hilfe für harte Fälle: stellvertretendes Erledigen.

Das kann am Beispiel Hausaufgaben etwa so umgesetzt werden:

1. »Jetzt ist Zeit für die Hausaufgaben!«
2. »Du machst deine Hausaufgaben und ich bin hier in deiner Nähe.«
3. »Du machst deine Hausaufgaben und ich setze mich dir gegenüber und lese.«
4. »Diese Aufgabe hast du richtig gerechnet, schön! Wie geht es weiter, was ist der nächste Schritt?«
5. »Lese erst mal genau durch, was du machen musst«; »Schau mal, hier steht eine Information, die wichtig ist, damit du weiterkommst«; »Ich zähle laut mit«.
6. Der Vater (oder eine andere Person) erledigt die Aufgabe selbst in kleinen Schritten, während der Junge daneben sitzt und zuschaut. Dabei wird detailliert erklärt und kommentiert, was der Erwachsene »macht«: langsam und verständlich und im Tempo des Jungen. Immer wieder wird der Junge bestätigt, z. B. wird eingestreut: »Siehst du, das kannst du auch!«, er wird einbezogen, obwohl er nur zuschaut: »Das haben wir doch gut hinbekommen!«, und der Junge wird motiviert: »Probier's mal!«, oder: »Das macht Spaß, wenn die Aufgabe gelöst ist.«

Schule - nichts für Jungen?!

Der Ruf der Schule in den Augen vieler Jungen ist nicht besonders gut, Schule hat ein Imageproblem. Die Stimmungsbilder, die Jungen von der Schule entwickeln, sind dabei oft auf der Gefühlsebene verortet. Meist findet kein bewusstes Abwägen statt; erst wenn das Image hinterfragt wird, suchen (und finden) Jungen Beispiele und Belege für ihre Haltung. Dabei lassen sie sich gerne auch von Wertungen oder Deutungen anderer Jungen beeinflussen, sie werden ins eigene Imagebild Schule übernommen. Das Gesamtbild ist also sehr subjektiv.

Das Image von Schule beeinflusst und steuert Schüler in ihrem Verhalten: Ist Schule in ihren Augen negativ besetzt, bremst dies die Motivation und verhindert ganzen Einsatz. Dabei hängt die Bewertung zum Teil mit traditionellen Männlichkeitsbildern zusammen. Viele Jungen stehen unter Druck, sich als »richtige« Jungen auszuweisen: unabhängig, distanziert, cool, autonom. Schwächen zeigen oder Unsicherheit passen da nicht hin, ebenso Fleiß und Sorgfalt in der Schule. Hat ein Junge in der Schule geringe Aussichten auf Erfolg, so muss er sich von schulischen Werten abgrenzen oder die Schule selbst abwerten. Erfolglosigkeit droht sonst, den Jungen zum Versager zu machen und sein männliches Selbstbild der Überlegenheit, Sieghaftigkeit und Kompetenz anzugreifen. Abgrenzung und Abwertung können somit zu Verweigerungshaltung und Blockade führen.

Andererseits können diese Bilder des Männlichen – Distanz, Coolness, Autonomie – auch förderlich wirken. Wenn die Schule Erfolg verspricht, die Erfolgsaussichten positiv sind, ermöglichen sie ein stabiles Selbstbewusstsein: mehr Sicherheit, auch Schwieriges zu verstehen; eigene Lösungswege suchen, Lernstoffe tiefer durchdringen.

Dass die Beziehung zwischen Jungen und der Schule selten positiv ist, hat noch weitere Ursachen. Eine ganz wesentliche hängt mit Vorurteilen zusammen. Bereits im frühen Grundschulalter hat sich bei vielen Jungen die Meinung verfestigt, Jungen seien schlechtere Schüler und die Erwachsenen sähen das genauso. Scheinbar stimmt das ja auch, wie die PISA-Studien belegen. Nur: Versuche haben gezeigt, dass Jungen dann schlechtere Noten als Mädchen erzielen, wenn sie die Information erhalten, dass Jungen weniger gute Schüler seien. Umgekehrt verbessert sich die Leistung der Jungen, wenn vor dem Test betont wird, Jungen und Mädchen könnten gleichermaßen gute Noten schreiben! Vorurteile über Jungen sind also sich selbst erfüllende Vorhersagen, die Ursache für schlechtere Leistungen, nicht das Ergebnis. Wer an seine Mittelmäßigkeit glaubt, schneidet sehr wahrscheinlich auch nur mäßig ab. Wem unterstellt wird, er sei – wegen seines Geschlechts – gar nicht in der Lage, den schulischen Erwartungen zu genügen, der wird sich dementsprechend verhalten.

Hinzu kommt, dass die meisten Jungen zu Beginn der Schulzeit zwar gut motiviert sind – viele sind froh über ihren Statusgewinn, nicht mehr Kindergarten-, sondern Schulkind zu sein! –, aber sich schnell Enttäuschung breitmacht, wenn sie sich von der Schule nicht abgeholt und auch ein Stück weit bedient fühlen. Dass Schule in den Augen von Jungen häufig ein schlechtes Image hat, liegt zu einem Teil an Lehrerinnen und Lehrern, die geschlechterbezogene Aspekte nicht oder zu wenig berücksichtigen. Viele Jungen können Schule dann nicht ausreichend als Raum wahrnehmen, in dem auch die »männlichen« Dinge, die sie beschäftigen, genügend Platz bekommen. Neben dem Stoff, den Inhalten der Schule, wirkt besonders die Einstellung der Lehrerinnen und Lehrer. Sie neigen dazu, solchen Schülerinnen und Schülern schlechtere Noten zu geben, die als negativ auffällig und undiszipliniert gelten: Das sind im Durchschnitt eben viel mehr Jungen als Mädchen. Jungen fühlen sich aber auch in der Identifikation mit ihren Schulkameraden »als Jungen« abgewertet, wenn sie bemerken, dass gleich gute Leistungen unterschiedlich bewertet werden, weil es einen ständigen Abzug wegen schlechten Benehmens gibt. Das führt zu dem Ergebnis, dass Schule als ungerecht und »jungenfeindlich« etikettiert wird.

Das Geschlecht der Lehrerin bzw. des Lehrers hat auf die Leistungen von Jungen keinen Einfluss. Aber die Geschlechterverteilung der Lehrkräfte beinhaltet eine Geschlechterbotschaft, die sich vor allem in der Grundschulzeit auswirkt – wo das Image von Schule in den Augen der Jungen maßgeblich geprägt wird: Die extrem geringe Zahl männlicher Grundschullehrer vermittelt, dass Schule (und allgemein: Erziehung) »Frauensache« sei – also für Jungen nicht so wichtig: in Jungenaugen ein weiterer Faktor, der das schlechte Image der Schule unterstreicht und ihre Bedeutung fürs Jungenleben mindert.

Das Image der Schule bei Jungen wird zudem von den Einstellungen geformt, die in der Gruppe der Gleichaltrigen vorherrschen. In vielen Jungengruppen ist eine ablehnende Haltung gegenüber Anforderungen und Erwartungen der Schule angesagt. Erwünschte Verhaltensanforderungen der Schule, die sich an Unterordnung oder Disziplin orientieren, sind in Jungenkulturen nicht erstrebenswert, im Gegenteil: Auf Jungen lastet ein spürbarer Druck, sich solchen Erwartungen aktiv entgegenzusetzen. Ablehnung schulischer Anforderungen und Regeln sowie das Auflehnen gegen das System Schule sind deshalb eine ganz praktische Form der Inszenierung von Männlichkeit; solches Verhalten, eine solche Haltung versprechen Prestigegewinn unter Jungen. Fleiß, sich bemühen und anstrengen werden dagegen abgewertet. Der Verdacht, ein Streber zu sein, muss unbedingt vermieden werden. Auch bei der Abgrenzung gegenüber den »fleißigen« Mädchen hilft diese Einstellung.

Schließlich sind fürs dürftige Image der Schule in Jungenaugen auch Eltern verantwortlich, und hier besonders Väter – gewiss nicht alle, aber die Mehrzahl. Ein Blick auf die Geschlechterverteilung bei Elternabenden genügt: Meistens sind Väter deutlich in der Minderheit. Das Fernbleiben und Ausklinken von Vätern signalisiert, dass Schule fürs Männliche nicht interessant ist. Darin verbirgt sich eine geschlechtliche Bewertung (Schule ist wenig wichtig), meist sogar eine Entwertung (sie ist gar nicht wichtig). Jungen orientieren sich an ihren Vätern als den Prototypen des Männlichen. Selbst wenn einzelne Väter sich anders verhalten, merken Jungen, dass dies lediglich Ausnahmen sind. Der Mainstream-Mann, der ein Image prägt, denkt und verhält sich anders. An dieser Stelle kann – anders als etwa bei der Geschlechterverteilung der Lehrkräfte – mit wenig Aufwand viel für ein besseres Image der Schule erreicht werden: Väter müssen sich nur ihrer Verantwortung bewusst werden und sich aktiv in Schulwelten einmischen: gleich beim nächsten Elternabend, beim Schulfest und im Förderverein.

Das Image der Jungen in der Schule

In den Augen vieler Lehrkräfte genießen »die« Jungen oft einen zweifelhaften Ruf. Sie sind diejenigen, die stören, die Ärger machen, mit denen sich das Kollegium befasst: Bei ca. 80 % der Gespräche im Lehrerzimmer über problematisches Verhalten von Schülern geht es nach Aussage einer Rektorin um Jungen. Offen oder verdeckt vertreten viele Lehrkräfte die Einstellung: Schule könnte so schön sein, wenn es die Jungen nicht gäbe! Natürlich gibt es auch hier zahlreiche Ausnahmen, viele Lehrkräfte arbeiten gern, manche sogar lieber mit Jungen. Aber im Trend, in der Tendenz ist das Jungenimage in Schulen eher schlecht. Und dieser Sachverhalt wirkt dann mehrfach: als sich selbst erfüllende Vorhersage und als Etikett, das auf Jungen geklebt wird, aber auch als Ablehnung, die Jungen empfinden und die ihren negativen Blick auf Schule bestätigt: Schule ist nichts für mich »als Junge«. Woran dies liegt, kann hier nur gestreift und angedeutet werden.

Was Schule ändern und sein muss, damit sich Jungen besser aufgehoben fühlen, muss vor allem dort verhandelt und entwickelt werden – durchaus auch unter Mitarbeit von Eltern und Jungen.

Aktuelle Studien von John Hattie, dem australischen Bildungsforscher, verweisen auf einen wichtigen Punkt. Er hat belegt, dass Bildungserfolg vor allem mit den Fähigkeiten der Lehrkräfte zusammenhängt; dabei spielen die Beziehung zu den Schülern und die Einfühlung in sie eine entscheidende Rolle. Wenn man an dieser Stelle weiterdenkt, wird offensichtlich, dass ein bedeutender Teil der Jungenproblematik in der Schule ganz entscheidend an den Lehrerinnen und Lehrern, am Personal in der Schule, hängt. Gute Lehrerinnen und Lehrer können auch Jungen begeistern und motivieren. Dabei hilft eine positive Einstellung Jungen gegenüber. Sie brauchen aber auch Wissen über Jungen und darüber, was sie interessiert. Gleichzeitig erwarten Jungen Klarheit und Struktur, eine stabile Leitplanke in der Person der Lehrkraft. Viele Jungen brauchen Eindeutigkeit und Konsequenz, sogar eine Art gerechter Strenge. Und genau diese Seite der Klarheit und Prägnanz fehlt vielen der heutigen Lehrkräfte.

Viele Jungen bringen sich über Reibung, Konflikt oder Widerstand in Beziehung. Diese Kontaktaufnahme verstehen viele Lehrerinnen und Lehrer falsch; sie interpretieren sie als Angriff, als soziale Inkompetenz der Jungen. Wenn Jungen Konflikte provozieren, Streit suchen und versuchen, sich zu behaupten, erwerben sie Fähigkeiten, die ihnen im Berufsleben nützlich sein werden (sofern es ihnen gelingt, einen akzeptablen Abschluss zu erreichen): Selbstvertrauen, Positionierung, Durchsetzungsfähigkeit, Eigensinn, Kreativität. Die Wahrscheinlichkeit, dass gerade die provozierenden Jungen in der Schule auf der Strecke bleiben, ist allerdings hoch.

Auch die Art, in der viele Jungen Kritik äußern, missfällt vielen Lehrerinnen und Lehrern. In den Augen des Schülers verweigern sie dann den Kontakt; seine Art, mit der Führungsperson in

Beziehung zu sein, wird von ihr abgelehnt, und Ärger und Frustration beim Jungen sind die Folge. Vielen Jungen ist es wichtig, sich als selbstständig zu markieren. Sie umgeben sich mit einem Nimbus der Autonomie, ein männliches Image, nach dem sie demonstrativ nicht auf Erwachsene angewiesen sind. Zu dieser Aura kann es gehören, sich abzusetzen, also kein angepasster, erwachsenenorientierter Streber zu sein. Dies sind nicht nur Strategien besonders aufsässiger Jungen, denn auch eher »brave« oder ruhige Jungen haben Spaß daran, zu sehen, wie Provokateure und Rebellen in den Ring steigen und versuchen, die Lehrkräfte herauszufordern oder zu demontieren. Und sie fühlen sich sicher, wenn die Lehrerin oder der Lehrer standhält.

Jungen schätzen durchaus eine nicht autoritäre Schule. Sie brauchen aber dennoch Halt: eindeutige Regeln, die mit herzlicher Nachdrücklichkeit eingehalten und durch klare Ansagen verdeutlicht werden, und die durch Konsequenzen gesichert sind. Vielen Jungen gefällt auch die Konfrontation aus der Beziehung heraus, etwa wenn Lehrkräfte ihnen kritische Rückmeldung geben, wenn sie liebenswürdig, präzise und eindeutig sagen, was ihnen ge- oder missfällt. Wie zu Hause sind Jungen auch bei Lehrerinnen und Lehrern auf persönliche Führung mit eigenen Standpunkten und einer eigenen Meinung angewiesen. Besonders jüngere Jungen motiviert das zur Leistung: »Ich leiste etwas, um der Lehrerin, dem Lehrer zu gefallen.« Ohne diese Führungskräfte fehlen Jungen die Motivation zur eigenen Leistung und der Stolz, Leistung gebracht zu haben: Das selbst Geleistete muss heruntergespielt werden, es ist peinlich, gut zu sein.

Zusammengefasst zeigt sich, dass die Person der Lehrerin bzw. des Lehrers den Ausschlag gibt. Auf sie und ihre Haltung kommt es maßgeblich an: Lehrpersonen, die alle im Blick haben und Jungen unterstützen (nicht nur Stars und Schätzchen, auch die schwierigeren); Lehrerinnen und Lehrer, die sich nicht als Feinde, sondern als Lern- und Entwicklungspartner verstehen, die Jungeninteressen bezüglich Themen und Inhalten akzeptieren und sich nicht von den bisweilen originellen Formen der Kontaktaufnahme und Auseinandersetzung der Jungen irritieren oder abschrecken lassen. Ideologische Hinter- und Untergründe, pädagogische Purzelbäume – dazu gehören auch geschlechtergetrennte Klassen und das Geschlecht der Lehrpersonen –, auch die räumliche oder technische Ausstattung sind weniger bedeutsam als dieser persönliche Faktor: Es kommt auf die gut führende Lehrerin, den gut führenden Lehrer an. Jungen lassen sich einerseits von Lehrkräften erreichen, die eine gewisse Leidenschaftlichkeit mitbringen, die für ihr Fach brennen (und damit die Gefühle der Jungen beim Lernen ansprechen können); andererseits brauchen Lehrende die Fähigkeit, auch zu den Jungen eine Beziehung aufzubauen. Gute Lehrkräfte sind Regisseure und »Aktivatoren«; sie haben die Klasse und jeden Schüler gleichermaßen im Blick (natürlich auch jede Schülerin!).

John Hatties Studie zeigt, was die Führungsqualitäten einer Lehrperson ausmacht:

- Die Klarheit der Lehrkraft: dass die Jungen verstehen, was von ihnen gewollt ist.

- Die Klassenführung: Die Lehrkraft steuert den Unterricht und das Geschehen in der Klasse.

- Die Fähigkeit des Lehrers, der Lehrerin, sich und den Unterricht mit den Augen der Schüler zu sehen.

- Die Lehrkraft kann sich selbst hinterfragen und auch mal an sich selbst zweifeln. Wenn Jungen nichts oder nur wenig lernen, schiebt sie das nicht auf Mangel an Motivation und Fleiß oder auf die Intelligenz des Schülers, sondern fragt sich, was sie falsch macht.

- Die Lehrperson kann Respekt, Fürsorge, Vertrauen, Anerkennung und Wertschätzung vermitteln und geben.

Gute Lehrkräfte mit Persönlichkeit und Führungskraft sind also entscheidend. Um Jungen klar und solidarisch ins Leben zu begleiten, darf nicht verschwiegen werden, dass – und wo – es auch schlechte Lehrerinnen und Lehrer gibt. Sie sind für Jungen (und Mädchen) eine Zumutung; kein Wunder, dass Jungen abschalten oder rebellieren, wenn sie ihnen ausgesetzt werden. Die Qualitätsunterschiede zwischen Lehrkräften müssen anerkannt werden, das ist Aufgabe von einzelnen Eltern, Elternbeiräten, aber besonders von Schulleitungen und -trägern.

Über die Jungen sind Eltern und Lehrkräfte fast schon aneinander gefesselt und aufgefordert, Fragen der Führung gemeinsam zu lösen. Unsensible Lehrkräfte können die elterliche Position angreifen, indem sie vor den Jungen deren Führung hinterfragen (»Dann sag mal deinem Vater, er soll eben zum Elternabend kommen«). Leider sind beide Gruppen schnell dabei, Verantwortung oder sogar Schuld der jeweils anderen zuzuschieben. Erfolgreiches und wegweisendes Arbeiten mit Jungen geht anders: wechselseitig, gemeinsam, selbstkritisch-konstruktiv.

Bei allem Bemühen muss auch berücksichtigt werden: Massenschule bedeutet immer auch Normierung. Es sind zwar wenige, aber es gibt Jungen, für die die normierte Standardschule einfach nicht geeignet ist: Manche leiden darunter, dass sie angesichts so vieler Mitschüler unterzugehen drohen, die Klassenstärke ist für sie immer zu groß; es gibt feinfühlige, sensible Jungen, denen der Trubel einer großen Schule zu viel ist; wieder andere leiden an massiven Ängsten oder Phobien. Manche verweigern den Schulbesuch völlig. Die restriktive deutsche Schulpflicht ist hier sehr eng: Bei Schule handelt es sich um einen Zwangsveranstaltung, und individuelle Besonderheiten werden nur beschränkt akzeptiert. Alternative Lernformen wie Heimunterricht werden dadurch kriminalisiert; sie könnten aber für einen kleinen Teil der Jungen eine Möglichkeit sein, zu einem Schulabschluss zu gelangen.

Diese beschränkte Bildungsvorstellung ist auch ein Jungenthema, denn die Mehrzahl der Schulverweigerer sind Jungen. Es ist aber vor allem ein Thema fehlender Professionalität bei Lehrerinnen und Lehrern, die sich hier mehr als Staatsdienerinnen und -diener verstehen und nicht als pädagogische Fachkräfte.

> Wenn Eltern gute Bedingungen für das Klarkommen in der Schule herstellen, ist das ein wichtiger Beitrag, aber keine sichere Erfolgsgarantie: Die meisten Jungen haben einen eigenen Kopf. Und ihr Erfolg hängt von weiteren Faktoren ab: Je älter Jungen werden, desto mehr orientieren sie sich zum Beispiel an Gleichaltrigen. Deren Einstellung wirkt dann viel stärker als die Haltung der Eltern.

Auch auf die Eltern kommt es an

Mütter und Väter haben eine Fülle positiver Einflussmöglichkeiten auf das Wohl ihrer Kinder in der Schule. Natürlich suchen auch Eltern die Ursachen für Schwierigkeiten ihrer Jungen nicht so gern bei sich – das ist verständlich und manchmal finden sich dafür stichhaltige Gründe. Nur gibt es, wie oben schon gesagt, durchaus Elemente des elterlichen Verhaltens, die Jungen ihr Leben in der Schule erleichtern oder auch erschweren können. Viele Schulprobleme entwickeln Jungen nicht in der Schule, sondern bringen sie von zu Hause mit und agieren sie in der Schule aus. Und dort, wo Jungen als Gruppen in einzelnen Klassen besonders auffällig und schwierig werden, handelt es sich sehr oft um einen brisanten Dreiklang: ein Zusammenspiel zwischen Eltern, Lehrkräften und Jungen. Den Job der Lehrer oder die Aufgaben der Jungen erledigen – das müssen Eltern selbstverständlich nicht. Sie sollten aber Verantwortung für ihren Teil übernehmen und damit aktiv zum Schulerfolg der Jungen beitragen. Diese Unterstützung und Begleitung der Jungen ist vor allem vor und zu Beginn der Pubertät wichtig. Später ist es zu spät; je selbstständiger und selbstbewusster der Junge wird, desto weniger lässt er sich dreinreden oder gar vorschreiben. Mit 15, 16 Jahren sollte er deshalb so weit orientiert und organisiert sein, dass er seine Schulzeit und die damit verbundenen Aufgaben weitgehend selbstständig bewältigt.

Gut und direkt wirksam werden Eltern in ihrem eigenen Zuständigkeitsbereich. Sie schaffen Bedingungen für die Entwicklung des Jungen, damit er in der Schule gut zurechtkommen kann. In jedem Jungen schlummert das Potenzial, ein erfolgreicher Schüler zu sein – wobei erfolgreich in der Bewertung des Jungen zwischen Gerade noch-so-Durchkommen, Mittelmaß und Höchstleistungenerzielen liegen kann und auch darf – in seinen eigenen Augen und in denen seiner Umwelt. Denn schulischer Erfolg, der sich nur durch gute Zensuren auszeichnet, ist zwar schon ein Faktor, aber weder Garant für ein glückliches Männerleben noch für den späteren beruflichen Erfolg.

Die folgenden Seiten sollen Ihnen Ideen liefern, wie Sie Ihren Sohn bestmöglich unterstützen können.

Was also brauchen Eltern, was können Eltern tun? Sie können für Klarheit, Ermutigung und ein gutes Zeitmanagement ihres Sohnes sorgen. Sie stärken ihren Sohn, wenn sie Unangenehmes in der Erziehung selbst angehen, anstatt es Institutionen zu überlassen, und wenn sie sich mit den schulischen Führungskräften des Jungen abstimmen, ihnen, wo möglich und wo nötig, den Rücken stärken.

Klare Ansagen

Klare Standpunkte in der elterlichen Einstellung zur schulischen Bildung schaffen beim Jungen einen guten Boden für seine eigenen Bildungsprozesse. Schule ist über weite Strecken Arbeit. Schulischer Erfolg gründet überwiegend auf schweißtreibendem aktivem Lernen und Üben, also mehr auf Transpiration als auf Inspiration, an die viele Jungen freilich lieber glauben, denn die eigene Genialität ist ihnen um einiges sympathischer als Fleiß. Dass Schule kein Vergnügungspark ist, merken Jungen von selbst, und ihre Eltern vermitteln ihnen, dass es damit zum Teil auch seine Richtigkeit hat. Aber das ist nicht das Einzige und vielleicht sogar nicht mal das Wichtigste. Anstrengung gehört eben dazu, aber sie sollte sich mit dem Wunsch zum Lernen verbinden können. Wo dies nicht der Fall ist, wo nur Druck und Unterwerfung verlangt werden, wo Angst und Unlust verbreitet oder mit der Zukunft gedroht wird, da stehen klare Eltern auf und sagen: So geht das nicht, das tut dem Jungen nicht gut. Solcher Druck geht nach innen, er er-drückt das Innere unseres Sohnes, oder er wird nach außen agiert, in Aggression, Egoismus oder Abwertung anderer. Klare Ansagen auch der Schule gegenüber sind eine wertvolle Unterstützung für jedes Kind.

> Uli hat selbst eine schwierige Schulkarriere hinter sich. Seine passive und recht trübsinnige Einstellung hat sich auf seinen Sohn übertragen. In einem Gespräch entwickelt Uli eine neue Haltung, die er ihm vermitteln möchte: »In der Schule musst du dich anstrengen. Und das ist manchmal beschwerlich. Das lässt sich nicht vermeiden, das muss sein!«

Zur Klarheit gehört auch das ungetrübte Wahrnehmen des Jungen, so, wie er ist: In der Art, wie er in der Schule lebt, wie er

Schule erlebt und bewältigt, teilt er viel über sich mit. Den Jungen mit klarer und warmherziger Aufmerksamkeit zu begleiten ist mitentscheidend dafür, ob er seine eigene Motivation entwickeln und weiter entfalten kann. Ein wesentlicher Kern der Motivation ist der Wunsch, von anderen gesehen, von ihnen wahrgenommen zu werden. Die stabile Beziehung zu den Eltern, ihre Präsenz und ihr Interesse sind Formen der sozialen Anerkennung, der positiven Zuwendung und spürbare Zeichen der Liebe. Hier entsteht im Jungen Motivation, die durchs ganze Leben trägt (aber natürlich auch phasenweise schwankt).

Wichtig für Eltern und Jungen ist auch im schulischen Zusammenhang ein stabiles Gefühl für persönliche Grenzen: Wo höre ich auf, wo fängt der Junge an? Viele Eltern tun sich schwer mit der Klarheit ihrer eigenen Grenzen: Sie können sich nicht gut von ihrem Sohn distanzieren. Das ist nicht Mitgefühl (ich fühle mit dir), sondern der Junge fühlt sich an wie ein Stück der Mutter oder des Vaters. Wenn der Junge sich in der Schule nicht angemessen verhält und dafür kritisiert wird, fühlen die Eltern sich selbst getroffen. Sie streiten – dieselbe Reaktion, die auch der Junge zeigt – in einem ersten Reflex alles ab; sie solidarisieren sich unbedingt mit dem Jungen, bevor sie überhaupt wissen, was vorgefallen ist oder wie Lehrkräfte den Jungen erleben. Hier sollten Mütter und Väter sich selbst kritisch hinterfragen und gegebenenfalls an ihren eigenen Reaktionen arbeiten. Vielleicht fällt es dem einen Partner leichter als dem anderen, sich von schulischen Problemen des Sohnes abzugrenzen; er oder sie könnte dann zumindest eine Zeit lang den aktiveren Elternpart im Hinblick auf die Schule übernehmen. Es hilft, sich klarzumachen, dass der Junge selbstständig und eigenständig handelt und handeln muss. Klarheit der Grenzen lässt Einfühlung und Verbindung zum Jungen zu, belässt aber die Verantwortung für sein Handeln bei ihm.

Mut machen

Klare Eltern vertrauen der Kompetenz, der Leistungsfähigkeit und der Ausdauer ihres Jungen. Ihr Einfluss ist groß, wenn sie ihn vor diesem Hintergrund ermutigen. »Ich bin sicher, du kannst das – beweis es!« und »Du schaffst das schon, letztes Mal hat es doch auch geklappt!« – das gibt ihrem Vertrauen Ausdruck und ist eine liebevolle Form der Anerkennung. Wenn Jungen mutlos sind und Eltern mit ihnen mitfühlen, ist das zwar ebenfalls eine gute Unterstützung, z. B.: »Du meinst, das sei nicht zu schaffen, so viel ist das?«, »Du hast gerade gar keine Lust dazu?«. Wenn es aber in reines Mitleid umschlägt, verlassen Vater und Mutter ihre stützende Position. Sie stellen sich nicht neben den Jungen, sondern über ihn. »Ach, der arme Junge, was muss er nicht alles leisten?«

> »Du schaffst das! Das haut dich nicht um, und hinterher freust du dich und gönnst dir was zur Belohnung!«
>
> *///////////////////*
>
> »Mir gefällt es, wie du darauf achtest, dass alle dabei sind, Fyn!«
>
> *///////////////////*
>
> »Klasse, Felix, wie sicher du aufgetreten bist!«
>
> *///////////////////*
>
> Ermutigung meint pure Anerkennung ohne Einschränkung und so sind solche Ansagen viel hilfreicher als z. B.: »Nicht schlecht, aber das kannst du noch besser.«

Ermutigen ist anspruchsvoll und geht nicht nebenher. Ein hingesagtes »Ja, gut gemacht«, ohne aufzuschauen, ist fast schon eine Beleidigung, keine Ermutigung. Auch wer selbstverständliche Kleinigkeiten lobt und bejubelt, spornt nicht gerade zu wirklicher Leistung an. Pauschales Lob macht abhängig und unselbstständig, und pures Schulterklopfen im Übermaß bewirkt oft das Gegenteil. Wenn immer alles gut oder großartig gefunden wird, werden Jungen überheblich oder trauen sich nichts mehr zu, wenn das Lob doch einmal ausbleibt. Ermutigung erfordert Aufmerksamkeit und Genauigkeit. Der Unterschied liegt im Detail: »Gut gemacht, ich bin stolz auf dich« ist viel zu schwammig, der Junge braucht's konkret: »Heute hast du alle Vokabeln gelernt und beim Schreiben nur noch einen Fehler gemacht – wie gut du mittlerweile Englisch lernst, da kannst du echt stolz auf dich sein!«

Ermutigen üben

Weil wir eher auf Kritik geeicht sind, braucht es manchmal den bewussten Schritt, sich dem Ermutigen zuzuwenden. Hilfreich kann z. B. ein »Tag der Stärken« sein, eine Art »Wohlfühltag« fürs Selbstbewusstsein: Vereinbart wird, einen ganzen Tag lang nur auf die Stärken zu achten und sich dies gegenseitig mitzuteilen. Oder: Wenn Besuch kommt, werden alle dazu eingeladen, nur Stärken zu registrieren und sie zu benennen - z. B. Großeltern oder Freunde der Familie: Wenn fremde Erwachsene Jungen ermutigen und bestärken, motiviert das ungemein - und erfüllt sie mit Stolz.

Ab und zu eine Würdigung, einmal alle paar Wochen loben, das reicht nicht! Fürs Ermutigen gilt: dranbleiben, ja immer wieder den Blick bewusst und gezielt auf Stärken richten. Wie im Geschäftsleben kann ein bisschen Biss und Beharrlichkeit schließlich auch von Führungskräften für Jungen erwartet werden.

Zum Ermutigen gehört, dass den Jungen etwas zugetraut wird: mehr, als sie oft selbst in sich entdecken. Jungen hängen oft fest. Entweder, sie setzen sich unerreichbar hohe Ziele und sind bald enttäuscht, wenn sie erkennen, dass sie unmöglich zu erreichen sind, oder sie hängen ihre Ziele viel zu tief und bleiben im Mittelmaß stecken. Ermutigung setzt ein genaues Wissen darüber voraus, wo der Junge steht, was er kann und wo er noch hinkommen wird.

Auch gute Rückmeldungen sind Teil der Ermutigung. Es gilt, genau hinzusehen. Eine Rückmeldung vermittelt dem Jungen, wo er steht, was er kann, was ihm zugetraut wird und was die nächsten Schritte sind. Da tun sich viele Eltern schwer, sie denken, die Note »gut« zu vergeben ist Rückmeldung genug. Viele Eltern wurden auch selbst durch kritisierende Eltern und schlechte Schulen sozialisiert, die statt echter Rückmeldung nur Noten verteilt haben, häufig eine beschämende und nicht hilfreiche Erfahrung. Es ist ein kulturelles Defizit, dass wir oft nicht richtig wissen, wie Ermutigen geht. Deshalb muss es gelernt und geübt werden.

In der Beratung begegnen mir häufig Eltern, die nicht nur nicht ermutigen, sondern gemeinsam mit dem Jungen lamentieren: Wer normale Schulaufgaben als furchtbare Anforderungen sieht, schwächt Jungen in ihrem Selbstvertrauen. Über schulische Zumutungen gemeinsam mit dem Jungen immer nur zu jammern lässt ihn seine Fähigkeiten nicht realistisch einschätzen. Unterfordern und ständiges Kreisen um die Befindlichkeiten des Jungen trägt dazu bei, dass er sich überschätzt und im kindlichen Größenwahn hängen bleibt. Natürlich können Eltern und ihre Jungen sich gemeinsam darüber ärgern, dass ausgerechnet an diesem sonnigen Wochenende viele Hausarbeiten anstehen. Aber dann sollten alle zusammen überlegen, zu welcher Zeit diese erledigt werden könnten, damit die ganze Familie trotzdem noch den lange geplanten Ausflug machen kann.

Auch andere Formen des Verhätschelns und Überbehütens (»Pampern«) sabotieren die stabilen Seiten im Jungen: Jungen alles hinterhertragen, die Verantwortung für Hausaufgaben und den Turnbeutel übernehmen. Viele Konflikte können Jungen selbst lösen, sie brauchen dafür nicht die Eltern und auch nicht deren Anwälte. So etwas ist nicht hilfreich, sondern macht Jungen abhängig und unselbstständig. Ermutigen, Rückmeldungen, Humor und dem Sohn etwas zutrauen führen dazu, dass Jungen gestärkt werden und sich als selbstwirksam und kompetent erleben.

Vor allem kleineren Jungen hilft die »Fragen-Sagen-Tun-Technik« beim Erledigen von Schulaufgaben:

- Was muss ich machen, wie ist die erste Aufgabe?

- Aha: Ich soll eine Geschichte schreiben.

- Dann überlege ich: Wie hat die Geschichte angefangen?

- Ich schreibe den ersten Satz auf und lese ihn noch mal durch.

- Dann frage ich mich: Wie könnte es dann weitergehen?

- Ich notiere mir erst mal ein paar Stichpunkte.

- (usw.)

Genügend Zeit und Platz freihalten für die Arbeit des Gehirns

Engagement für die Schule braucht Zeit und genügend Platz im Gehirn. Eltern können ihre Söhne dabei unterstützen, beides in ausreichender Menge reserviert zu halten. Das ist im Alltagstrubel oft nicht leicht, aber wenn ein gutes Timing gelingt, ist der Gewinn groß. Ausreichend Zeit ist in zweifacher Hinsicht erforderlich: die Lern- und Arbeitszeit, die nötig sind, um Stoff zu wiederholen, Hausaufgaben zu erledigen oder sich auf Tests und

Klausuren vorzubereiten; daneben ist die Verarbeitungszeit im Gehirn wesentlich: Pausen sind wichtig, damit Informationen in der Hirnrinde »abgelegt« werden, also z. B. nach dem Vokabellernen oder dem Erledigen von Hausaufgaben. Vor allem audiovisuelle Medien beanspruchen das Gehirn durch intensive Reize und Anforderungen; sie sind überdies spannungsgeladen und damit emotional. Nutzen Jungen solche Medien intensiv und ohne ausreichenden Abstand direkt nach Lernphasen, wird Gelerntes nicht gefestigt, sondern gelöscht: Nach Ansicht der Steuerungszentrale im Gehirn ist es unwichtig geworden.

Außerdem benötigt das Gehirn jeden Tag eine längere Umbaupause, um Erlebtes und Gelerntes zu verarbeiten und zu verfestigen. Deshalb brauchen Jungen ausreichend Schlaf. Dafür zu sorgen liegt bis in die Pubertät hinein in der Verantwortung der Eltern. Auch hier sind möglichst klare Vereinbarungen hilfreich.

In der Pubertät verschiebt sich der Tag-Nacht-Rhythmus im Jungengehirn; Jungen werden später müde und auch später wach (das ändert sich am Ende der Pubertät dann wieder). Leider stellen sich Bildungs- und Arbeitswelt darauf nicht ein. Wenigstens am Wochenende sollte der Junge deshalb genug schlafen (können).

Elektronische Medien wie Computer, Gameboy, Spielkonsolen, Fernsehen sind eher anspruchsarme, passive Unterhaltung, mit denen sich Jungen in ihrer Freizeit aber gern und ausgiebig beschäftigen. Nun belegen eindrückliche Versuche, dass diese Geräte die schulische Leistung beeinträchtigen. Jungen werden in der Schule schon dadurch schlechter, dass sie eine Spielkonsole erhalten. Audiovisuelle Medien sind für viele Jungen extreme Verführer, sie können sich ihrer Faszination kaum entziehen. Sie sind ziemliche Zeitfresser, und sie belegen viel Raum im Gehirn.

Ohne jeden Zweifel sind vor allem Computer- und Konsolenspiele regelrechte Lernsaboteure.

Es geht nicht darum, Medien generell zu verteufeln oder gänzlich zu verbieten: Sie haben ihren Sinn und ihre Reize. Aber Jungen sind auf Unterstützung ihres Zeitmanagements, auf ein Regulativ angewiesen. Was sie brauchen, ist offensichtlich und ganz einfach: klare Eltern, die dafür sorgen, dass das Jungenhirn ausreichend Zeit für schulbezogenes Arbeiten bekommt, dass es Gelerntes in Pausen und im Schlaf verarbeiten kann und dass das Gelernte nicht gleich wieder überformt und damit gelöscht wird.

Eher aktive oder unruhige Jungen sind zudem besonders auf Ruhepole angewiesen. Sie müssen zur Ruhe kommen, um zu verarbeiten, um sich zu spüren, bei sich zu sein, und um neue Ideen zu entwickeln. Jungen brauchen Ruhepunkte am Nachmittag und am Abend, damit es ihnen morgens und mittags in der Schule gut geht. Am besten zu Hause in einer entspannten Stimmung, mindestens aber als wahrnehmbare Lücken im turbulenten Alltag, oder draußen in der Natur. Dafür sorgen Eltern, indem sie sich Zeit nehmen, indem sie Reize vermindern, indem sie Stress bei Jungen wahrnehmen und wo möglich abbremsen, indem sie ihre eigene Hektik und die ihres Sohnes nicht ausufern lassen – und indem sie immer wieder einfach da sind, ohne etwas zu verlangen oder zu tun.

Es sind oft die kleinen Momente, die für mehr Ruhe sorgen, und die auch der Mutter oder dem Vater guttun: Die Frage »Na wie geht's dir, wie fühlst du dich gerade?«; das Tee-Ritual um vier, zwischen den Aufgaben ein bisschen kuscheln mit kleineren Jungen, sich an den Händen fassen vor dem Essen, die kleine Unterbrechung zwischen zwei Tätigkeiten – z. B. kurz aufstehen nach der Mathehausaufgabe, durchatmen, sich strecken, dann weitermachen mit Englisch ...

Do it yourself: Unangenehmes selbst erledigen

Lernen, Schule, Bildung und Entwicklung – all das ist nicht immer nur angenehm für Jungen und auch nicht für die allermeisten Erwachsenen, die mit ihnen zu tun haben. Eltern, denen Klarheit und Nähe in der Erziehung am Herzen liegen, übernehmen deshalb einen Teil der unangenehmen Erziehungsaufgaben selbst, anstatt sie Kindergarten, Schule, Tagesmutter oder Hort zu überlassen. Sie sorgen dafür, das ihr Sohn allmählich mit Regeln vertraut wird und diese auch einhält oder – falls nicht – wenigstens ein schlechtes Gewissen bekommt oder auch die entsprechenden Konsequenzen tragen muss. Sie helfen dem Jungen, seine Impulse zunehmend zu kontrollieren: nicht immer gleich loszureden, sondern auf die passende Lücke im Gespräch zu warten, nicht blind aktiv zu sein, sondern bewusst vorzugehen; sie muten ihm die Frustration zu, nicht immer nur alleine im Mittelpunkt zu stehen; sie helfen ihm, zu erkennen, dass Bedürfnisse nicht immer sofort befriedigt werden müssen, sondern dass dies auch auf später verschoben werden oder gar nicht geschehen kann.

Manche Eltern haben ein beschränktes Repertoire, ihre Liebe in die Beziehung einzubringen. Sie verstehen ihre Rolle so, dass es in der Familie stets harmonisch zugeht, und möchten am liebsten immer nur nett sein. Aber sie merken auch, dass Jungen vieles lernen und bewältigen müssen. Das ist nicht immer nur vergnüglich und geht auch nicht stets problemlos, ohne Konflikte und Anstrengung von der Hand. Hier ist eine andere elterliche Seite gefragt: fordernd, motivierend, auch konfrontierend, wenn etwas nicht so gut klappt. Das fühlt sich oft gar nicht nett an, und so neigen immer mehr Eltern dazu, das Unangenehme anderen und besonders gern der Schule aufzutragen: Soll sich doch die Schule darum kümmern, dass der Junge sich anstrengen lernt, dass er Pflichtbewusstsein und Selbstdisziplin entwickelt, dass er aufgetragene Aufgaben erfüllt, dass er sich in ein Gruppengefüge einordnen und sich zurücknehmen lernt. Sie erwarten, dass die Schule den Jungen richtig rannimmt, ihn zurechtweist und wieder in die Spur bringt. Sie begrüßen hartes Vorgehen in der Hoffnung, dass der Junge sich wieder einfügt.

Doch ganz klar: Auch wenn Eltern aufgrund beruflicher Pflichten usw. zunehmend weniger Zeit mit ihren Kindern verbringen können, ist es dennoch ihre Aufgabe, den Grundstock für diese Qualitäten ihres Sohnes zu legen und auch in seinen späteren Kinder- und Jugendjahren immer wieder »nachzuarbeiten«. Denn wenn Jungen den Braten der Verschiebung von Verantwortung riechen, erlauben sie sich das auch. Sie lernen bekanntlich durch Imitation und tun es ihren Eltern gleich. Dann haben nicht sie die Verantwortung für ihren Misserfolg, sondern andere; dann (miss)brauchen sie andere, um sich selbst zu regulieren und zu reglementieren; dann spinnen sie rum und sagen: »Ich war's nicht, der war's« usw.

Auch Überforderungen sollten Eltern in eigener Regie zu bewältigen suchen; sie können nicht darauf hoffen, dass die Schule den Jungen Leistungsbereitschaft, Respekt oder Pflichtbewusstsein vermittelt. Manche Jungen sind ohne Frage eine Herausforderung, und wenn Eltern überfordert sind oder sich so fühlen, ist das ein Hinweis auf dringenden Veränderungsbedarf. Mit etwas Bemühen ist es durchaus möglich, Versäumtes in der Erziehung wieder aufzuholen. Hier wissen sich viele Eltern nicht zu helfen und geben vorschnell auf. Sie streichen die Segel und begeben sich in die Opferhaltung (»Was sollen wir denn noch machen? Wir haben ja schon alles versucht – es hilft nichts!«). Sie wünschen sich, mit ihrem Sohn klarzukommen und sehen, dass auch andere Erwachsene mit ihm auskommen müssen, aber sie geben Führung und Verantwortung ab und flüchten sich in eine passive Position.

Dass sich Eltern mit Jungen überfordert fühlen, kommt relativ häufig vor: Die meisten in der Erziehungsberatung vorgestellten Kinder sind Jungen. Wenn Eltern den Eindruck haben, sie können die Führung und Verantwortung nicht mehr übernehmen, ist es Zeit und sehr sinnvoll, sich möglichst kurzfristig Unterstützung zu holen. Erzieherinnen und Erzieher, Lehrerinnen und Lehrer helfen gern bei der Suche nach dem richtigen Beratungsangebot.

In ihrem Verhalten bringen Jungen gleichsam ihre überforderten Eltern mit in die Schule und haben es mit diesem Paket schwer. Zu Hause bestimmen sie und haben die Führung übernommen. Mit dieser verschobenen Ordnung kommen sie aber eigentlich nicht klar. Sie verhalten sich oft ver-rückt, ohne es tatsächlich zu sein. Und sie verstehen nicht, warum sich die Lehrkräfte nicht so benehmen wie ihre Eltern, die sie doch schließlich auch bändigen können. Die Hoffnung der Eltern, dass die Schule den Jungen zur Vernunft bringt, ist verständlich, das kann Schule aber nicht einlösen. Manchmal kann die Schulleitung oder die Kooperation mit einzelnen Lehrkräften durchaus eine Hilfe sein, deshalb ist es gut, mit den Verantwortlichen in der Schule, z. B. der Klassenlehrerin, im Gespräch zu sein, um gemeinsam an einem Strang zu ziehen. Schule kann die Überforderung von Eltern jedoch niemals kompensieren, sie ist kein Zauberkasten, der Jungen sozialverträglich machen kann. Hier sind die Eltern selbst gefragt, damit sie – durchaus auch mit Unterstützung anderer – ihre Klarheit und Führung in der Familie wiederbekommen.

Schulische Führungskräfte stärken

Bisweilen hören sie es nicht so gern, aber Eltern und Lehrkräfte befinden sich auf derselben Seite der Führung: Dass und wie sie wirksam sein können und ernst genommen werden, ist auch voneinander abhängig. Das lässt sich leicht dort ablesen, wo Jungen von beiden Seiten gut mit Klarheit versorgt sind, also vom Elternhaus und von der Schule, wo alle Beteiligten sich gegenseitig respektieren und schätzen: Solche Jungen wirken häufig auf eine gute Weise geerdet und orientiert.

Aufgabe der Eltern ist es deshalb, Lehrerinnen und Lehrer in ihrer Rolle zu stärken. Sie sind die pädagogischen Fachkräfte, sie haben einen Vertrauensvorschuss verdient: wegen ihrer Kompetenz, wegen ihres Engagements, wegen ihrer fachlichen Sicht auf Jungen. Ihr Blick auf den Jungen ist für Eltern etwas Kostbares, denn so, wie Jungen sich in der Schule verhalten, tun sie das zu Hause häufig nicht; von dem, was sie in der Schule zeigen, bekommen Eltern oft nur wenig zu sehen – das gilt für angenehme und schwierige Seiten gleichermaßen. Natürlich hat für sie das Wohl des Sohnes Priorität, natürlich muss ihre Einstellung im Zweifelsfall lauten: Für den Jungen! Schwierig ist es allerdings, dass manche Eltern von vornherein eine Frontstellung konstruieren, die Lehrkräfte zu Gegnern erklärt. Das nützt Jungen nichts, schafft unnötige Konflikte und wertet die Professionalität der Schule ab. Eine konstruktivere Haltung lautet: Für den Jungen – aber nicht gegen die Lehrerinnen und Lehrer. Jungen registrieren es meistens genau, welche Haltung Eltern der Schule gegenüber einnehmen. Eine positive Grundhaltung stärkt und motiviert sie.

Der Führung von Lehrkräften in den Rücken fallen (I):

Zwei Jungen aus der vierten Klasse dürfen nicht mit ins Schullandheim. Sie können sich noch nicht an Regeln halten. Das ist der Lehrerin zu gefährlich, die beiden müssen in der Zeit den Unterricht in der Parallelklasse besuchen. Die Eltern beider Jungen sehen das nicht ein und sprechen sich ab: Sie lassen die Jungen einfach zu Hause bleiben.

In der Schule übernehmen die Lehrkräfte die Führung; zudem haben sie einen gesellschaftlichen Bildungs- und Erziehungsauftrag, dem sie gerecht werden sollen. Lehrerinnen und Lehrer vertreten damit Eltern und Gesellschaft. Grundsätzlich gebühren ihnen deshalb Achtung und Respekt.

Bremsen Sie Ihren Jungen, wenn er daheim über seinen Lehrer oder seine Lehrerin schimpft! Natürlich muss er auch mal maulen und zetern, aber eine generalisierte Abwertung untergräbt die Führungskräfte der Schule, der Lehrerinnen und Lehrer. Eltern tun gut daran, hier die Achtung vor der Schule, den Respekt vor den Lehrkräften und deren Arbeit zu stärken. Denn genau betrachtet sitzen sie mit den Lehrpersonen in einem Boot: Letztendlich untergräbt das Dulden pauschaler Abwertung nämlich auch die eigene Führung.

Ein Junge, der zu Hause unqualifiziert über seine Lehrerin oder seinen Lehrer herzieht, sollte von seinen Eltern gestoppt werden. Sein Unmut kann dennoch ernst genommen werden, etwa im Klären und Nachfragen: Was war los? Was ist in der Situation schiefgelaufen? Was genau ärgert dich an ihm/an ihr?

Auch manche Eltern demontieren die schulische Führung aktiv und ständig. Der Satz »Der Lehrer bzw. die Lehrerin hat dir gar nichts zu sagen« wirkt für den Jungen wie Beziehungssprengstoff. Es ist recht einfach, der Schule in den Rücken zu fallen: Lehrpersonen vor dem Jungen kritisieren, schlecht über Schule, über Lehrerinnen und Lehrer allgemein reden, etwa indem Vorurteile wiederholt werden, oder einzelne Lehrkräfte entwerten (»Der/die hat doch keine Ahnung«), ihre Aufgabenstellungen hinterfragen usw. – all dies demontiert die Führungsstärke der Schule. Das macht die Situation für Jungen schwierig. Sie sind irritiert und kommen in Loyalitätskonflikte. Jungen sind oft sehr kreativ

darin, herauszufinden, wer denn nun recht hat, etwa indem sie
stören oder Konflikte provozieren. Darauf reagieren die Lehrkräfte
ihrerseits und es kommt eine energiegeladene Dynamik in Gang.
Dabei reagieren Lehrkräfte oder Eltern nicht selten autoritär: die
Lehrer mit Disziplinarmaßnahmen gegenüber dem Jungen und
die Eltern mit dem Androhen einer Anzeige oder Klage gegenüber
der Schule. Meistens bedenken die Demontage-Eltern nicht, dass
ihre Haltung wieder auf sie zurückfallen kann. Denn indirekt ver-
ringert die Entwertung schulischer Führung auch die Achtung
vor den Eltern; für den Jungen sind seine Eltern ein Vorbild darin,
dass Führung entwertet werden darf oder gar wertlos ist.

Der Führung von Lehrkräften in den Rücken fallen (II):

*Theo, ein aufgeweckter und sehr verhaltenskreativer Junge mit
ADHS-Verdacht kommt neu in die zweite Klasse. Dort versucht
er gleich, Eindruck zu machen. Das gipfelt darin, dass er seinen
Tisch umwirft, als die Lehrerin ihn auffordert, sich jetzt an seine
Aufgabe zu machen. Darauf sagt die Lehrerin freundlich und
bestimmt, er solle den Tisch wieder hinstellen. Das macht er
nicht. Sie kündigt ihm an, dass er das Klassenzimmer mit ihr zusammen nach der letzten Stunde erst verlassen wird, wenn der
Tisch wieder steht und informiert in der Pause die Eltern. Am
Ende des Vormittags liegt der Tisch immer noch auf dem Boden.
Theo muss länger dableiben. Es dauert eine Dreiviertelstunde,
dann stellt er den Tisch hin, beide verlassen vergnügt die Schule. Draußen wartet die Mutter: Sie nimmt ihn in die Arme, bedau-
ert ihn lautstark und schimpft auf die böse Lehrerin …*

Eine Grundhaltung der Akzeptanz schulischer Führung bedeutet natürlich nicht, dass nicht auch kritisiert werden muss und
darf, wenn etwas nicht stimmt und wenn in der Schule Fehler
vorkommen. Das ist häufig genug der Fall: Wenn einzelne Lehre-

rinnen oder Lehrer ihrem Auftrag nicht nachkommen, wenn sie sexualisiertes Verhalten Kindern gegenüber zeigen oder gewalttätig werden, auch wenn Jungen schlecht oder ungerecht behandelt werden – all dies gibt es. Selbstverständlich muss sich der Junge von ungerechten oder gewalttätigen Lehrpersonen nicht alles gefallen lassen. Hier empört er sich zu Recht, er sollte unbedingt darin bestärkt werden, sich zu wehren, und muss auf Unterstützung und Hilfe der Eltern setzen können. Aufgabe der Eltern ist es dann, den Jungen in Schutz zu nehmen, Rückgrat auch gegenüber Lehrkräften oder der Schulleitung zu zeigen. Eltern werden dann aktiv, mischen sich ein und benennen das Übel. Doch sollte auch hier der Respekt gewahrt bleiben. Dazu gehört es, sich zu informieren und erst dann zu urteilen. Situationen und Konflikte können oft besser geklärt werden, wenn der Junge (noch) nicht zuhört. Generalisierungen sind immer problematisch (»Alle Lehrer sind ...«), und nicht jede Schilderung aus dem Mund des Jungen muss reflexartig in eine Abwertung der Lehrkräfte münden. Der Junge kann angehört werden, mit ihm soll mitgefühlt werden – aber wer weiß, ob eine Situation wirklich so war, wie er sie erlebt hat oder darstellt? Entscheidend ist immer die Haltung, und die sollte die persönliche und fachliche Führung der Lehrkräfte grundsätzlich akzeptieren.

In jeder Schule werden Klima und Atmosphäre von Jungen mitbestimmt. Ob eine Schule erfolgreich werden kann, wird auch von den Schülern beeinflusst, die sie besuchen. Wie die Jungen dort ankommen und wie sie sich verhalten, hängt maßgeblich von (Vor-)Leistungen der Eltern ab. Wenn Eltern mit Führungskraft für klare Beziehungen sorgen, fällt es Jungen viel leichter, Lehrerinnen und Lehrer anzuerkennen, Regeln zu akzeptieren und einigermaßen zu befolgen; sie werden gruppenfähiger und bringen die Bereitschaft mit, sich anzustrengen, die Ziele und Lernformen der Schule zu akzeptieren. Mit diesem Kapital kann die Schule ihre Stärken ausspielen und Jungen unterstützen.

Computer, Konsole & Co

Für viele Eltern ist die Mediennutzung von Jungen ein leidiges und endloses Thema – neben der Schule der zweite Dauerkonflikt in vielen Familien mit Söhnen. Das ist mindestens der Fall, seitdem das Fernsehen zum Massenphänomen wurde. Aber auch schon vorher gab es generationenbezogene Auseinandersetzungen über Medien: z. B. über Bücher oder »Schundheftchen« – damals ein Streitfall, heute würden sich viele Eltern freuen, wenn der Sohn wenigstens Comics lesen würde. Mit dem zunehmenden Angebot an audiovisuellen Medien hat sich die Debatte immer weiter verschärft. Nach dem Fernsehen kamen Computer, Konsolenspiele, Internet, soziale Medien, kommerzielle Spiele und Smartphones hinzu. So entwickelte sich die Mediennutzung von Jungen in vielen Familien zu einem Kampfplatz, auf dem um Führung gerungen wird.

Krisengebiet Medien

Spielkonsolen, Computer und Fernsehen sind für viele Jungen wichtige und attraktive Medien. Mit ihnen öffnen sich spannende, lustvolle und erlebnisreiche virtuelle Räume. Sie sind sozial bedeutsam in Bezug auf Kontakte der Jungen und für ihren Status. Solche Medien sind an sich nicht schädlich. Fernsehen öffnet Horizonte und kann lehrreich sein. Lernprogramme für den Computer fördern individuelles Lernen. Jungen, die in sozialen Medien chatten, befassen sich mit Sprache, sie schreiben und lesen, verbessern ihren Ausdruck und ihre Reflexionsfähigkeit. Jungen können sogar in »Ballerspielen« etwas lernen und weiterentwickeln, z. B. visuelle Verarbeitung, räumliches Sehen oder Reaktionsfähigkeit. Manche Jungen faszinieren gewaltverherrlichende Rollenspiele – wie »World of Warcraft« oder »Call of Duty«, sogar hier können sie Kompetenz und Erfolg, Strategie und Gemeinschaft erleben.

Für die hohe Attraktivität audiovisueller Medien ist der Hirnstoffwechsel verantwortlich: Das Belohnungszentrum jubiliert in einer Intensität, die ein Lob der Eltern oder eine gute Schulnote niemals bieten können.

Es gibt keinen Grund, elektronische Medien grundsätzlich zu verteufeln. Jungen werden durch ihre Nutzung alleine weder zu schrulligen Nerds noch dement. Als *Digital Natives* sind Jungen in diese Welt hineingeboren. Audiovisuelle Medien gehören zur modernen Lebenskultur, vor allem der jüngeren Generationen. Über das Smartphone in Kontakt zu sein ist Teil dieser Kultur, dagegen ist nichts einzuwenden. Die Annahme, dass exzessive Nutzung audiovisueller Medien bei Jungen automatisch zu Problemen führt, ist zumindest teilweise widerlegt. Untersuchungen haben vielmehr gezeigt, dass Jungen dort schwieriges Medienverhalten zeigen, wo sie in problematischen Familien leben. Auch Jungen, die selbst Probleme haben, verschanzen sich mit diesen häufig hinter Medien. So gesehen sind nicht die Medien selbst problematisch, sondern es gilt das Umgekehrte: Schwierigkeiten von Jungen führen zu problematischer Mediennutzung. Sie spielen immer mehr und verlieren leicht die Grenzen, das führt dann wieder zu Stress und verschärft die Probleme in der Familie; deshalb ziehen sich die Jungen noch mehr zurück – eine Abwärtsspirale ist in Gang gekommen.

Sven sagt von sich, er habe viele Freunde. Fragt man genauer nach, kennt er sie gar nicht persönlich. Es sind virtuelle Kumpel, Medienspielfreunde. Wirkliche Jungen kann Sven nicht

mehr leiden: »Die spielen doch nur Fußball. Oder sie hängen
rum. Beides ist langweilig.« Sven spielt am Computer. Er ist
technisch gut ausgestattet. Über zehn Stunden am PC, das
ist für ihn normal, jeden Tag. Nachdem er immer weniger an-
sprechbar ist, nicht mehr zu den Mahlzeiten kommt, sich an
keine Regeln und Absprachen mehr hält, macht seine Mutter
ernst: Sie kündigt ihm an, die Sicherung auszuschalten – und
macht das auch. Da gerät Sven außer sich, er »rastet aus«,
schlägt seine Mutter. Die weiß sich nicht mehr zu helfen und
ruft die Polizei. Erst durch diese Eskalation kommen Sven und
seine Mutter in die Erziehungsberatung.

Damit der Junge nicht »digital naiv« bleibt, muss der Umgang
mit Computern, Konsolen, Mobiltelefonen und anderen Medien-
verführungen erlernt werden. Das kann der Junge nicht, wenn er
keine Möglichkeit hat, solche Geräte zu benutzen. Andererseits
wirken audiovisuelle Medien, auch das ist nachgewiesen, als Zeitfresser und regelrechte Lernbremsen. Zu viel davon kann sich
schädlich auf die Gesundheit auswirken: Z. B. sind Jungen, die
ein eigenes Fernsehgerät im Zimmer haben, im Durchschnitt
dicker. Audiovisuelle Medien sind so faszinierend und attraktiv,
dass viele Jungen aus eigener Kraft die Grenzen gesunder Nutzung nicht spüren. Dafür brauchen sie kräftig führende Eltern.

Aus der Elternberatung

In der Beratung geht es um das omnipräsente Smartphone,
immer wieder gibt es darüber Streit. Bennos Mutter will nicht,
dass der 14-Jährige es nachts mit ins Zimmer nimmt, kann sich
da aber nicht durchsetzen. Benno schaltet es in der Nacht ein,
spielt, geht ins Internet oder in soziale Netzwerke – und ist mor-
gens nicht ausgeschlafen. Mein Vorschlag ist nahe liegend: Das
Gerät sollte außerhalb seines Zimmers deponiert werden, die

Verführung ist offenbar zu groß. Bei unserem nächsten Treffen erzählt Bettina von Bennos Reaktion, als sie ihm diesen Vorschlag machte: »Das geht aber nicht, ich brauche es ja als Wecker!« Bettina war verblüfft und sagte erst mal nichts. Nach kurzem Nachdenken musste Benno selbst lachen, er kam darauf, dass es für diese Funktion ja wirklich preiswerte Alternativen gibt. Er kaufte sich einen Wecker nach seinem Geschmack und stimmte zu, das Smartphone nachts ins Wohnzimmer zu legen.

Was bei der Mediennutzung noch gesund ist und wo das Schädliche anfängt, das ist nicht generell zu bestimmen. Es hängt sehr vom einzelnen Jungen ab, und Jungen unterscheiden sich auch hier erheblich. So kann ein 14-jähriger Junge mit ADHS schon mit einer halben Stunde »Need for Speed« überfordert sein. Ein anderer Junge im gleichen Alter kommt nach zwei Stunden erst auf dem optimalen Spaß-Level an (dafür muss er eine gewisse Dauer dabeibleiben), er kann dann noch mit Lust eine weitere Stunde spielen, bis das Niveau abnimmt und sich das Spielen hohl anfühlt. Danach wirkt er weder erschöpft noch besonders nervös, er fühlt sich zufrieden und gut entspannt. Wie bei vielen Dingen, die Spaß machen, gilt auch hier: »Die Dosis macht das Gift.« Ein generelles Verbot ist weder sinnvoll noch Lösung für ein Problem. Ob nützlich oder schädlich ist eine Frage des Maßes. Nach der Statistik nutzen Jungen im Durchschnitt solche Medien zu häufig, doch im Durchschnitt heißt auch: Viele Jungen befinden sich im grünen Bereich. Andere wiederum konsumieren audiovisuelle Medien exzessiv: Hier wirkt sich die Mediennutzung schädlich aus.

Lennart ist zwölf. In seiner Familie gibt es immer wieder Konflikte um Spiel- und Fernsehzeiten, vor allem am Wochenende und in den Ferien. Um immer wieder zu erproben, wie wichtig solche Spiele und Medien wirklich sind, wurde ausgehandelt, zweimal jährlich die kurzen (einwöchigen) Ferien zur »medienfreien

Zeit« zu erklären. Das gilt für alles und für alle – nach Lennarts
Votum auch für Papas und Mamas Mobiltelefone, auch für deren
Fernseher im Schlafzimmer. Nach ein, zwei Tagen stellt Lennart
regelmäßig fest, dass ihm eigentlich nichts fehlt. Und auch seine
Eltern genießen ihre Auszeit von Handy und Bildschirm.

Nicht jeder Junge, der bei der Nutzung audiovisueller Medien schwer ein Ende findet, ist deshalb gleich süchtig. Zweifellos gibt es aber Jungen, die unter Computerabhängigkeit, Spielkonsolen- oder Internetsucht leiden. Symptome dafür sind etwa Zittern, starke Unruhe oder Aggressivität, wenn sie nicht mehr uneingeschränkt spielen dürfen. Jungen sind von Computersucht viel häufiger als Mädchen betroffen: mindestens doppelt so oft, andere Studien sprechen von neunmal häufiger als Mädchen. Bei der Internetsucht ist das Geschlechterverhältnis nahezu ausgeglichen, nicht aber bei süchtigem oder suchtnahem Computerspielverhalten. Es gibt Hinweise darauf, dass Computersucht eher ein Symptom einer Depression darstellt als tatsächlich eine eigene Sucht; demnach »maskiert« die Spielsucht eine Depression.

Klare Ansagen zum Was und Wie

Auch wenn Erwachsene bisweilen gern Fernsehen, PCs, Konsolenspiele und Smartphones generell verbieten würden: Wichtig ist, den Umgang damit zu strukturieren und klar zu regulieren. Dabei lautet die Grundfrage: Bestimmen uns die Geräte oder bestimmen wir Eltern über die Gerätenutzung? Das Problem für Jungen und der oft anstrengende Part ihrer Führungskräfte liegt beim Was?, Wie? und vor allem: Wie lange?.

Gerade in Bezug auf die Mediennutzung können Regelvereinbarungen zu heftigen Konflikten führen. Sie bieten aber auch eine Chance für Kontakt und Kommunikation. Eltern können sich erklären, über Werte oder Verantwortung diskutieren und gemeinsam mit Jungen ihren Medienhorizont erweitern. Das gibt ihnen die Gelegenheit des Nachlernens und -entwickelns, weil ihr Wissensstand oft veraltet und dementsprechend beschränkt ist.

Umgekehrt ist die Begrenzung der Mediennutzung ein wesentlicher Teil der Erweiterung von Medienkompetenz bei Jungen. Denn Begrenzung zwingt zur Auswahl, zur Wertung und Entscheidung: Was ist mir wichtig, was hat am meisten Bedeutung für mich? Nicht oder zu wenig beschränkende Eltern nehmen Jungen diese Chance (die der Junge selbst selbstverständlich eher selten als Chance sieht ...). Eltern formulieren ihre Erwartungen, ihr Sohn benennt seine Wünsche. Dann wird ein Rahmen ausgehandelt, in dem sich der Junge möglichst frei bewegen kann. Maßgeblich dabei ist die Konsequenz, damit der verhandelte Rahmen wirklich eingehalten wird. Wenn abgemacht wurde, dass der PC um 20.00 Uhr heruntergefahren wird, dann wird in der Situation nicht mehr nachverhandelt (»weil es gerade so spannend ist« oder »weil gerade so viele online sind«). Funktioniert das nicht und ist der Rechner um 20.05 Uhr immer noch nicht ausgeschaltet, dann folgen naheliegende Konsequenzen: Am nächsten Tag bleibt der PC ganz aus (und wird technisch ruhiggestellt oder weggeschlossen). Das gilt, auch wenn natürlich genau an diesem Tag etwas extrem Wichtiges für die Schule im Internet recherchiert werden müsste (notfalls, d. h. wenn eine Hausaufgabe deshalb tatsächlich nicht erledigt werden kann, wird eine erklärende Entschuldigung geschrieben). Mögliche Konsequenzen können schon beim Vereinbaren der Regeln besprochen werden, denn spontane Reaktionen, wie z. B. einfach den PC ausschalten, wird der Junge zu Recht als willkürlichen Eingriff, als aggressiven Akt verstehen.

Wie lange darf ein Junge an Schultagen audiovisuelle Medien nutzen?

Als Faustregel für die Basisposition der Eltern, mit der sie in die Verhandlung gehen können: Alter des Jungen geteilt durch zehn – das entspricht der Anzahl von Stunden zur Mediennutzung. Bei einem 13-Jährigen sind das also 1,3 Stunden, etwa eine Stunde und zwanzig Minuten.

Viele Eltern scheuen die Mühen der Auseinandersetzung. Sie sehen zwar die Gefahren und empfinden die Mediennutzung als Angriff auf ihre Werte und den häuslichen Frieden. Aber sie haben aufgegeben, weil sie denken, hier sei ja ohnehin nichts zu machen: Wenn er zu Hause nicht fernsehen oder am Computer spielen darf, dann macht er es eben bei seinen Freunden; wenn er keine Spielkonsole bekommt, dann spielt er bei Jungen, die eine haben. Das ist eine verständliche, weil weitverbreitete Haltung. Doch selbst wenn das Ausweichverhalten natürlich vorkommt, ist die klare Einstellung der Eltern als Orientierung für den Jungen dennoch wichtig. Es ist nicht zu vermeiden: Den Umgang zu regulieren bedeutet Erziehungsaufwand. Und oft macht man sich unbeliebt, auch bei den Eltern anderer Jungen, aber auch dies ist ein Ausdruck für Interesse und für die Übernahme von Verantwortung.

Musik hören kann zwar auch belebend wirken, aber nicht so stark wie Bildschirmgeräte: reine Musikgeräte (Radio, CD-, MP3-Player) wirken nur auf einem Sinneskanal. Sie strahlen auch kein Licht aus, was die Rezeptoren im Gehirn auf »Tag« einstellt; deshalb ist Musik oder ein Hörbuch hören am Abend, auch vor dem Schlafengehen, etwas anderes als die Nutzung eines Geräts mit Bildschirm – sofern es mit der Lautstärke keine Probleme gibt (und da hilft oft ein guter Kopfhörer weiter).

Um sich zu erholen und zu entspannen, sind Jungen auf ausreichend Schlaf angewiesen. Deshalb brauchen sie konsequent nächtliche Medienpausen. Wegen der hohen Verführungskraft sollte bis zum Alter von 16 Jahren am besten kein elektronisches Gerät über Nacht im Jungenzimmer bleiben. Also vor dem Schlafengehen Laptop, Smartphone, Spielkonsole, Fernseher, auch Kleingeräte (wie Gameboy) usw.: Alles raus aus dem Zimmer. Indirekt kann die nächtliche Medienpause sogar der Jungen-Leseförderung dienen, denn sie ermöglicht nebenbei die Wiederentdeckung der alten Kulturtechnik des Lesens unter der Decke mithilfe einer Taschenlampe.

Wenn audiovisuelle Medien so faszinierend sind, könnten sie sich doch als Belohnung nutzen lassen, also Spielen am PC oder an der Konsole als Prämie nach den Hausaufgaben? Leider geht das gar nicht: Diese Beschäftigungen überschreiten schnell die Verarbeitungskapazität des Jungengehirns und überfordern es mit einem emotionalen »Overflow«. Die Folge: Vorher Gelerntes wird nicht verankert, sondern wieder gelöscht. Damit sich das Gelernte im Gehirn setzen kann, sollten eine, besser zwei Stunden Zeit zwischen Schule oder Hausaufgaben und Spielen liegen. Bewegung und Sport nach den Hausaufgaben, Musik machen, ein Gespräch, Radio hören - alles ist hier besser als Computer & Co.!

Geschickt wird Werbung für elektronische Medien mit dem Hinweis versehen, die Kinder könnten damit etwas lernen. Das ist raffiniert, denn das Argument wird Jungen an die Hand gegeben, um damit ihre Eltern vom Kauf des neuen Geräts zu überzeugen. Mittelschichtseltern sollen damit ihr Gewissen beruhigen: Bildung ist doch gerade für Jungen der Schlüssel zum beruflichen Erfolg! Wenn es das Gerät dann gibt, wird aber nur selten für die Schule gearbeitet. Natürlich lernen Jungen damit viel: Reaktionsschnelle,

Spiele verstehen, sich an Maschinen ausrichten. Aber Vokabeln oder das große Einmaleins? Das eher nicht. Es wäre vielleicht möglich, hat aber kaum Chancen auf Verwirklichung. Dafür braucht es eher den Willen, das Durchhaltevermögen, Sitzfleisch – und gerade diese Fähigkeiten torpedieren diese Geräte durch ihre Reize.

Andere Risiken öffnen sich für Jungen im Internet. Hier zeigen oder schreiben sie vieles, was sie im wirklichen Leben nicht machen oder verraten würden. »Eric ist schwul!«, »Schau mal, wie fett Marie ist« – schnell ist eine Beleidigung geschrieben, ein Foto geschossen, kommentiert und ins Facebook gestellt. Eltern sollten wissen, was ihre Jungen tun und was mit ihnen geschieht, auch in virtuellen Räumen: Jungen sind sowohl Täter als auch Opfer von Online-Gewalt (wie z. B. Bedrohung, Entwertung, Mobbing). Weil »Opfersein« in Männlichkeitsbildern nicht vorgesehen ist, scheuen sich viele Jungen, rechtzeitig Unterstützung zu holen. Jungen müssen wissen, dass Eltern ihre Netzaktivitäten im Blick haben. Für Eltern heißt das, dranzubleiben, notfalls auch einzugreifen. Das bedeutet nicht, dass sie wie der Geheimdienst der USA alle Äußerungen des Jungen speichern und analysieren müssen. Aber sie sollten sich für seine Aktivitäten am PC interessieren, ihm von Zeit zu Zeit über die Schulter schauen und zur Sicherheit seine Passwörter kennen. Das gehört – neben Absprachen zur Nutzungsdauer – zu den Grundvereinbarungen. Eltern müssen nicht ständig kontrollieren, aber sie müssen es können, wenn ihnen etwas seltsam vorkommt. Ein Nebeneffekt dabei: Wenn Eltern die Passwörter kennen, führt das oft bereits dazu, dass Jungen die Erwachsenensicht mehr berücksichtigen und vernünftiger handeln.

Der Google-Topmanager Eric Schmidt rät in einem Interview in der ZEIT: »Eltern sollten die Passwörter ihrer Kinder haben, bis diese 18 Jahre alt sind. Keine Diskussion! Eltern müssen wissen, was ihre Kinder tun.«

KLASSIKER DES FAMILIENLEBENS

Private elektronische Geräte in der Schule?

Seit zehn, fünfzehn Jahren sind transportable elektronische Geräte so preiswert, dass Jungen sie massenhaft besitzen. Mobiltelefone, Smartphones und sogenannte »Handheld-Konsolen« wie Gameboy (veraltet), DSi, Dingoo oder GP2x sind für viele Jungen nützlich: Mit ihnen kann Kontakt gehalten und Status markiert werden, sie bieten bequeme und spannende Möglichkeiten der Zeitgestaltung. Gleichzeitig besitzen solche Geräte einen sehr hohen Aufforderungscharakter. Wer sie hat, will etwas mit ihnen anstellen. Sie sind reizvoll und bedienen das Belohnungszentrum im Gehirn, wirken deshalb verführerisch und werden lustbesetzt. Kein Wunder, dass sie den meisten Jungen viel bedeuten. Mobile elektronische Geräte verfügen über den entscheidenden Nutzen, dass der Junge sie mitnehmen kann. Wenn er alleine raus auf den Spielplatz geht oder sich mit Freunden trifft, ist das ein praktischer Vorteil.

Aber in der Schule lenken solche Geräte ab und stören. Besonders Mobiltelefone und vor allem Smartphones sind Dauerreizgeräte, um »nur schnell mal« zu telefonieren oder um Kurznachrichten auszutauschen. Da es kaum noch Handys ohne Zusatzfunktionen gibt, warten auch bei Funkstille immer eine reizvolle Spielesammlung und ein nicht müde werdender Gegner. Die Konsequenz liegt eigentlich auf der Hand: Solche Geräte gehören nicht in die Schule.

Es ist erstaunlich, welche Entrüstung man erleben kann, wenn die naheliegende Forderung gestellt wird, den schulischen Bereich ganz von elektronischen Geräten aller Art freizuhalten. An den Diskussionen wird fühlbar, wie emotional diese Geräte aufgeladen sind – von allen Seiten. Bei Handheld-Konsolen lässt es sich Eltern gerade noch vermitteln, dass sie in der Schule stören. Aber wenn es um Mobiltelefone geht, sind Diskussionen häufig unmöglich, sie führen zu Empörung und heftigen Konflikten.

Das Verbot kollidiert natürlich mit den Interessen der Jungen. Sie finden unendlich viele Argumente, warum sie unbedingt in der Schule ein Smartphone dabeihaben müssen. Ein Nutzen, den sie selten erwähnen: Es gibt keine Sekunde Pause, Langeweile oder die Notwendigkeit, sich über eigene Bedürfnisse klar zu werden. Immer wartet im Zweifel das soziale Netzwerk, eine SMS, Werbung in Form einer App oder ein faszinierendes Spiel.

Aber auch Eltern können sich immer weniger vorstellen, den Jungen aus dem Haus zu lassen, ohne dass die Möglichkeit besteht, per Handy oder Smartphone ständig Kontakt miteinander aufzunehmen. Doch Jungen brauchen weder die stets kontrollierende Leine noch die dauernd fürsorgende elektronische Nabelschnur. Auch wenn es schwerfällt: Eltern sollten sich bewusst machen, dass es gut ist, wenn Söhne auch mal eine Stunde lang alleine unterwegs sind. Dies gilt vor allem mit dem Beginn der Pubertät, wo nicht nur die Jungen, sondern auch die Eltern mit dem wachsenden Freiheitsdrang der Jungen zurechtkommen müssen. Was, wenn der Junge überraschend in eine offene Zeitzone in Form einer gefährlichen Hohlstunde geraten würde? Ohne Mobiltelefon freut er sich an seiner Freiheit, macht den üblichen Unsinn mit Freunden und spielt in der Zeit nicht am Computer. Die seltenen wirklich wichtigen Umstände, etwa in Notfällen oder bei echten Transportengpässen, könnten ohne Weiteres an Münzfernsprechern oder im Schulsekretariat erledigt werden. Klare Eltern schenken hier die Freiheit und das Vertrauen, dass sich Jungen verantwortlich verhalten.

Das Argument, übers Mobiltelefon stets Kontakt halten zu müssen, ist eher dem Zeitgeist und dem kommerziellen Interesse der Anbieter geschuldet. Auch Schuldgefühle von Eltern, vor allem von arbeitenden Müttern scheinen durch solche Geräte in Schach gehalten zu werden. Aber was bringt das wirklich? Noch vor zehn Jahren waren handylose Jungen überhaupt kein Problem. Weder haben die Gefahren seither wesentlich zugenommen noch haben Unfallzahlen oder Entführungen aufgrund der explosionsartigen Zunahme von Handys abgenommen! Wegen ihrer libidinösen Besetzung verknüpfen Jungen solche Geräte mit ihrer Persönlichkeit. Manche Jungen bekommen ohne Gerät Entzugserscheinungen und scheinen ihre Identität bedroht zu fühlen: Ohne mein Gerät bin ich nichts. Deshalb wird es von der Werteseite her immer wichtiger, dass für Jungen erkennbar wird: Du bist, der du bist – und nicht das, was du hast. Dabei helfen Gerätepausen. Klare Regelungen, die solche Geräte in Schulen nicht zulassen, wären in mehrfacher Hinsicht sinnvoll. Leider ist der Schulalltag oft anders bestimmt. Viele Lehrkräfte, aber auch Jungen sind genervt, wenn jede freie Sekunde den Geräten gewidmet wird. Wenn es Regelungen überhaupt gibt, dann sind diese oft nicht klar ausgesprochen. Weil viele Eltern und Jungen klare Ansagen in diesem Bereich ablehnen, sind ein einheitlicher Stil und wirksame Kontrolle fast unmöglich. Ständig und in jeder Pause öffnen sich Graubereiche: »Ich muss wirklich nur ganz kurz meiner Mutter was ganz Wichtiges mitteilen« – schon ist die Regelung unterlaufen. Obwohl sie ganz anderer Auffassung sind, haben viele Schulen aufgegeben. Sie lassen es laufen, wie es eben läuft. Das ist überhaupt nicht gut, und etwas mehr Mut, Standhaftigkeit und klare Ansagen vonseiten der Lehrpersonen (Lehr*kräfte*!) wären durchaus angebracht: Weil die Geräte stören, nerven und schädlich sind, haben sie in der Schule nichts verloren. Wenn etwa das Mobiltelefon trotz Verbots benützt wird, folgt als Konsequenz, das Gerät im Rektorat abzugeben, wo es nach Schulende oder erst am Ende der Woche wieder abgeholt werden kann.

Aber weil mobile elektronische Geräte für viele Jungen – und auch Mädchen – so wichtig sind, hilft ersatzweise vielleicht eine andere Idee: So wie es in manchen Grundschule am »Haustiertag« erlaubt ist, sein Kaninchen, seinen Vogel oder Hund mitzubringen, kann ein Elektroniktag eingeführt werden: ein Tag kurz vor den Ferien oder der letzte Schultag, an dem jeder ein (!) für ihn wichtiges elektronisches Kleingerät mitbringen darf; die Schüler können es präsentieren, herumreichen, vorstellen, Kleingruppen bilden, damit spielen, jeder kann zeigen, was er besonders gut beherrscht. Und danach sind die Geräte zu Hause wieder gut aufgehoben.

Na super: Jungen in der Pubertät!

Jungenpubertäten unterscheiden sich so, wie sich Jungen unterscheiden. Manche Eltern sind auf das Schlimmste gefasst – und sagen dann hinterher: Ach, so dramatisch war es doch gar nicht. Andere bestätigen sich noch am Abend, wie einfach es läuft und wie gut der Sohn es macht mit der Pubertät, bis kurz darauf die Polizei klingelt und ihn nach Hause bringt, weil er beim Kiffen erwischt wurde ...

Pubertät ist immer ein Abenteuer und beinhaltet Krisen – für alle Beteiligten und unabhängig vom Geschlecht. Was viele Eltern nicht wissen oder verdrängen: Eine sehr lange Zeit, vielleicht die längste, die sie mit Jungen gemeinsam leben, befindet er sich in der Pubertät. Erste Anzeichen der Vorpubertät lassen sich oft mit neun, zehn Jahren ausmachen, abgeschlossen ist die Nachpubertät vielleicht mit 23, 25 Jahren. Die Veränderungen und Krisen der Pubertät strahlen ins Familienleben aus. Die Eltern sind neu gefordert. Dabei erkennen sie sich selbst in und mit ihrer Rolle oft nicht wieder. Und doch erinnert die Situation viele an ihre eigene Jugend – nur stehen sie jetzt plötzlich auf der anderen Seite. Hier stellt sich bisweilen ein besseres Verständnis der eigenen Eltern ein, eine wertvolle Nebenwirkung der wilden Jahre ihres Jungen.

Weil sie berufs- und geschlechtsbedingt mehr Distanz zur Familie haben, gehen Väter oft unbesorgter mit der Pubertät ihrer Söhne um. Gelassenheit ist grundsätzlich zwar hilfreich. Aber wenn Söhne ihre Väter nicht erreichen, sacken sie ab. Vielleicht haben es deshalb Jungen in der wilden Zeit schwieriger als Mädchen. Denn Väter wären eine wichtige Orientierung für ihre Söhne. Jungen beobachten, wie der Vater ist, was er denkt und macht. Es hilft dem Sohn, wenn sein Vater sich Zeit für ihn nimmt, auch noch während der Pubertät. Bei dieser Zeitgestaltung kommt es auf die Qualität an: Der Junge braucht einen Vater, der präsent, also »echt da« ist. Schweigend verbrachte Zeit vor dem Fernseher hilft ihm nichts, eine gemeinsame Aktivität dagegen viel. Dabei bleibt der Vater erwachsen, er sollte nicht versuchen, dem Sohn ein Kumpel zu werden. Damit würde er sich anbiedern, das mögen die meisten Jungen nicht.

Auch die Mutter ist nun neu gefordert. Die kindliche Ambivalenz des Sohnes zeigt sich in dieser Phase in einer neuen Qualität: Jungen können sich mal wertschätzend und charmant, dann wieder ziemlich abgrenzend und abwertend verhalten. Liebevolle Klarheit und Stabilität der Mutter unterstützen ihren Sohn in der Pubertät. Wenn er die Mutter kränkt, darf und soll sie das sagen, also ihm Rückmeldung geben, und wenn er seine schönen Seiten zeigt, selbstverständlich auch. Mütter neigen mitunter dazu, sich in die Opferhaltung zu begeben; sie gestalten aber mit, sie sind im Fordern, Anregen und Begrenzen des Jungen gerade auch als Frau bedeutsam – als »die erste Frau« in seinem Leben. Andere Mütter sind eher ängstlich, sie malen sich alle möglichen Katastrophen aus, sehen vor allem die Schwächen des Jungen und die damit verbundenen Risiken, nicht aber seine Stärken und die Chancen. Wenn die Mutter es schafft, dies zu überwinden, stärkt sie den Jungen, er braucht von ihr auch Resonanz auf seine stabilen und großartigen Seiten.

Enttäuschungen sind mit pubertierenden Jungen unvermeidlich. Wenn und warum sie enttäuscht sind, sollten Eltern dem Sohn gegenüber benennen. Dann ist es aber auch wieder gut. Vermeiden sollte man die verallgemeinerte Abwertung als Reflex auf eine Kränkung oder Enttäuschung, also z. B.: »Aus dir wird sowieso nichts!«, oder: »Du taugst ja echt zu gar nichts!« Dass Eltern ärgerlich oder mutlos werden, gehört zur Pubertät mit Jungen; solche Erfahrungen sollten allerdings das bleiben, was sie sind: Ärgernisse und Enttäuschungen, keine generelle Demontage des Jungen.

Durch die Veränderungen in der Jugendphase entflechten sich auch die Beziehungen. Der Junge geht immer mehr seine eigenen Wege, die Freizeitgestaltung findet ohne seine Eltern statt. Die Gemeinsamkeiten werden weniger, auch früher selbstverständliche Highlights im Jahresverlauf – Urlaub, Feste, Besuche – sind nicht mehr interessant und werden gemieden. Oft ist das übrig gebliebene Gemeinsame mit den Eltern der Alltag. Wo möglich sollte er dann so gestaltet werden, dass die wenigen Kontakte nicht nur zur Pflichterinnerung, Kritik und Krisenbewältigung verwendet werden. Es braucht auch gemeinsamen Raum zum Genießen, Entspannen, einfach so zusammen sein – sonst werden die Zeiten immer kürzer, an denen Jungen sich zeigen.

Mittelfristig bedeutet Pubertät, dass der Junge selbstständig wird. Damit verknüpft ist zunehmend sein Recht auf eine eigene Entwicklung. Dies drückt sich besonders auch in der Art aus, wie er die Schule bewältigt und seine Freizeit gestaltet. Selbst wenn er etwas völlig anderes machen möchte, als den Eltern vorschwebt: In solchen Härtefällen zeigt sich, ob Eltern den Jungen wirklich respektieren. Hinter diesen Entscheidungen verbirgt sich neben den Wünschen des Jungen auch genau die Frage: Darf ich so sein, wie ich bin? Es kann eine Herausforderung darstellen, wenn der Sohn einer leitenden Beamtin oder eines Wissenschaftlers beschließt, eine Handwerkerlehre zu machen. Wenn er es vertreten kann, ist das seine Entscheidung, die die Eltern akzeptieren müssen.

Als kleines Trostpflaster bietet sich in solchen Fällen immerhin auch eine neue Chance für Eltern. Sie können neue Welten entdecken, die ihnen sonst verborgen geblieben wären. Letztlich geht es bei den großen und kleinen Fragen der Eigenständigkeit um Respekt. Wirklich respektvoller Umgang mit dem Jungen lässt (irgendwann) auch Gegenseitigkeit erkennen, wenn er etwa unvermittelt fragt: »Und was hast du heute gearbeitet?«, oder: »Wie geht's euch eigentlich im Beruf?«

Die wilden Jahre

Jungen unterscheiden sich in der Pubertät und durch sie grundlegend von Erwachsenen. Die Phänomene sind dieselben wie früher auch und allgemein bekannt (was Eltern nicht unbedingt beruhigt). Jungen reagieren im Durchschnitt impulsiver, sie werden stark von Gleichaltrigen beeinflusst, leben wilder und gefährlicher, und sie gehen mehr Gesundheitsrisiken ein, indem sie rauchen, Alkohol oder Drogen konsumieren und waghalsige Aktionen vollführen. Jungen fabrizieren jetzt noch mehr Unsinn – vor allem, wenn Freunde dabei sind; sie experimentieren mit Grenzüberschreitungen, begehen Regelverstöße und Gewalttaten, verursachen Unfälle. Sie ziehen sich aber auch zurück, verschanzen sich in ihrem Zimmer, lassen Eltern nicht mehr an sich ran.

Warum ist das bei vielen Jungen so? Während der Pubertät verändert sich das Gehirn radikal. Nervenverbindungen in den vorderen Stirnlappen, im »Vernunfthirn«, wo auch Moral gespeichert ist, lösen sich in großen Teilen auf. Aufgrund ihrer geistigen Entwicklung sind viele Jugendliche nicht fähig abzuschätzen, welche Konsequenzen ihr Handeln haben wird. Tests haben gezeigt, dass Jungen doppelt so risikofreudig sind, wenn sich Gleichaltrige in der Nähe aufhalten. Dann reagieren die Hirnareale, die dazu anregen, Verbotenes und Riskantes auszuprobieren (bei Erwachsenen gibt es diesen Effekt nicht). Der doppelte Einfluss während der Pubertät – Veränderungen im Gehirn und Gleichaltrige – lassen Jungen phasenweise tatsächlich wie unzurechnungsfähig erscheinen. Sie stoßen dabei an Grenzen. Klare Eltern und andere liebevoll führende Personen bieten den nötigen Halt; sie wirken für Jungen in der Pubertät wie eine Form, in der sie vollends ausbacken können.

Zwar sind Gleichaltrige für das Verhalten von Jungen während der Pubertät wichtig. Umgekehrt unterschätzen Eltern den eigenen Einfluss immens, wenn sie alle Verantwortung auf die Freunde schieben und als Eltern keine mehr übernehmen. Denn indirekt haben sie durchaus Einfluss: Welche Freunde Jungen wählen, welchen Cliquen sie sich anschließen, das hängt auch stark davon ab, wie Mütter und Väter mit ihrem Sohn umgehen, in welcher Bindung und in welcher persönlichen Beziehung sie zu ihm standen und stehen, wie klar sie ihn begleiten.

Natürlich verschwinden in der Pubertät nicht alles Gelernte und Entwickelte: Stabilere Bahnungen bleiben; was viel geübt wurde, was oft gelernt wurde, was vielfach und sicher vermittelt wurde, besteht weiter. Eine gute, stabile Kindheit mit Halt und Werten zahlt sich also auch in der Pubertät aus. Gleichzeitig steigt die Zahl der Rezeptoren für Dopamin enorm an, den Stoff, der schöne Belohnungsgefühle auslöst. Jugendliche werden dadurch neugieriger und suchen neue Erfahrungen, Nervenkitzel, Kicks und Risiken. Auf der anderen Seite sind die Bereiche für die bewusste Kontrolle im Gehirn noch eher unterentwickelt. Das kommt leider viel später, sie werden erst mit etwa 25 Jahren ganz ausgereift sein. Das heißt: Es fehlen im Gehirn die Impulskontrolle und die Risikofolgenabschätzung. Deshalb sind sehr viele Jugendliche risikofreudig, rücksichtslos und unbedacht.

Im Prinzip gilt das für beide Geschlechter. Warum sind Jungen aber viel risikofreudiger, auch häufiger gewalttätig und kriminell als Mädchen? Das könnte zwar auch am Testosteron liegen, das für etwas mehr Aktivität sorgt; diese Einflüsse sind aber vermutlich gar nicht so bedeutend. Ausschlaggebend sind eher soziale Faktoren, der soziale Kontext. Die Art der Freundschaftsbeziehungen unter Jungen trägt viel dazu bei: In der Tendenz sind Jungen mehr in Cliquen, also in Gruppen unterwegs, für

Mädchen sind intensivere Einzelfreundschaften (*face to face*) bedeutender. Auch Männlichkeitssignale spielen eine Rolle: Versuche haben gezeigt, dass junge Männer sich im Verkehr riskanter verhalten, wenn ihnen übers Radio Begriffe eingespielt werden, die mit »männlich« verbunden werden. Ganz entscheidend für die Intensität der Risikobereitschaft ist aber die Begleitung, die Jungen zuteilwird, die stabile Führung. Mädchen werden nämlich auch heute noch in der Tendenz enger und strenger kontrolliert als Jungen. Regeln und der soziale Halt prägen das Verhalten, das »hinten rauskommt«. Das ist für die Entwicklung der Mädchen einerseits ein Nachteil: Enge beschränkt sie und schlägt sich auch auf ihre Persönlichkeit nieder, sie entwickeln weniger Selbstvertrauen, weil sie weniger Erfahrungen machen. Andererseits liegt darin auch ein Vorteil, denn sie verletzen sich weniger, leben länger und gesünder, gefährden sich und andere weniger, kommen seltener mit Gesetzen in Konflikt und halten sich mehr Chancen offen. Schwierigen, auffälligen, sozial unangepassten Jungen, so können wir folgern, fehlt es deshalb eindeutig an der äußeren Kontrolle, an der äußeren Begrenzung: am Halt durch klare, stabile Eltern und andere Erwachsene.

Relativ viele Jungen geraten während der Pubertät mit Gesetzen in Konflikt (und weitere werden nur nicht erwischt): Ladendiebstahl, Fahren ohne Führerschein, Schwarzfahren mit öffentlichen Verkehrsmitteln, Gewaltvorfälle, Rauchen unter 18, Verstöße gegen das Betäubungsmittelgesetz – die Möglichkeiten sind reichhaltig. Für die meisten Eltern beruhigend: Bei Straftaten von Jungen, die erst in der Jugendphase beginnen, handelt es sich häufig um »Ausrutscher« wegen der pubertären Umstände – über 90 % dieser Jungen gehen straffrei ins Erwachsenenleben. Sie haben viel bessere Prognosen als solche, die bereits in der Kindheit kriminell wurden. Drogen- oder Alkoholprobleme sind dagegen sehr ernst zu nehmende Hinweise auf eine spätere längere kriminelle Karriere. Zu bedenken ist, dass sich dahinter auch psychische

Störungen und Erkrankungen verbergen können, allen voran eine verdeckte Depression.

Für die Jugendphase der Jungen wird der Umgang mit Gleichaltrigen, der Peer-Gruppe, zum wichtigsten Lebens- und Entwicklungsort. Die Peer-Treffpunkte sind erwachsenenfreie Zonen. Das sind eher statusgleiche und dementsprechend auch führungsfreie Räume, allerdings mit einer Einschränkung: Schnell bildet sich in Cliquen auch Wissen über Unterschiede bezüglich der Kompetenzen heraus, Anführer oder regelrechte Führungspersönlichkeiten können sich entfalten – und mit alldem kommt doch wieder Führung ins Spiel. Für die Jungen fühlt sich das ganz anders an als das, was sie von Erwachsenen kennen. Dennoch ist die Erfahrung wichtig, weil Jungen auch hier Führung als Element der Selbststeuerung erleben – ein wichtiger Schritt ins Erwachsenenleben.

Jungen, die groß gewachsen oder früh dran sind mit der Pubertät, wird leicht zu viel zugetraut, was sie überfordern kann. Bei einem gleichaltrigen kleinen, zarten oder schmächtigen Jungen ist diese Gefahr geringer. Hier können Mütter und Väter ihrem Sohn zur Seite stehen, indem sie seine Umwelt und auch ihn selbst ab und zu daran erinnern, wie alt er wirklich ist.

Pubertätsgesellschaften

Da sich viele Nervenverbindungen auflösen, verändern sich auch das übers Männliche Gelernte sowie das Selbstbild als männlicher Mensch: Alles wird fragwürdig und brüchig. Das bisherige Wissen über Geschlechter wird grundlegend erneuert; auch sein soziales Männlichsein organisiert sich neu. Das hängt neben den inneren Prozessen auch damit zusammen, dass der Junge mit zunehmendem Wachstum, mit seinem männlicheren Aussehen, seiner veränderten Stimme nun nicht mehr als Kind wahrgenommen wird. Von einem männlichen Jugendlichen werden andere Dinge erwartet als von einem kleinen Jungen. In ihn wird etwas Männliches »hineingesehen«, was vielleicht wirklich existent, vielleicht aber auch gar nicht vorhanden ist – und mit männlichen Jugendlichen werden oft eher wenig schmeichelhafte Aspekte verknüpft: Rüpelhaftigkeit, Alkoholkonsum, lautstarkes Auftreten, Sexualisierung, Geprotze, Gewalt, riskante Aktivitäten, Raufereien usw. Das sind überzogene Elemente des Männlichen und Sichtweisen, die übers Ziel hinausschießen und reguliert werden müssen.

Jungen nehmen von Geburt an ständig auch männliche Leitideen auf. Das zeigen sie auch gerne. In der Kindheit haben zum Beispiel die Berufswünsche von Jungen einen Geschlechts- und einen Führungsgehalt: der Polizist, der Lokführer, der Müllwerker oder der Bauarbeiter. Hier geht es um Macht, Lautstärke, soziale Bedeutung und Befugnisse. In der späteren Kindheit werden die Vorstellungen über das Männliche vielseitiger und meist verfeinert. Dann setzt in der Pubertät zunächst eine Phase der Reduktion ein. Jungen spitzen ihr Männliches manchmal noch zu, obwohl sie davor schon viel differenzierter über Geschlechtliches nachdenken konnten. Phänomene wie die Abwertung anderer, Konkurrenz oder Großspurigkeit treten dann verstärkt auf. Solche Männlichkeitsdemonstrationen nerven zwar bisweilen, aber wir sollten uns daran erinnern, dass sie immer nur ein Abbild des Vorhandenen sind, also dessen, was Jungen um sich herum, in den Medien und in der Gesellschaft wahr- und aufnehmen.

Von der psychischen Entwicklung des Jungen her können wir Pubertät und Jugendphase wie den Umzug des Jungen in ein anderes männliches Land verstehen. Zu Beginn noch im

Grenzgebiet, weiß er nicht, wo er sich gerade befindet. Wenn die Pubertät dann richtig losgegangen ist, steht er plötzlich in dieser neuen Umgebung; eigentlich sieht alles gleich aus wie im kindlichen Heimatland und doch ist alles anders. Die Sprache ist zwar ähnlich, aber vieles ist einfach nicht zu kapieren. Manches ist verständlich – und doch: Meinen die das so, wie sie es sagen? Auch der Junge selbst wird nicht mehr verstanden, er sagt etwas »ganz normal« und die Fremdlinge verstehen es als Angriff. Seine geschlechtliche Währung, die Männlichkeit, zählt in diesem Land nicht. Dieses Geschlechtsgeld ist aber wichtig; er versucht, sich welches zu beschaffen. Das gelingt nicht gleich, er kennt sich nicht aus und lässt sich Falschgeld andrehen, versucht mit 40- oder 300-Euro-Noten zu bezahlen und scheitert. Echt schwierig hier in diesem Land. Das Problem: Zurückgehen ist nicht möglich. Anfangs versucht er es noch, aber er stellt bald fest: Das alte Land ist nicht mehr das, welches er verlassen hat, es hat sich ebenfalls verändert – nein, er muss im neuen Land bleiben.

Was macht man in einem so fremden Land? Abkapseln ist eine Möglichkeit, sich auf sich und in sich zurückziehen; möglichst wenig Kontakt mit den Fremdlingen haben, in eigene Welten abtauchen – in eigene Träume und Fantasien, stellvertretend auch in Bücher, grenzenlose Spielwelten oder ins Internet. Eine andere Möglichkeit liegt darin, sich andere zu suchen, denen es gleich oder zumindest ähnlich geht, die ebenfalls in diese Fremde geworfen sind. Mit ihnen kann sich der Junge zusammentun, hier wird er besser verstanden, weil sie seine Sprache sprechen. Hier kann er sich heimisch fühlen, Informationen über das neue Land austauschen und gleichzeitig damit experimentieren, was in der neuen Geschlechtsnation ankommen könnte.

In der heutigen Zeit ist für Jungen das Männliche gesellschaftlich schwierig geworden. Die unumstrittene und nicht hinterfragte Botschaft an Jungen lautet: »Geschlecht ist wichtig, du bist männlich, also sei männlich!« (Was sich dabei in akademischen Geschlechterdiskursen abspielt, geht an ihrer Wirklichkeit oft vorbei.) Gleichzeitig wurde durch den Wandel der Geschlechterrollen das traditionell Männliche heftig kritisiert und demontiert. Viel Substanzielles blieb da nicht übrig, zumindest nicht sicher und unhinterfragt, während das Weibliche deutlich gewonnen hat und unhinterfragt existiert, auch in eher traditionellen Facetten: z. B. Schönheit, Mütterlichkeit, Aufopferung. So ist das Männliche heute natürlich noch in Strukturen und Bildern erkennbar, aber schwer auf positive und tragfähige Begriffe zu bringen. Darin steckt ein enormer Gestaltungsfreiraum, aber auch eine hohe Anforderung. Die Jungen-Hysterie der Medien dramatisiert diesen Zustand und suggeriert Eltern die Loser-Perspektive für ihre Söhne.

Gerade für Jungen, die ja in der Pubertät erheblich verunsichert sind, liegt hier eine schwierige Aufgabe – stabile, selbstbewusste Männer können damit viel lockerer umgehen. Die gesellschaftliche Unsicherheit bezüglich des Männlichen geht durch Eltern und andere Erwachsene auf den Jungen über. Wenn sie sich dauernd fragen, ob das Männliche eine Zukunft hat, verschärft dies die Unsicherheit des Jungen. Eigentlich brauchen Jungen von ihren Eltern Zuversicht und Optimismus: »Das wird schon klappen mit deinem Männlichsein« oder »Gar nicht so einfach, heute ein Mann zu sein, aber wer darüber nachdenkt, was er wirklich will, hat jede Menge tolle Möglichkeiten«. Derzeit ist es umgekehrt, dass viele Eltern unterstellen, aus dem Jungenleben werde nichts, weil es ein männliches ist. Für Jungen ist diese Lage fatal.

Gleichzeitig soll und muss das Männliche ja als persönliche Qualität entwickelt und sozial akzeptabel präsentiert werden – aber wo sollen Jungen das lernen, woher sollen sie es können? So greifen manche notgedrungen doch eher auf traditionelle Muster zurück. Andere experimentieren und probieren immer wieder andere Variationen des Männlichen aus. Wieder andere versuchen, eindeutige Definitionen zu vermeiden, und mogeln sich durch die Szenerien.

In der Pubertät erwacht durch die körperlichen Prozesse auch das soziale Interesse am Geschlechtlichen erneut. Während es in der Kindheit bestimmender war, wie der Junge männlich gemacht wird – indem ihm die Eltern eine Jungenfrisur und Jungenkleidung verpassen –, wird nun das Männliche als Form der Selbstgestaltung und der Selbstdefinition in größeren Zusammenhängen interessanter. Muster des Männlichen werden deshalb für den pubertierenden Jungen anders bedeutsam. Er kennt sich selbst nicht mehr, aber auch die anderen wissen nicht mehr genau, wer er ist. In neuen öffentlichen Situationen, wo er nun alleine auftaucht, kennt man ihn gar nicht: beim Einkaufen, im Sportverein, im Jugendtreff, in der neuen Klasse. Es ist ihm wichtig, hier auch in seinem Geschlecht eindeutig erkannt zu werden.

Um gesellschaftlich auftreten zu können, muss der männliche Jugendliche wissen, wie männlich »gemacht« wird. Zu diesem sozialen Handwerkszeug, mit dem er sich rüstet, zählt dann neben Äußerlichkeiten auch das Verhalten: etwa das Zeigen von Überlegenheit, Großspurigkeit, Abwertung anderer, Streit, Kampf oder wenigstens Konkurrenz, erworbener Status über Leistungen, sich als kompetent darstellen. Das Statusinteresse von Jungen speist sich auch aus Männlichkeitsbildern, die mit dem Ansehen in der Öffentlichkeit, Überlegenheit oder besonders heroischen Leistungen verknüpft werden.

Auch in der Pubertät haben Jungen das Bedürfnis, von den Eltern anerkannt zu werden: Sieh' mich neu, in meiner neuen sozialen Position als männlicher Jugendlicher. Es ist für sie kränkend, noch wie ein kleiner Junge behandelt zu werden – unabhängig davon, dass sie sich häufig noch so verhalten – und sie wehren sich, wenn dies nicht respektiert wird. Sie experimentieren und versuchen die Spielräume auszuloten, die ihnen das Männliche auch in ihrer neuen Größe bietet. Dass dabei Grenzen überschritten werden, ist unvermeidlich: die anderer Personen, des Anstands, des guten Geschmacks. In dieser Phase haben führungskräftige Eltern wie auch Geschwister, Verwandte und andere Erwachsene eine sehr wichtige gesellschaftliche Funktion: Sie regulieren und korrigieren die Männlichkeitsexperimente, füttern Jungen mit notwendigen Informationen und geben ihnen immer wieder wertschätzende und kritische Rückmeldungen.

»Das Klo soll doch die Leonie putzen, das ist Frauenarbeit.«
»Stopp, sofort! Das gibt es doch nicht: Wir sind hier nicht im Mittelalter!«

Gesellschaftlichen Wandel voranzutreiben ist eine soziale Funktion der Jugendphase. Der Jugend im Allgemeinen, aber männlichen Jugendlichen im Besonderen wird dabei gerade im Kampf gegen die ältere Generation eine wichtige Rolle zugeschrieben. Konflikte mit Vertretern älterer Generationen sind – ausgetragen auf der persönlichen Beziehungsebene – ein Ausdruck und sozusagen eine kleine Form dieses gesellschaftlichen Themas. Je mehr die Familie zum Rückzugs- und Wohlfühlort – und damit in gewisser Hinsicht auch konfliktscheuer – wurde, desto mehr hat sich der Generationskonflikt in den letzten Jahren aus den Familien heraus in öffentliche Räume verlagert. Jungen siedeln ihn gern in der Schule an: Kämpfer gegen Strukturen und gegen die Alten, Rebellen und Revolutionäre sind meist eher männliche Jugendliche, oft unterstützt und bewundert von Mädchen.

Diesem Generationskonflikt mit Jungen dürfen sich Lehrerinnen und Lehrer genauso wenig wie Schulleiterinnen oder Schulleiter entziehen. Genau dies auszuhalten und immer wieder neu durchzustehen ist sicherlich lästig, aber sie haben damit auch eine wichtige gesellschaftliche Funktion. Noch schlimmer als der Generationskonflikt ist nämlich: kein Konflikt. Dann sind schon die Jungen angepasste Abnicker, bloße Konsumenten ohne Energie und innovative Kraft und für die Weiterentwicklung unserer Gesellschaft wertlos.

Wer bin ich und, wenn ja, wie männlich?

In der Pubertät begibt sich die Jungenpsyche in die entscheidende Runde. Jetzt geht es darum, aus den frühen Bindungen herauszuwachsen. Jugendliche müssen sich von den Eltern ablösen und selbstständig werden. Die Entwicklungsaufgaben sind erheblich, sie zu bewältigen bindet viel Energie: Jungen eignen sich andere, erwachsene männliche Geschlechtsrollen an, die sie passend machen oder variieren. Sie lernen, mit den körperlichen Veränderungen zurechtzukommen, um irgendwann wieder ganz im eigenen Körper zu wohnen.

Immer legen sich unbewusst über die Erfahrungen im Jetzt auch innere Bilder aus der Kindheit. Das verzerrt die Wahrnehmung und beeinflusst Jungen in ihrem Denk- und Entscheidungsvermögen wie auch in ihrem Verhalten.

In dieser Phase stehen Liebespartnerschaften an, es geht also um die Entwicklung der Liebesfähigkeit: sich binden, aber auch sich lösen zu können. Jungen wählen ihre Lebensstile aus und bewegen sich in ihrer jeweiligen Stilkultur. Sie müssen fähig werden, sich in der sie umgebenden Zivilisation zu orientieren, und Sicherheit im Urteilen und Bewerten erlangen. Auch die Berufsorientierung und -findung schieben sich allmählich ins Bewusstsein: Jungen müssen herausfinden, was sie können und was sie beruflich interessieren könnte.

Die Jungenpsyche braucht dabei die Pubertät, um sich allmählich zu einer Männerpsyche hochzuschrauben. Allmählich heißt:

Das braucht Zeit, viel Zeit. Eine heftige Wirkung auf die Psyche haben die körperlichen Entwicklungen. Wachstumsschübe in der Kindheit haben zwar schon ahnen lassen, dass körperliche Sprünge auch existenziell werden können. Doch in der Pubertät kommen zum Wachstum noch Sprünge bei Kraft und Aktivität (bedingt durch Testosteron-Schübe), bei Gefühlen, Sexualität und Aggression hinzu. Das hält die stärkste Psyche nicht aus, deshalb geht vor allem die Hochphase der Pubertät nicht ohne heftige Krisen vonstatten. Aus dem Jungenkörper wird ein Männerkörper, den die Psyche begreifen, deuten und in die Selbstbilder integrieren muss.

Durch die Auflösung vieler Synapsen in höher entwickelten Hirnbereichen – dort, wo Vernunft, soziale Kompetenz, Bewusstsein und Moral verortet sind – lösen sich auch die Gewissheiten in Bezug auf die eigene Person. Dabei kommt sozusagen alles auf den Prüfstand. Der Junge war doch schon so schön weit, stabil, gut entwickelt, er hatte vieles gelernt und begriffen. Warum braucht das die Jungenpsyche überhaupt? Ohne Pubertät wäre damit das Ende erreicht – für die Person, aber auch für seine Umgebung. Aber da steckt noch mehr drin, Weiterentwicklung heißt der Impuls. Deshalb werden alle Entwicklungsphasen noch einmal durchlebt: Leider nicht in einer schönen durchschaubaren Reihenfolge, sondern gleichzeitig, schubweise und sehr wechselhaft. Zudem wird all das, was in der Kindheit nicht erledigt werden konnte, nun erneut angegangen. Darin liegt die »zweite Chance« in Pubertät und Jugendphase, ein enormes Potenzial. Heraus kommen Antworten auf Lebensfragen: Wer bin ich wirklich? Was für einer bin ich? Und auch: Was für ein Mann bin ich? Wie war ich männlich, als ich klein war, wie werde ich es sein? Dies geschieht aber alles ohne Erfolgsgarantie, denn klar ist ja: Es geht um eine einzigartige Person. Auch wenn es bei anderen geklappt haben mag, wer weiß, ob das auch bei mir funktioniert?

Was in dem Jungen aus der Kindheit als unhinterfragte Gewissheiten nachklingt, beginnt er in der Pubertät umzustoßen. Die innere Ordnung aus der Kindheit gibt ihm die nötige Grundsicherheit: Es ist schon alles richtig so. Gleichzeitig darf diese Ordnung nicht rigide und zu eng sein, sonst erstickt sie sein eigenes Wesen. In der Pubertät kann sich diese Ordnung weiterentwickeln und umorganisieren, sie muss sogar umgeworfen werden. Um etwas umzuwerfen, wird aber zuerst Substanz benötigt. Und solches Material liefert auch die Beziehung zu den Eltern: Kämpfe gegen Führungskräfte, persönliche Autoritätskonflikte sind unbedingter Bestandteil der Jugendphase.

> Das Motto der Kindheit »Was du ererbt von deinen Vätern, erwirb es, um es zu besitzen« (Goethe, Faust I.) wird in der Pubertät auch zu einem »... verdirb es, um es zu besitzen«.

Sich von kindlichen Erfahrungen zu lösen ist Aufgabe für die Jugendphase und fürs Erwachsenwerden – auch wenn das kaum jemandem wirklich ganz gelingt.

Die Eltern pubertieren mit

Nicht nur Jungen beschäftigt ihre Pubertät heftig. Auch Eltern sind betroffen, mit ihren eigenen Themen wohlgemerkt, die sie in ihrem Elternsein weiter voranbringen können. Jeder kennt den Satz: »Pubertät ist, wenn die Eltern schwierig werden.« Das ist nicht nur ein Witz, sondern tatsächlich so.

Basti will seine erste Party organisieren. Natürlich wollen seine Eltern ihn unterstützen. Sein Vater bietet ihm Hilfe an und gibt gleich ein paar gute Tipps. Aber Basti signalisiert ihm eindeutig, er solle sich gefälligst raushalten. Erst als der sei-

ne Niedergeschlagenheit darüber überwinden kann, fällt ihm auf, was Basti in dem Angebot mithören konnte: Du kannst das noch nicht alleine, du brauchst mich noch, dir könnte ein Fehler passieren.

Für den Jungen sind Pubertät und Jugendphase zwar schwierig, aber im Ergebnis ein absoluter Gewinn: Die Familie, die Eltern sind noch da, er kann auf sie als Ressource zurückgreifen, wenn er sie braucht. Gleichzeitig gewinnt er Eigenständigkeit, Freiheiten, er findet zusätzliche emotionale Stützpunkte in den Gleichaltrigen, manchmal wie bei einer zweiten Familie. Irgendwann bekommt er einen Liebes- und sogar Sexualpartner bzw. -partnerin auch noch dazu – was will man mehr?

Für Eltern bedeuten Pubertät und Jugendphase vor allem Verlust. Die Kontakte zum Jungen werden seltener, sie erfahren noch weniger von ihm (wenn es überhaupt schon mal viel war), fühlen sich abgelehnt, jedenfalls nicht mehr so geliebt, sie werden weniger gebraucht. In der Identität der Eltern verändert sich Gravierendes, sie verlieren dabei Rollen und Funktionen: ihr Mutter- bzw. Vatersein als Teil ihrer Persönlichkeit. Und dann ist vielleicht nicht unwichtig, dass viele Eltern in dieser Zeit selbst in Lebenskrisen stecken, Stichwort: *Midlife-Crisis*. Aber da würden sie sich auch befinden, wenn sie keinen Sohn hätten. Anders gesagt: Viele Probleme, die auf die Jungenpubertät geschoben werden, hätten die Eltern auch so! Diese Einsicht möge der Gelassenheit Jungen gegenüber nützen.

Eltern haben nun auch den Wandel ihrer Führungsrolle zu verdauen. Waren sie vorher fast absolut anerkannt, galten ihre Regeln unumstößlich, stand ihre Wahrheit über allen anderen, so wendet sich jetzt das Blatt: Sie werden hinterfragt, gelten als Repräsentanten von Tradition, Überholtem, Vergangenheit, sie sind in ihrer Art zu leben nicht mehr auf dem aktuellen Stand, sondern Spießer. Dieser Prozess ist für Eltern schwierig, und dementsprechend verhalten sie sich. Vielen Eltern ist nicht klar, dass das Problem eigentlich bei ihnen liegt, sie schieben die Verantwortung für die Veränderung lieber dem Jungen zu. Das ist nicht besonders hilfreich und auch nicht fair gegenüber dem Jungen. Stattdessen wäre es angemessen, sich die Veränderung einzugestehen, an sich selbst zu arbeiten, um mit den gravierenden Veränderungen klarzukommen. Da es den allermeisten Müttern und Vätern in dieser Phase ähnlich geht, erleichtert es ungemein, den Kontakt zu anderen Eltern zu suchen und vielleicht mit- und voreinander ein wenig zu klagen oder sich anderweitig gegenseitig wieder aufzubauen. Für solche intensiven Erfahrungen kann man eigentlich nur dankbar sein – Menschen ohne Kinder erleben diese Dinge jedenfalls ganz anders. Und damit kann allmählich die eigene Positionierung auch aktiv verändert werden, sodass sich die Erwachsenen angemessen und erwachsen gegenüber ihrem Sohn verhalten können.

Ein eigener Film läuft in der Jungenpubertät mit dem Vater ab. Von Identifikation ist oft keine Spur mehr vorhanden. Der Junge lehnt ab, was der Vater ist, will oder kann. Der Prototyp des Männlichen wird auf den Schrottplatz geworfen. Der Vater dient dem Sohn als Gegenüber für seine Abgrenzung, die in der Pubertät zunehmend männlich wird: Abgrenzung bedeutet dann Lösung und Trennung, in durchaus realen Dimensionen. Dies ist für den Vater unvermeidlich schmerzhaft, aber es ist ein Teil seiner männlichen Beziehungsgeschichte mit seinem Sohn, so wie seine Freude daran, dass der Junge so sein und werden wollte wie sein Papa, als er noch kleiner war. Gelingt dieser Wandel in der Beziehung, wird der Sohn fähiger sein, Führungsbeziehungen zu entwickeln und erfolgreich zu leben: als Führender wie als Folgender. Ein in dieser Phase zwar schwacher Trost: Der Sohn nimmt trotz Ablösung viel vom Vater mit in sein späteres Leben.

Gelingt der Wandel jedoch nicht und gibt es auch keine andere Möglichkeit, diesen Entwicklungsaspekt voranzutreiben, kann sich der männliche Jugendliche in problematische Richtungen entwickeln. Vorstellungen von männlicher Liebe als Macht- oder Überlegenheitsbeziehung, die in der Kindheit entstanden sind, wirken einflussreich in Pubertät und Jugendphase hinein, wollen dort bearbeitet werden – oder sie stocken und werden unentwickelt ins Mannsein übernommen. Oft verwechseln Jungen Führung mit männlichem Machtgehabe, wenn sie in ihrer Kindheit schlechte Erfahrungen mit Führung machen mussten. Manche dieser Jungen lassen sich von sich selbst so stilisierenden Übervätern anziehen und werden für autoritäres Verhalten anfällig. Sie identifizieren sich dann mit dem Terroristen, der sie gequält und enttäuscht hat. Ein dramatisches Beispiel dafür ist Franz Kafkas Text »Brief an den Vater«, in dem er mit seinem tyrannischen und herrschsüchtigen Vater abrechnet, aber am Schluss sich doch mit ihm identifiziert, indem er seine Antwort fantasiert.

KLASSIKER DES FAMILIENLEBENS

Nein sagen

Gute, für Jungen förderliche Erwachsene haben Jungen etwas zu bieten. Eine gewisse Freigiebigkeit erfreut jedes Jungenherz, und Jungenwünschen großzügig begegnen zu können fühlt sich auch für die Mutter oder den Vater schön an.

Aus einer Wertehaltung heraus Nein zu sagen, Wünsche nicht zu erfüllen ist für die Entwicklung eines Jungen aber ebenso wichtig. Eltern auf dem Harmonie- und Schmusetrip tun sich schwer mit dem Neinsagen. Sie befürchten Ärger. Und den gibt es dauernd, das müssen Eltern aushalten. Denn genau darin liegt das Geschenk an den Jungen – und an sich selbst. Er lernt, mit Enttäuschungen umzugehen, und auch für Eltern erwächst daraus eine andere Sicherheit der Beziehung: Sie werden auch geliebt, wenn sie Eltern sind, die Wünsche ablehnen.

Ein Zwang zum Nein entsteht für viele Eltern dort, wo es um ihre zeitliche Verfügbarkeit geht. Zeit ist knapp, der Alltag ist getaktet und verplant. Auch die Energie der Eltern ist begrenzt. Da muss immer wieder ein Nein ausgesprochen werden – und oft geschieht dies mit einer guten Portion Schuldgefühl. Das Nein ist dadurch mit schlechtem Gewissen verknüpft und unklar.

Ganz anders sieht die Lage bei kommerziellen Wünschen aus. Da wir in einer Konsum-, Überfluss- und Wohlstandsgesellschaft leben, gibt es weniger harte Gründe für ein Nein. Das Geld ist ja da, um ständig Neues zu kaufen und Folgekosten zu übernehmen (z. B. Gebühren zu bezahlen, Zusatzgeräte oder -spiele zu kaufen) – aber gut ist das nicht. Viele Jungen bekommen heute Spielsachen und Geräte, für die sie eigentlich noch zu jung sind. Sie laufen ihrem Alter hinterher. In diesem Bereich würden viele Jungen von klareren Nein profitieren.

Klare Nein und Ja hängen eng zusammen. Nur wer sich erlaubt, Nein zu sagen, kann auch aus ganzem Herzen Ja sagen. Eltern sollten sich also vorher überlegen: Wo möchte ich großzügig sein? Wo hängt das Bedürfnis nach Großzügigkeit Jungen gegenüber mit Schuldgefühlen oder mit eigenen Entbehrungserfahrungen zusammen? Es geht nicht darum, aus Härte oder Prinzipienreiterei Nein zu sagen, sondern aus dem Herzen heraus und mit Liebe. Das brauchen Jungen. Das liebevolle Nein signalisiert: Etwas ist (noch) nicht gut für dich. Oder auch: Es ist nicht gut für mich, ich will das nicht.

Selbstverständlich ist auch ein liebevolles Nein im Erleben des Jungen eine Zurückweisung oder eine Enttäuschung. Aber genau das gilt es für Eltern auszuhalten und für Jungen zu bewältigen. Die Herausforderung des Nein weckt seine Kräfte des Widerstands und motiviert dazu, in absehbarer Zeit selbstständig zu werden. Mit Ja überversorgte Jungen machen es sich in der Komfortzone bequem, von der sie sich nur ungern lösen.

Durch das Nein wächst die soziale Kompetenz von Jungen. Sie lernen, die Rechte anderer zu wahren, die eigene Position zu kennen und gegenüber aufdringlichen oder verletzenden Menschen Grenzen zu ziehen. Über die Nachahmung erlaubt es das Nein der Eltern dem Jungen, auch selbst Nein zu sagen. Wo irgend möglich sollte das Nein des Jungen daher respektiert und nicht mit Macht oder Verführung ausgehebelt werden.

Glücksfall Führungskrise

Wer mittendrin steckt, kann Beziehungskrisen kaum Gutes abgewinnen. Doch im Rückblick wird oft klar, dass sie erstens normal und zweitens häufig auch noch nützlich sind. In Führungsbeziehungen drohen immer Konflikte. Und das Ganze – stellen Sie sich drauf ein – kommt immer wieder und geht so lange weiter, bis der Sohn aus dem gemeinsamen Haushalt ausgezogen sein wird.

Führung bewährt sich in der Krise, aber die Kraft der Führung entsteht lange davor. Sie wird im Alltag hergestellt und ist tragfähig, wenn von Krise noch nichts zu spüren ist. Ohne Auseinandersetzungen, Kontroversen, Streit keine gelingende Kindheit und schon gar keine Pubertät. Es ist unausweichlich: Eine Krise steht nicht nur dann an, wenn die elterliche Führungskraft vom Jungen attackiert wird, sondern auch, wenn sie ausweichen möchte oder sich komplett entzieht.

Führungskrisen sind Herausforderungen. Sie weisen darauf hin, dass Entwicklung ansteht, dass Reifung und Fortschritt geschehen, auch in Bezug auf die Beziehung zum Sohn: Irgendetwas soll oder muss sich ändern! Ohne Krisen gibt es keine entscheidende Entwicklung. Insofern ist jede Krise immer auch ein Glücksfall: Jetzt geht's weiter.

Elisabeth ist empört und hilflos, sie versteht ihren Sohn einfach nicht und schildert eine Szene: Jonas kommt vom Fußballtraining nach Hause, wirft seine Sachen in die Ecke, ruft seiner Mutter zu: »Mach' mir was zu essen!«, und verschwindet in der Dusche.

Ich übersetze: Das ist nichts anderes als eine Anfrage, ein Schrei nach Führung! Hier ist eine klare Ansage gefragt: Elisabeth muss konfrontieren und korrigieren!

Krisen in der Beziehung mit Jungen verlaufen anders als mit Mädchen. So gehört der »Kampf gegen Autoritäten« zwar allgemein zur Jugendphase, aber ganz besonders zur männlichen: fast mythisch aufgeladen im Vater-Sohn-Konflikt. Es gibt mehr oder weniger typische Konfliktherde mit Jungen, über die Beziehungen markiert, verhandelt und verändert werden: Kristallisationspunkte, an denen sich Konflikte entzünden, Arenen und Disziplinen, in denen die Konflikte ausgetragen werden. Diese können sich von Junge zu Junge und je nach Altersphase erheblich unterscheiden und verändern, viele modernisieren sich ständig, wie z. B. Handy- oder Computerkonflikte, die vor 25 Jahren noch niemand kannte. Gleichzeitig gibt es Krisenthemen, die über Generationen gleich bleiben, sodass Eltern sich verblüfft auf der anderen Seite desselben Konflikts wiederfinden, den sie schon mit ihren eigenen Eltern ausgetragen haben. Ältere Menschen fragen manchmal ganz erstaunt: »Was hat sich denn geändert? Genau darüber habe ich mit meinen Eltern auch schon gestritten!«

Ein dreizehnjähriger Junge, der an einem Schultag nachts bis elf wegbleiben möchte, geht weit über die gesunde Grenze hinaus. Die Antwort auf ein solches Ansinnen lautet beispielsweise: »Nein, das ist viel zu spät. An Schultagen bist du um neun zu Hause.« Sie können ihm das erklären: »Das geht nicht. Du brauchst deinen Schlaf. Außerdem: Was soll ich dir denn erlauben, wenn du mal siebzehn bist?«

Auf solche notwendigen Auseinandersetzungen können sich Eltern vorbereiten und einstellen; sie treten in fast jeder Familie auf. Gut, wenn dann die eigene Position schon mal vorgeklärt ist. Manchmal entstehen solche Konflikte spontan und treffen die Beteiligten unvorbereitet. Sich das zuzugestehen ist wichtig, weil dann ein Zeitaufschub nötig sein kann: In der Regel müssen die Dinge nicht sofort entschieden sein: Vertagen ist eine gute Strategie, um sich die eigenen Standpunkte in Ruhe klarmachen zu können. Aufgabe gut führender Eltern in der Jugendphase ist allerdings nicht, unbedingt und unbeirrt auf den eigenen Positionen zu beharren und den eigenen Vorsprung auszuspielen. Viel besser wirkt es, im Krisenfall in Beziehung zu bleiben und in einen Dialog mit dem Jungen zu kommen. Wenn man darauf achtet, dass in Konflikten die Liebe als tragendes Medium nicht verloren geht – manchmal gar nicht so einfach! –, dann ist die Chance groß, dass der Junge den nächsten Schritt seiner Entwicklung gehen kann und dass seine innere Ordnung für eine gewisse Zeit wiederhergestellt ist.

Mit zunehmendem Alter sind Jungen ernst zu nehmende Gegenspieler, die auch Terrain gewinnen dürfen und müssen. Auch deshalb tun Eltern gut daran, in der Kindheit und in der frühen Jugendphase den Rahmen eher enger zu stecken. Denken Sie an die Folgen: Je älter er ist, desto mehr Freiheiten wird der Junge wollen. Diese Logik ist vollkommen richtig. Lassen Sie ihm die Möglichkeit, in Konflikten erfolgreich zu sein, seine Freiheiten auszuweiten. Dann ist Ihre Aufgabe als Führungskraft, sich die Einschränkungen und Beschränkungen allmählich abringen zu lassen. Wenn Vater oder Mutter schon vorab keine oder nur sehr weite Orientierungslinien vorgeben, sind solche Verhandlungen schnell bei »unendlich« angelangt.

Bei vielen Konflikten geht es um Freiheiten und die Übernahme von Verantwortung des Jungen für sich selbst. Mit zunehmender Reife und Alter wird beides größer. Diese Perspektive darf Jungen in jedem Alter in Aussicht gestellt werden. Das ist allerdings keine Einbahnstraße, auch der umgekehrte Weg ist möglich: Lassen Reife oder Verantwortung zu wünschen übrig oder werden Vereinbarungen nicht eingehalten, dann können Freiheiten beschränkt, Zugeständnisse zurückgefahren werden. Das verstehen auch schon kleinere Jungen. Die Eltern bestimmen die Grundregeln – sie haben die Führung. Es geht dabei um altersgerechte Konsequenzen des Handelns, also nicht um Drohungen oder Strafen; diese wären Ausdruck von Macht und im schlimmsten Fall sogar Gewalt.

> Es leuchtet nicht ein, schlechte Schulnoten aufgrund fehlenden Engagements (keine Zeit für Hausaufgaben und Lernen) mit Taschengeldentzug zu verknüpfen. Kürzere Ausgehzeiten oder das Einschränken der Computerzeiten passen da schon besser, gefolgt von der Ansage, dass die so gewonnene Zeit doch bitte für die Hausaufgaben genutzt werden möge.

Selbstverständlich wird nach einem Rückschnitt der Freiheiten, etwa nach einer »Bewährungsfrist«, die erneute Ausweitung verhandelt und ermöglicht.

Alles unklar? Führungsdiffusion

Jungen wollen etwas von ihren Eltern als Erwachsenen, sie stellen Erwartungen an sie. Das Leugnen oder Ablehnen von Führung vonseiten des Erwachsenen stört die Beziehung zum Jungen; ähnlich wirkt der Versuch, sie zu verbergen. In »vernebelten« Verhältnissen sind klare Beziehungen unmöglich, und Jungen geraten in ein Dilemma. Sie wissen nicht, wie sie sich verhalten sollen. Es ist so, als gäbe es etwas Wichtiges, das gleichzeitig vorhanden und nicht vorhanden ist. Etwas Diffuses, Wattiges, das den Jungen verwirrt: Weder kann er es in sich aufnehmen, noch kann er sich daran abarbeiten und wachsen, indem er es bekämpft. Diese Lage ist viel schwieriger als die bewusste Rebellion gegen eine Autorität, bei der etwas Großes gestürzt oder gestutzt werden soll. Denn hierbei ist das Gegenüber greifbar. In der Führungsdiffusion ist das nicht der Fall.

Unsicherheit und Unklarheit im Führen sind nicht nur für Jungen schwierig. Sie kosten auch den Erwachsenen mehr Energie! Es ist ein Irrtum, zu glauben, auf Führung zu verzichten oder sie diffus zu halten sei auf Dauer weniger anstrengend und bequem. Denn Jungen reagieren auf solche Diffusionen, indem sie sich damit arrangieren und sich in behaglichen Nischen breitmachen. Dann müssen die Eltern dauerhaft dafür sorgen, dass es schön bequem bleibt. Oder Jungen reagieren, indem sie die Mutter oder den Vater herausfordern, sie provozieren, um etwas von ihnen zu spüren, um sie an ihren Auftrag zu erinnern oder ihr Versagen zu verdeutlichen. Jungen weisen damit darauf hin, dass der Erwachsene seine Führung verloren und sie überfordert und enttäuscht hat. Dann sind Eltern erst richtig gefordert: Sie müssen reagieren und arbeiten, um ihren Stand zu halten. Fehlt die nötige Führung, dann öffnen sich für Jungen Spielräume für einen kreativen Umgang mit der Lücke. Darin liegt auch etwas Positives, wenn sich Jungen selbst finden und stärker positionieren. Allerdings fühlt sich das Fehlende auch entwertend an. Jungen nehmen ihre Eltern nicht mehr ernst, sie spielen mit ihnen. Mit der Diffusion einher geht für Jungen die Unkalkulierbarkeit: Es ist unklar, wann welche Grenze erreicht ist, wann sich Eltern herausgefordert fühlen, wann sie als Person erkennbar werden, wann Führung in welcher Qualität erscheint und greift oder wann Eltern aus Hilflosigkeit in Not kommen und schlagartig rigide, autoritär werden. Jungen erleben im Unklaren mangelhafte Verbindlichkeit, ihnen fehlt die Verlässlichkeit im Zusammenhang mit Mutter und Vater. Auch kleinere Jungen nehmen diffuse Führung übel; oft werden sie dann zu früh, also vor der Jugendphase rebellisch, selbstherrlich oder desorganisiert. Und nicht selten neigen sie aus dieser Not heraus ihrerseits zu autoritärem, also machtbezogenem und gewalttätigem Verhalten.

Aber wo liegen die Ursachen, warum verhalten sich heute viele Väter und Mütter diffus? Die Gründe sind vieldimensional, sie liegen im Gesellschaftlichen wie im Individuellen, wo Angst und Schuld, negative Gefühle und persönliche Haltungen, Einstellungen oder innere Zustände die Führungskräfte vieler ansonsten sehr fähiger und belastbarer Menschen beeinträchtigen. Sich jeden Einzelnen von ihnen bewusst zu machen kann zu neuer Stärke und Klarheit in der Erziehung verhelfen.

Gesellschaftliche Faktoren

Der Führungsbegriff in Bezug auf die Familie hat sich in den letzten Jahren und Jahrzehnten verändert:

- Gewalt bejahende Erziehungsmethoden in der Vergangenheit machten Führung und Klarheit anrüchig: Sie wurden als »autoritär« entwertet. Es wurde unklar, wo gute Führung endet und schlechtes autoritäres Verhalten beginnt. So weiß heute kaum jemand richtig, wie Führung auf eine gute Weise gelingt und wie das gemacht wird. Viele Eltern haben einfach Angst davor, hier etwas falsch zu machen.

- Aber auch in einem größeren Rahmen befinden wir uns gesellschaftlich in einer Führungskrise. Verantwortlich dafür sind auch die Führungskräfte der Gesellschaft: Im besten Fall galten sie früher als Vorbilder, auch für die familiäre Erziehung. Der gute König, die gute Königin – das sollten Eltern im familiären Rahmen widerspiegeln. Und heute? Ob Unternehmer, Manager in der Wirtschaft, Politiker (denken wir z. B. nur an die Promotionsbetrüger): Richtig vertraut werden kann kaum einem mehr. Ihr Image ist abgestürzt, Geld- und Machtgier demontieren ihr Ansehen. Auf Dauer loyale, integre Führungspersönlichkeiten sind ausgesprochen selten. Und von denen, die von ihren Bezugsgruppen hochgehalten werden – etwa Kohl, Strauß, Schröder –, weiß jeder: Auch die sind nicht ganz sauber, auch die haben »Dreck am Stecken«. Dieses Misstrauen schlägt indirekt bis auf das Verhältnis von Erwachsenen zu Kindern, zu Jungen durch. Egoisten und Schlitzohren taugen für Eltern wie für Jungen nicht als Vorbilder, unterm Strich wurde und wird damit Führung insgesamt beschädigt und demontiert.

- Zudem gibt es immer weniger die Möglichkeit, in Familie, Nachbarschaft oder Viertel alltägliche Erfahrung mit Führung zu machen. Früher konnte mehr nebenbei gesehen werden, wie sich Beziehung und Erziehung ereignen, heute passiert alles mit Abstand und hinter verschlossenen Türen. Woher sollen Erziehende wissen, wie sie eine erwachsene Führungsrolle in der Familie gut ausfüllen? So müssen sich Eltern auf beschwerliche Wege machen: über eigene Erfahrungen lernen, sich ständig informieren, das Fehlende in Kursen und Medien nacharbeiten – Mühen, die sich viele nicht aufladen möchten. In dieser Lage versprechen populäre Medien immer wieder einfache Wege als Lösung allen Übels. Solche Ideen verschwinden meist lautlos und ebenso schnell, wie sie aufgetaucht sind (erinnern wir uns nur an den Hype um Disziplin oder die Tigermütter). Erziehung und Beziehungen sind komplex, da kann es etwas Einfaches und Absolutes nicht geben.

Individuelle Faktoren: Elternängste, Schuld und Scham

Bei unklarer Erziehung spielen neben den allgemeinen auch individuelle Faktoren eine wichtige Rolle. Sie sind für Eltern besonders bedeutend, denn das Persönliche ist meist leichter veränderbar als das Gesellschaftliche.

- Vernebelnde Gefühle verhindern und vermindern Führung. Hier wirkt eine ganze Reihe von Ängsten: Manche Mütter und Väter befürchten, dass ihr Junge sie als schlechte Eltern dastehen lässt, und weit verbreitet ist die Angst vor der Blamage, einen Problemjungen zu haben. Außenstehende sind heute schnell dabei, auffälliges Jungenverhalten als Beweis zu nehmen, dass in der Familie etwas nicht stimmt und dass die Eltern versagt haben. Wer so unter dem Druck des Perfektionismus steht, ist ständig vorsichtig und kann nicht stabil und spontan in Beziehung sein. Andere Eltern haben Angst davor, Fehler zu machen. Das macht sie unsicher: Vielleicht überfordere ich mit meiner Haltung den Jungen? Na, dann nehme ich ihm jede mögliche Anstrengung einfach ab! Dass Jungen ohne Herausforderungen und ohne Zumutungen träge, lustlos, selbstgefällig werden, wird erst viel später sichtbar.

- Viele Eltern befürchten zusätzlichen Stress. Der normale Alltag ist anstrengend genug. Regeln, Konflikte oder Auseinandersetzungen mit Jungen erfordern zusätzliche Zeit; aus dieser Angst heraus wird versucht, Belastungen zu vermeiden, indem die eigenen Werte und Positionen aufgegeben werden.

- In konsumorientierten Milieus haben manche Eltern Angst, im Vergleich mit anderen schlecht dazustehen. So könnte der Eindruck entstehen, man könne sich etwas nicht leisten, etwa das iPhone für den 9-Jährigen. Vor allem Jungen erhalten deshalb Geschenke, für die sie eigentlich noch viel zu jung sind.

Solche Ängste sind schlecht für die Führungsbeziehung. Denn sie schieben dem Jungen eine gehörige Portion Macht zu: Du machst mir Angst, du kannst meinen Ruf ruinieren, du kannst mich an meine Grenze bringen. Eltern erweisen sich dann als erpressbar.

- Schuld- oder Schamgefühle wirken ähnlich wie Ängste. Viele Eltern haben ständig ein schlechtes Gewissen, meist weil sie viel zu wenig Zeit für ihre Kinder haben. Das versuchen sie auszugleichen: Konflikte und Spannungen werden vermieden, Konsum- oder Freiheitswünsche erfüllt, ohne über die Folgen nachzudenken. Denn wenn der Sohn unzufrieden ist, wird dies Eltern schnell unerträglich. Dann melden sich die Schuldgefühle.

- Wenig selbstsichere Eltern neigen dazu, sich ihrer Führung zu schämen. Ihnen wird ihre Führung peinlich, wenn andere sie wahrnehmen könnten: Was nehmen die sich da heraus? Manchmal versuchen sie, ihre Führung innen in der Familie zu halten, aber nach außen, vor allem vor anderen Eltern, zu verstecken. Wer möchte schon, dass über Familienregeln und -rituale geurteilt wird, und wer will als zu streng wahrgenommen werden?

Persönliche Haltungen, Einstellungen oder innere Zustände, die Führung diffus machen

- Eine bedeutende Bremse für eine klare Beziehung ist die fehlende innere Erlaubnis, führen zu dürfen.

- Eigene Erfahrungen als Opfer von autoritärem Verhalten oder Erlebnisse, in denen Führung verboten wurde, können Erwachsene ein ganzes Leben lang daran hindern, ihre Führungsrolle auszufüllen. Auch überzogene Erziehungsideale, wie z. B. die antiautoritäre Erziehung oder die Familienkonferenz können ein Hemmschuh sein.

- Auch eine innere Leere bei Vätern oder Müttern kann als Führungsbremse wirken und sollte ernst genommen werden. Eltern geben oder schenken Jungen ihre Führung, das ist ihre Aufgabe: Keinesfalls dürfen die Rollen sich umkehren, wenn persönliche Unsicherheit, mangelndes Selbstvertrauen oder Selbstwertprobleme im Inneren eine Leere verursachen, die von außen gefüllt werden soll. Das ständige Einfordern von Bestätigung durch ihren Jungen kann Eltern als scheinbar praktische Füllmasse für diesen Hohlraum dienen: dass die Führungsperson wichtig oder großartig ist, dass sie immer nur gemocht oder geliebt, niemals kritisiert werden soll, dass in jeder ihrer Handlungen die eigene Kompetenz oder Machtfülle im Kontrast zum Jungen sichtbar werden muss usw. Kein Junge kann für seine Eltern ein Problem lösen und schon gar nicht ihre Leere füllen. Erwachsene in dieser Situation sollten sich in ihrem eigenen und im Interesse ihres Sohnes Hilfe von außen holen.

Mütter führen anders, Väter auch

Oft ist Führung geschlechtlich eingefärbt, das Geschlecht der Beteiligten beinhaltet Chancen, stellt Fragen und bietet Herausforderungen. Das wird besonders in unklaren Situationen oder Krisenfällen wichtig. In der Führung und über sie geschieht Geschlecht. Das leuchtet schnell ein: Jungen suchen und erfahren den Vater als Mann, die Mutter als Frau; und auf der anderen Seite bringen sich Vater und Mutter ebenfalls mit ihrem Geschlecht in die Beziehung zum Jungen als männlichem Kind ein.

Die geschlechtliche Seite von Führung ist in vier Perspektiven interessant und bedeutsam: von der Frau in Bezug auf den Jungen, vom Mann in Bezug auf den Jungen, vom Jungen in Bezug auf die Frau und vom Jungen in Bezug auf den Mann.

Frau – Junge

Auf der einen Seite tun sich Mütter mit Jungen leicht. Sie verbindet Sympathie und Zuneigung aus der frühen Kindheit: aus der Zeit, in der der Junge die Mutter als gegengeschlechtliches Liebesobjekt sieht und sie z. B. heiraten möchte. Diese Schwingung lässt sich auch in der Führungsbeziehung der Mutter aktivieren. Jungen wollen der Mutter gefallen, sie wollen gemocht werden oder erfüllen Aufgaben ihr zuliebe; sie können charmant sein, sogar regelrecht mit ihr flirten. Die Mutter ist zwar in der Erwachsenenposition, wird in dieser Distanz vom Sohn aber wertgeschätzt, manchmal fast ritterlich verehrt. Diese Beziehungsqualität lässt Führung selbstverständlich und leicht erscheinen.

Gleichzeitig liegen im Frausein allerdings auch Hemmnisse für Führung allgemein und speziell dem Jungen gegenüber. Traditionelle Ideen von Weiblichkeit fordern Mädchen und Frauen dazu auf, lieb, zurückhaltend und nett zu sein; sie sollen für Harmonie sorgen, sich mütterlich und fürsorglich verhalten, ein bisschen naiv und hilflos wirken und körperlich attraktiv sein. Solche Erwartungen sitzen Frauen im Nacken, auch wenn sie als Person ganz anders oder entschlossen sind, sich nicht in dieser Art weiblich zu verhalten. Gleichwohl sind solche Bilder wirksam. Für ein erwachsenes, klares, führendes Muttersein sind Weiblichkeitsbilder allesamt eher störend.

Auch biografisch liegt die Führungsrolle der Mutter nicht so nahe; denn zumindest traditionell ist für eine Frau in ihrer Herkunftsfamilie die prägende Führungsfigur ein Mann gewesen: ihr Vater. Er repräsentierte das Außen, die Gesellschaft und etwas von sozialer Bedeutung und Macht schwappte mit ihm in den familiären Raum. Diese frühen Erfahrungen werden verallgemeinert, deshalb wird Führungskraft eher Männern zugeschrieben und die Frau tut sich in dieser Rolle schwerer.

Schließlich sind auch gesellschaftlich die Bilder von Führung geschlechtlich eingefärbt; wir denken bei Führungspersonen eher an Männer, an eine stattliche Körpergröße, eine sonore und laute Stimme, an eine offene Körperhaltung und ausladende Gestik – all dies scheint nicht so recht in Vorstellungen von Weiblichkeit zu passen. Und wenn eine Frau klar, direkt und eindeutig ist, wird ihr Weiblichsein immer wieder zum Thema, wenn nicht zum Kritikpunkt. Körpersymbole von Führung kollidieren mit Weiblichkeit. So wirkt langes, bewegtes Haar unbewusst eher verspielt, als dass es Selbstbewusstsein, Entschlossenheit und Führung signalisiert. Weibliche Führungskräfte sind noch eher selten, gesellschaftlich fehlt die breite Erfahrung. Auch leitende Frauen im sozialen Bereich, wo sie häufiger auftreten, scheinen oft keine Vorbilder zu sein, weil sie ihre Rolle nicht ausfüllen können oder wollen: Typ Mutti, oder weil sie sie überzogen spielen: Typ strenge Matrone oder Feldwebel.

Vor dem Hintergrund solcher Ideen und Erfahrungen tun sich Mütter oft schwerer mit der klaren Führung; viele können Führung nicht so ohne Weiteres mit dem eigenen Weiblichen in Verbindung bringen. Sie passt nicht zu ihnen »als Frau« und deshalb verbieten sie es sich (meist unbewusst) selbst, tatsächlich Führungskraft zu sein.

Eine weitere Zuspitzung erfährt die Mutter-Beziehung zum Jungen darüber, dass der Sohn männlich ist. Manche Mütter schaffen es gerade noch, der Tochter gegenüber Stabilität und Führung zu zeigen. Dies hört oft und überraschenderweise beim Sohn auf – selbst wenn er noch ziemlich klein ist – und ist interessant, weil sich dahinter eine Geschlechterdynamik verbirgt, mit einer Zuschreibung und Überhöhung auf das Männliche des Jungen: »Als Frau kann oder darf ich mich dem Männlichen gegenüber nicht durchsetzen.«

Solche Geschlechtereffekte gibt es, sie wirken ungut, aber sie lassen sich überwinden. Traditionelle Ideen der Weiblichkeit werden glücklicherweise immer weiter abgebaut, und immer mehr

Müttern gelingt es, sich ihren behindernden Resten zu widersetzen. Gerade unbewusste Rückstände verführen in kritischen Momenten dazu, in alte Muster zurückzufallen, die Führung doch wieder auf den Vater zu verlagern, sich selbst unsicher, nett oder klein zu machen. Weil das für den Jungen nicht gut ist, sollten Mütter bewusst auf ihre Stärken setzen.

Natürlich können Frauen ohne Weiteres gute Führungskräfte sein, auch ihrem Sohn gegenüber, und zwar in jedem Lebensalter. Selbstverständlich ist und bleibt eine klare Mutter uneingeschränkt weiblich, im Gegenteil: Das Weibliche gewinnt durchs Führen erheblich an Profil, Farbe und Gewicht. Weil passende positive Vorbilder fehlen, tun Frauen sich manchmal etwas schwerer, ihren eigenen familiären Führungsstil zu finden. Doch mit etwas Mühe und Fantasie lassen sich in jeder Frauenbiografie gute weibliche Vorbilder hervorstöbern: Frauen mit Stärken, von den matriarchalen Großmüttern und Müttern über gute Lehrerinnen, dominante Tanten, resolute Hausmeisterinnen, Führungsfrauen in Vereinen bis hin zu weiblichen Führungskräften in Unternehmen. Es lohnt sich, diese in Erinnerung zu rufen, sie bewusst auch als Frauen wahrzunehmen und sich und anderen klarzumachen: Natürlich passt es zum Weiblichen, Führungskraft zu sein!

Junge – Frau

Grundsätzlich können Jungen gut mit weiblicher Führung klarkommen. Eine Voraussetzung dafür ist, dass sie die Gleichwertigkeit der Geschlechter lernen und verstehen. Diese erleben sie zuerst bei ihren Eltern. Unterschiede zwischen Vater und Mutter darf es natürlich geben, in ihrer Beziehung muss aber erkennbar sein, dass beide trotz der Verschiedenheit grundsätzlich gleichwertig sind. Der Klassiker »Warte nur, bis Vati kommt« ist heute zwar meist überholt, doch in Nuancen lässt sich immer noch entdecken, dass dem Vater mehr Führungskraft als der Mutter zugeschrieben wird. Eine solche Aufteilung nach dem Muster »Der Mann hat mehr, die Frau hat weniger Führungskraft« ist für Jungen schädlich und widerspricht dem Wert der Gerechtigkeit. Grundsätzlich sind beide Eltern gleich mit Führungskräften und -verantwortung ausgestattet. Zudem arbeiten Vater und Mutter in ihrem Führen nicht gegeneinander, sondern miteinander: Der Vater stützt die Führung der Mutter und umgekehrt.

Mama hat Fernsehen nicht erlaubt, aber Robin probiert es noch mal bei Papa. Der sagt: »Hör mal, wenn Steffi Nein gesagt hat, dann gilt das auch.«

Ebenso bedeutsam ist, dass sich das Männliche des Jungen aus sich selbst heraus bildet. Um sein Männlichsein wertvoll und stabil zu empfinden, darf er dabei nicht auf die Abwertung von Mädchen und Frauen angewiesen sein. Das Weibliche sollte dem Männlichen gleichgestellt sein, doch leider ist diese Gleichwertigkeit gesellschaftlich noch nicht vollzogen. Der soziale Status des Männlichen steht über dem Weiblichen, das Männliche gilt als gewichtiger und bedeutsamer. Jungen nehmen dies wahr und übersetzen es in ihre Bezüge. Sie können den Eindruck gewinnen, sie selbst als männliche Personen seien ebenfalls wichtiger und bedeutender als weibliche Personen. Mütter oder andere Frauen sind Jungen zwar von ihrem Erwachsenenstatus her überlegen – erwachsen steht sozial ja über kindlich bzw. jugendlich. Gleichzeitig aber sind sie hinsichtlich des Geschlechterstatus unterlegen. In Führungskonflikten wittern Jungen hier eine Chance. Es steht in ihren Augen statusmäßig eins zu eins, da lohnt sich der Versuch, auszutesten, wer wirklich das Sagen hat.

Eigentlich müssten Mütter deshalb ihre Führungsrolle besonders bewusst und entschieden entwickeln, also gleichsam einen Zahn zulegen. Oft ist aber das Gegenteil der Fall: Weil weibliche

Führungsstärke nicht so selbstverständlich verankert ist, lassen sich viele Frauen verunsichern. Sie vertrauen sozialen Statusklischees mehr als sich selbst und ihrem Verantwortungsgefühl. Dabei verlieren sie ihren Führungsauftrag aus dem Blick; sie denken, sie müssten sich rechtfertigen, oder landen gleich in der hilflosen Opferrolle (die ja auch besser zum Weiblichsein zu passen scheint). Die Entscheidung, ihre Position offensiv einzunehmen, fällt schwer. Für Jungen ist dies nicht förderlich, denn sie brauchen die stabile Haltung gerade von der Mutter, um nicht in einen männlichen Größenwahn zu geraten. Die Mutter ist gewissermaßen der Prototyp des Weiblichen für den Sohn. Deshalb strahlt es in sein weiteres Leben aus, wie sie ihre mütterliche Erwachsenenposition einnimmt. In unserer Gesellschaft ist es für Jungen wichtig, führende Frauen akzeptieren zu lernen. Wenn er es mit Erzieherinnen, Lehrerinnen, Polizistinnen oder mit weiblichen Führungskräften zu tun hat, die wegen ihrer Funktion etwas zu sagen haben, wird er mit einem falschen Konzept heftige Konflikte provozieren – oder scheitern. Deshalb ist es für seine weitere Entwicklung mit entscheidend, dass Mütter und andere Frauen ihre Aufgabe übernehmen und ihre Position gut ausfüllen.

Mann – Junge

Zwei Hauptmotive bestimmen die geschlechtliche Beziehung zwischen Mann und Junge: einerseits Konkurrenz, andererseits Identifikation. Aus der Perspektive des Vaters beeinflussen diese Beweggründe seine Führungskräfte. Über viele Generationen hinweg galt es als kulturell selbstverständlich, dass der Sohn dem Vater nachfolgt: dass zumindest einer der Söhne ihn beerbt, dass er denselben Beruf ergreift, den Hof oder das Geschäft übernimmt oder im gleichen Unternehmen arbeitet. Diese zwingende Nachfolge ist weitgehend aufgelöst, und dennoch wird sie in ihrer Wirksamkeit immer dort spürbar, wo sie nicht eintrifft – etwa wenn der Sohn eines Handwerksmeisters dessen Betrieb nicht übernehmen will.

> Die Führungskraft des Vaters wächst mit seiner Solidarität mit Frauen – er zeigt seinem Sohn, was »Geschlechtergerechtigkeit« bedeutet. Deshalb mischt er sich bei Bedarf ein, zum Beispiel so: »Hör bitte auf, so verächtlich über Frauen zu reden. Das gehört sich nicht, überleg dir mal genau, was du da gesagt hast. Ich finde das ehrlos.«

Wenn der Vater sich mit dem Sohn identifiziert, schwingt darin besonders das Gefühl des Gleichseins oder auch des Gleichseinwollens mit: Wir sind beide männlich, wir sind über das Geschlecht verbunden, ich möchte so sein wie du. Es ist gut und beziehungsfördernd, dies zu fühlen. Darin liegt aufseiten des Vaters auch eine Verführung. Um seinem Sohn ein klar führender Vater zu sein, braucht er den inneren Bezug auf sich selbst; diese gesunde Distanz kann durch zu viel Identifikation gestört werden. Vielleicht fühlt der Vater so stark mit dem Jungen, dass er sich selbst nicht mehr spürt, oder der Junge erinnert ihn an Situationen, in denen er selber Entbehrungen empfunden hat, oder der Vater kann die Wünsche und Sehnsüchte des Jungen zu gut nachempfinden usw. Solche Identifikation kann dazu führen, dass der Vater seine väterliche Position, seinen Auftrag aus dem Blick verliert. Es beeinträchtigt ihn in seiner Rolle als Führungskraft, er wird unklar und diffus.

Erlebt der Vater umgekehrt seinen Sohn als Konkurrenten, ist dies zunächst eine Form der Verbindung, Beziehung und Gemeinschaft. Es macht Spaß, spielerisch herauszufinden, wer in welcher Disziplin der Bessere ist. Auch die Frage nach der Führung wird in diesem Zusammenhang gestellt: Der Junge möchte wissen, ob sein Vater seine Position halten kann, auch wenn der Junge ihn hinterfragt und attackiert oder in einzelnen Disziplinen sogar besiegt (Fußball, Snowboard, Computer usw.). Gut gefestigte Väter können dabei gleichzeitig ihre Führung (be)halten und sie dynamisch und altersbezogen anpassen. So kann der Junge wachsen. Sein Vater vermittelt ihm Beständigkeit und damit Sicherheit und Selbstwirksamkeit.

Es sollte nicht die generelle Lösung in Vater-Sohn-Konflikten sein – aber wer meistens klar und konsequent ist, der darf auch mal nachgeben, um seine Ruhe zu haben. Damit können auch schon kleine Jungen gut umgehen.

Auch bei Vätern wirken unbewusst alte Rückstände traditioneller Männlichkeit, gerade wenn es um Führung geht. Das ist eine Herausforderung für jeden Mann. Als Vater muss er vermeiden, dass er in die Tradition des Patriarchats zurückfällt. Er sollte sich vergegenwärtigen, dass es bei Führung nicht um rigide Prinzipien geht, die mit aller Gewalt gehalten werden müssen. Führungsbeziehungen leben und schwingen; mal geht es ums klare Halten und Bei-sich-Bleiben – aber natürlich gelingen Beziehungen auch im Verhandeln, man darf sich überzeugen und etwas abringen lassen.

Stabilen, in ihrer Persönlichkeit gefestigten Vätern gelingt dies leichter. Wenig selbstsichere Väter bekommen in der Konkurrenzsituation Angst – vor allem dann, wenn die Interessenkämpfe und die Angriffe in der späteren Kindheit und in der Pubertät heftiger werden. Sie fürchten, ihre Rollenzuschreibung als »Herr im Haus« zu verlieren, und empfinden Konkurrenz als persönlichen Angriff. Dann neigen schwache Väter zu aggressiven Überreaktionen. Wird die Lage kritisch, erleben sie einen Konflikt mit dem Sohn als für sich selbst brenzlig, dann greifen manche unsichere Väter in die Waffenkammer männlicher Macht: Strafen, Bedrohen, Entwerten, Schlagen. Das Verhalten des Vaters steigert den Führungskonflikt zur Machtfrage. Väter sind als Elternteil mit Macht ausgestattet, die sie nun radikal ausspielen, bevorzugt über herzlose Strafen. Manche Söhne unterwerfen sich dann, andere geben auf und zerbrechen daran, einige Jungen versuchen, verbissen dagegenzuhalten. Im jeweiligen Entwicklungsstadium stellt diese Situation immer eine Überforderung für den Jungen dar, dementsprechend stark wird seine Reaktion auf die Schwäche des Vaters sein, der damit seine Führungskraft verliert.

Junge – Mann

Die Themen Konkurrenz und Identifikation beschäftigen den Jungen ebenfalls, aber auf seine Art. Über das Einfühlen, Nachfolgen- und Gleichseinwollen verspricht sich der Sohn, etwas von der väterlichen Stärke abzubekommen. Er braucht und genießt es, wenn der Vater ihn an seinen großartigen Seiten teilhaben lässt und ihm Einblicke in seine Welten und Werte bietet. Symbolisch verbirgt sich dahinter die spätere Aufnahme in eine Welt der Erwachsenen, für den Jungen als Mann in die Männerwelt. Diese ist weder besser noch schlechter als die Frauenwelt. Ideen der Männlichkeit versprechen zwar nach wie vor, dass das Männliche bedeutend und wichtig sei. In der Realität lösen sich Einfluss- und Machtbereiche jedoch immer weiter vom Geschlechtlichen. Diesbezüglich ist eine männliche Lebenswelt nur noch in Details anders als eine weibliche. Dennoch will der Junge auch über seine Identifikation mit erwachsenen Männern wissen und erspüren können, wie männliches Führen geht: zunächst in der Art, wie sein Vater Führung lebt. Diese Erfahrung ist eine wichtige Basis dafür, wie der Sohn sein Männlichsein weiterentwickeln kann. Väter, die ihre Stärke in und aus der Beziehung leben, die sich auf ihre Werte beziehen, die – mit einem altertümlichen Begriff –

»gütige« Väter sind, erleichtern es ihrem Sohn, die Führungsrolle des Vaters zu akzeptieren und zu beantworten.

»Papa, ich möchte mal Millionär werden.«
»Aha. Da musst du dich aber kräftig anstrengen!«
»Wieso ich? Besser du! Und ich erbe dann später mal alles!«

Bei der Frage nach seinem Eigenen wird die Identifikation mit dem Vater jedoch mit zunehmendem Alter des Sohnes zum Problem. Der Junge hat nichts mehr davon, wenn er nur über die Identifikation mit dem Vater etwas von seiner Führung abbekommt. Andere Menschen, und hier wieder vor allem Männer, werden bei seiner Suche wichtig. Gut, wenn er Männer findet, mit denen er sich neu identifizieren kann: Erzieher, Lehrer, Trainer, Dirigenten usw. Darüber hinaus schaut sich der Junge Führung auch von Medienfiguren ab. Seine Erfahrungen setzt der Junge in Beziehung zu seinem Vater. Er vergleicht und bringt damit Eigenes in die Beziehung mit ein. Er entdeckt, dass sein Vater nicht perfekt ist, und kann allmählich sein eigenes Verständnis dagegenhalten. Identifikation mit dem Vater ist dann immer weniger nötig.

Bereits in der Kindheit ist sein Vater für den Jungen immer auch Konkurrent. Sosehr er ihn auch bewundert und liebt, geht es in der männlichen Linie auch um die Frage, wer stärker ist. Dieses Thema speist sich aus Ideen von Männlichkeit. Sie informieren Jungen darüber, dass männliche Menschen gut über Stärke konkurrieren (die weiblichen dagegen über Zurückhaltung oder Schönheit), und Führungsfragen bieten sich dafür an. Der Sohn-Vater-Konflikt ist damit mythisch aufgeladen und auch heute noch aktuell. In der Konkurrenz gegenüber dem Vater kämpft der Sohn um seinen Anteil am männlichen Kuchen der Verantwortung und Macht. Mit dem Vater als männlichem Elternteil zu konkurrieren kann sich für den Jungen spielerisch und lustvoll anfühlen. Solange der Junge ein Kind ist, liegt die Stärke des Vaters darin, es dabei zu belassen. Später, mit der Pubertät, werden die Konflikte ernsthafter. Es geht nun wirklich um etwas. Dies zu bemerken ist wieder die Aufgabe des Vaters. Der Sohn reagiert in dieser Phase leicht gekränkt, vor allem wenn er das Gefühl hat, vom Vater nicht ernst genommen zu werden. Er erhofft sich dabei etwas Widersprüchliches: dass der Vater seiner Kraft standhält und er ihm zugleich Zugeständnisse abringen kann. Der Junge braucht beides relativ gleichzeitig – eine Herausforderung für den Vater, dies einigermaßen passend zu beantworten.

Mama, Papa, Oma und Opa

Es wurde bereits an einigen Stellen angedeutet: Über die jeweiligen Beziehungen zum Jungen hinaus kommt der Geschlechter- und Paardynamik zwischen Vater und Mutter ebenfalls Bedeutung zu. Es hilft dem Jungen, wenn sich beide in ihrer elterlichen Rolle anerkennen. Die Aufgabenverteilung ist recht einfach: Der Vater stützt die Führung der Mutter, die Mutter die des Vaters. Davon profitieren beide – und der Junge ebenso. Er findet sich in klaren Verhältnissen wieder und muss sich keine komplizierten untergründigen Führungsverwirrungen erschließen. Auch wenn es reizt: Führungsstarke Eltern vermeiden es, Konflikte über Führungsfragen vor dem Sohn auszuagieren. Wenn die Beziehung nicht stimmt, sollte das zwischen Vater und Mutter geklärt werden, gegebenenfalls hilft dabei Unterstützung von außen.

Manchmal schleichen sich bei Vätern oder Müttern Tendenzen ein, den Führungsstil des jeweils anderen subtil zu untergraben. Manche Väter respektieren beispielsweise Entscheidungen der Mutter nicht so gerne; statt diese mit zu vertreten oder erst gemeinsam zu besprechen, entscheiden sie kurzerhand anders – vielleicht großzügiger. Umgekehrt halten es manche Mütter nicht aus, wenn infragen der Fürsorglichkeit und Zuwendung oder z. B.

in Essensfragen Väter einen eigenen Stil haben. Die Mutter weiß es besser, verdreht vor dem Jungen die Augen, meint zu wissen, was er braucht und wie das stattzufinden hat, sie degradiert den Vater zum »Beifahrer«. Solche Demontagen des jeweils anderen sind für den Sohn schwierig. Abgesehen davon, dass seine Eltern ein schlechtes Vorbild darstellen, bringen sie ihn in Loyalitätskonflikte. Es entsteht eine Hierarchie zwischen Vater und Mutter und gleichermaßen zwischen weiblich und männlich. Unterm Strich verlieren dabei beide Eltern etwas von ihrer Führungsstärke.

Die Aufgabenverteilung gilt in ähnlicher Weise auch über den Rahmen der Kleinfamilie hinaus, also z. B. für Großeltern. Ihre Aufgabe besteht darin, die Führung der Eltern zu unterstützen. Und wie machen sie das? Am einfachsten, indem sie wahrnehmen, was den Eltern wichtig ist, indem sie dasselbe vertreten (und Regeln manchmal großzügig auslegen, wenn die Enkel sie besuchen). Auf keinen Fall sollten sie Eltern in ihren Erziehungsbemühungen in den Rücken fallen. Ansonsten freuen sich Eltern immer über positive Rückmeldungen, auch im Zusammenhang mit Führung: »Mir gefällt das, wie ihr das heute macht. Wir waren damals viel zu streng!« oder »Dominik macht ja gar kein Theater, wenn er ins Bett soll – er folgt dir einfach, das gefällt mir«.

Wie jede Form der zugewandten Beziehung entwickelt sich auch eine führende Beziehung ständig, sie ist permanent im Fluss. Dabei erweitert sie sich, es müssen aber auch Fehler und Rückschläge vorkommen können. Anders als die Medien und der Kommerz suggerieren, kommt es nicht darauf an, stets strahlend »anzukommen«. Viel wichtiger ist es für den Jungen, dass seine Eltern und andere, die ihn umgeben, Mut zu Fehlern haben und dazu, die Verantwortung für ihre Unzulänglichkeiten zu übernehmen. Denn wenn sie nicht perfekt sein müssen, brauchen es Jungen auch nicht – sagen wir mal so: 60 % perfekt, das reicht.

KLASSIKER DES FAMILIENLEBENS

Geld und Konsum

Unsere westlichen Gesellschaften sind auf Konsum fixiert und es ist kaum möglich, sich zu entziehen oder gar sich ganz davon zu distanzieren. Aber es ist für Jungen enorm wichtig, dass ihre Eltern mit Konsum und Kommerz einigermaßen bewusst umgehen. Das ist leider zunehmend schwierig, bei Jungen noch mehr als bei Mädchen, die eher begrenzt werden. Auch weil Eltern wenig Zeit haben, wird alles Mögliche gekauft, in manchen Familien soll Konsumieren Liebe und Beziehung ersetzen. Das ist aber zum Glück nicht möglich. Klare und liebevolle Eltern setzen auf die Kraft der Beziehung, der Anerkennung und Wertschätzung, nicht auf die des Geldes. Daraus erwächst Freiheit, auch die, sich auf Einfaches zu beschränken: Immer wieder etwas wirklich gemeinsam planen und erleben ist für die Führungsbeziehung um ein Vielfaches besser als der einmalige und teure Besuch eines Freizeitparks.

Den Umgang mit Wünschen und mit Geld müssen Jungen lernen. Geld ist, anders als der Matheunterricht in der Schule, ein Ernstfall: Jungen lernen hier am und fürs Leben gleichermaßen. Wie wichtig Rechnen sein kann, erweist sich nebenbei.

Geld- und Konsumfragen sind allgemeine Eltern-Kind-Klassiker, aber es verbergen sich auch Geschlechterseiten dahinter: In allen Altersgruppen bekommen Jungen mehr Taschengeld als Mädchen. Und auch für Jungenspielsachen wird mehr ausgegeben: Weil Jungen mehr »brauchen« und weil für technisches und elektronisches Spielzeug mehr verlangt wird – oder verlangt werden kann, weil Eltern bereit sind, mehr in Jungen zu investieren?

Offenbar weichen zu viele Jungeneltern den Konflikten aus, die mit einer Beschränkung von Geld und Konsumwünschen einhergehen würden. Sie nehmen sich selbst die Führungskraft und ihren Jungen eine Chance zur Entwicklung: Wer stets (zu) gut mit Geld und Produkten versorgt ist, lernt nicht zu rechnen, aber auch nicht zu wünschen und zu sehnen. Jungen werden an ein Weltbild als Quengelzone gewöhnt: Wenn der Sohn nur lange genug »Ich will haben, kauf mir!« schreit, geben Eltern nach, damit Ruhe ist. Das ist aber ein Irrtum, denn Konsumbedürfnisse und -wünsche wachsen ständig weiter.

Aber natürlich brauchen Jungen Geld zur freien Verfügung: ihr Taschengeld. Das gibt es regelmäßig, am besten zu einem bestimmten Termin (z. B. wöchentlich immer sonntags oder aufs Konto per Dauerauftrag). Dass das Geld kommt, ist ein Zeichen für die Verlässlichkeit der Eltern, ein Element des Vertrauens zur Führungskraft. Deshalb sollte Taschengeldentzug nicht als Strafe eingesetzt werden (und eigentlich sollte es ja überhaupt keine Strafen geben). Aber wenn es passt, kann z. B. ein durch den Jungen verursachter Schaden als Wiedergutmachung vom Taschengeld beglichen werden.

Zur freien Verfügung heißt: Der Junge entscheidet. Auch wenn es Eltern schwerfällt, liegt die Verwendung des Taschengelds ganz im Belieben des Jungen. Hier bestimmt der Junge selbst, Eltern brauchen sich nicht einzumischen: Er kauft, woran er Freude hat, und Fehlkäufe sind wichtig für Lernprozesse im Zusammenhang mit Geld. Als Taschengeld im engeren Sinn zählt nur solches, was ausgegeben, ja »rausgeschmissen« werden darf. Schulmaterial, Lebensmittel und Getränke für die Schule, das Mittagessen in der Schulmensa, Hygieneartikel, Kleidung usw. zählen zu den elterlichen Pflichtausgaben. Sie gehen nicht vom Taschengeld ab.

Das richtige Maß zu finden ist nicht einfach. Und auch der Vergleich mit anderen Jungen ist schwierig, weil manchmal vom Taschengeld Ausgaben beglichen werden müssen, die bei anderen Jungen wieder extra gerechnet werden. Beliebt ist ab dem Grundschulalter die Tariferhöhung mit der Versetzung: also z. B. 50 Cent mehr pro Klassenstufe. Ab der Pubertät, so ab 11, 12 Jahren steigt der Bedarf allerdings an. Dann werden neue Verhandlungen und andere Regelungen notwendig.

Wenn Jungen Wünsche haben, ist es schön, diese zu erfüllen. Der Kommerz lässt ihnen jedoch wenig Raum, wirkliche Wünsche zu entwickeln, denn viele Jungen folgen den Konsumanreizen der zielgerichteten Werbung. Dem können sich auch aufmerksame Eltern kaum entziehen. Aber sie können mit Wünschen klar umgehen. Wenn sie gern schenken und sich der Junge wirklich freut, ist es gut und schön. Eine Anspruchshaltung von Jungen wird dagegen problematisch. Geschenke sind Geschenke und keine Bestellungen. Gerade bei Geschenken gilt auch das Recht aufs Nein aufseiten der Erwachsenen. Will ein Junge Dinge haben, die Eltern unnötig oder zu teuer finden, hat es sich bewährt, ihn als Kompromiss die Hälfte des Preises vom Taschengeld zahlen zu lassen – viele ganz dringende Bedürfnisse lösen sich dann schnell in Luft auf, und außerdem schärft es sein Kostenbewusstsein.

Zum Nachdenken über Geld und Konsum gehört auch der Blick über den eigenen Tellerrand. In Deutschland sind viele Familien arm, statistisch betrifft das jedes zehnte Kind. Jungen grenzen gern über statushaltige Objekte und direkt über Geld aus. Diese Tendenz zur Entsolidarisierung unter Jugendlichen hat zugenommen. Eltern sollten dem entgegenwirken: Solidarität mit Schwächeren ist ein wichtiger gesellschaftlicher Wert. Arme Familien können sich den kostspieligen Ausflug in den Freizeitpark und teure Geräte nicht leisten. Bewusst oder auch bewusst weniger zu konsumieren und Jungen nicht übermäßig viel Geld zur Verfügung zu stellen kann so auch als Akt der Solidarität gewertet werden.

Eine spezielle Seite der Konsumgier, verknüpft mit Risikoerleben und Outlaw-Habitus, ist die unrechtmäßige Aneignung von Eigentum. Viele Jungen sind irgendwann in einen Diebstahl verwickelt, meist geht es um Ladendiebstahl. Zum Glück werden sie dabei häufig ertappt. Wenn die Sache auffliegt und eine einmalige Angelegenheit bleibt, kann dies eine lehrreiche, entwicklungsbeschleunigende Erfahrung sein: erwischt werden, Scham, Entschuldigung beim Besitzer und vielleicht Wiedergutmachung – ein lehrreicher Prozess. Falls Eltern den Eindruck bekommen, dass etwas faul ist, sollten sie unbedingt dranbleiben und fragen: Wo hast du das her? Nötigenfalls, das ist aber nur selten angebracht, können sie auch Rat bei der Polizei holen.

2

KLAR UND NAH – SO GEHT'S

Sieben Schritte zur gelingenden Jungenerziehung

Was machen Eltern richtig, die gut mit Jungen klarkommen und deren Söhne selbst gut klarkommen? Was ist nötig, um einem Jungen starke und zugleich liebevolle Führung zu bieten? In sieben Schritten möchte ich mich zusammen mit Ihnen dieser Frage nähern.

Als Vater oder Mutter eine gute Führungskraft für Jungen zu sein ist einerseits einfach und andererseits eine Kunst. Obwohl die meisten Eltern nicht bei null anfangen, können und wollen sie sich noch weiterentwickeln. Meisterschaft lässt sich durch Übung erlangen: Nach dem vierten, fünften Sohn ist sie meist allein über die Erfahrung erreicht. Wer so viel nicht vorhat, kann auch von den Erkenntnissen anderer profitieren. Denn von Eltern, die mit Jungen klarkommen, ist viel zu lernen.

Die sieben Schritte, um für den Sohn eine gute Führungskraft zu sein, bauen aufeinander auf, können aber auch unabhängig voneinander gegangen werden. Leider konnte mir keine der vielen Mütter und Väter, mit denen ich zusammengearbeitet habe, den ultimativen Erziehungstrick verraten, und auch mir selbst hat die Beziehung zu meinem Sohn kein Konzept, keine Methode und kein »So einfach geht es«-Rezept beschert. Das liegt wohl daran, dass Erziehung und Beziehungen so vielfältig sind, wie die Menschen verschieden sind. Eltern wollen und sollen authentisch und sie selbst sein, ihre Söhne ebenfalls. Tricks und Konzepte wirken leicht aufgesetzt, und meist genügt ein flexibler Rahmen, der der Familie Orientierung bieten kann. Auch sind nicht alle Jungen gleich, manche brauchen mehr Führung, andere weniger. Und selbst einzelne Jungen sind phasenweise ganz unterschiedlich: In manchen Situationen ist ein Junge auf glasklare Ansagen und markante Führung angewiesen, dann wieder gar nicht.

Ein Mehr an Führung bedeutet, die Qualität und die Intensität der Beziehung zum Jungen zu verändern. Die sieben Schritte beschreiben, wie das geht, ohne aus der Not heraus in Machtverhalten oder autoritäres Gehabe abzuleiten. Dabei kommt es immer auf den eigenen Kontakt nach innen und außen an: Eine gute Beziehung mit Jungen ist besonders eine Frage der Einstellung und der inneren Haltung. Deshalb kann es auch kaum »richtige« Abläufe oder Dialoge in der Beziehung zu Jungen geben.

Techniken wirken schnell aufgesetzt und formal. Dennoch können sie helfen, sich eine Haltung anzueignen. Aber Techniken sind nur die Hardware, sie reichen nicht weit. Sie geben vor allem im Neuland Sicherheit (und das ist ja schon mal was). Beziehungen sind aber fließend und spontan; alles rein Technische wirkt dabei störend. Es gibt einen Unterschied zwischen echter Beziehungsqualität im Kontakt zum Jungen und dem bloßen »Spielen«. Technik ist eine aufgesetzte Rolle, die sich für Jungen unecht anfühlt und sich als demonstratives Gehabe, als Coolness, Arroganz oder Überlegenheit äußert. Techniken sind an sich nichts Schlechtes, sie können uns helfen, wir brauchen sie. Sie haben jedoch wenig Wert, wenn sie nicht zur Person oder zur Situation passen, wenn sie als angelernt wahrgenommen werden und eben »technisch« wirken. Nicht zufällig können viele Menschen, die gut mit Jungen klarkommen und von ihnen anerkannt sind, gar nicht sagen, wie sie das »machen«, also welche Verhaltensweisen oder Techniken letztendlich wirksam sind: Meist wirken sie nämlich unbewusst, solange sie funktionieren. Das ist wie in der Sprache: Die meisten Menschen können kaum erklären, wie und warum die Grammatik ihrer Muttersprache funktioniert – und trotzdem drücken sie sich korrekt aus.

> Achten Sie darauf, wie sich Klarsein, Führungsein für Sie an-
> fühlt. Wenn sie passt, dann erleben Sie sich echt und authen-
> tisch. Dann *sind* Sie Führung und spielen sie nicht nur. Im Kon-
> takt mit sich können Sie immer wieder mal hinspüren: Wie geht's
> mir eigentlich mit meiner Führungsrolle in unserer Familie?

Die sieben Schritte stellen ein Set von Möglichkeiten dar, gewissermaßen das Gesamtpaket: So können klare Beziehungen gut
gestaltet, so kann Führung in der Familie gelebt werden. Hilfreich
ist vielleicht, sich diese Elemente als eine Art Mischpult vorzustel-
len, an dem es Regler gibt, die von null bis zehn eingestellt werden können. Für gute Führung genügt es wahrscheinlich, wenn
möglichst viele dieser Regler im Mittelfeld positioniert sind; kein
Junge braucht eine »Hochleistungsbeziehung« als Gegenüber.
Niemand kennt die richtige Einstellung für jede Situation. Deshalb heißt klare Beziehung zum Jungen immer: ausprobieren und
anfangen. Vielleicht machen Sie bereits vieles genau richtig? Wo-
möglich genügt schon eine kleine Veränderung? Wesentlich ist,
sich auf den Weg zu machen, um die elterlichen Fähigkeiten (weiter) zu entwickeln. Hier geht es um die Richtung, um den Kurs,
nicht um *ein* Ziel, das nach dem Lesen eines Buches erreicht ist.

Der Küchenchef

Ohne Disziplin und Menschenführung geht in einer Restaurantkü-
che wenig. »Ich bin kein Schreihals, aber einer muss das Sagen haben«, meint der erfolgreiche Chef de Cuisine Thomas Bühner. Der
Küchenchef ist der Dirigent. Sonst herrscht Chaos im Team. Wie
die Stimmung in der Küche ist, das hängt vom Chef ab.
(Die ZEIT Nr. 40/2012, S. 91)

❶ Werte
Kompass durch die Erziehung

Eigenschaften und Qualitäten, die Gemeinschaften wichtig sind und die ihr gesellschaftliches und moralisches Handeln leiten, werden in dem Begriff »Werte« oder »Wertvorstellung« gefasst. Auch in Bezug auf Führung sind Werte bedeutsam; dass Führungskräfte Werte vertreten, die jenseits ihrer eigenen Interessen liegen, gibt ihnen die Erlaubnis, Führung zu übernehmen. Oder anders ausgedrückt: Ohne Werte keine Führung. Ein zwielichtiger Politiker oder eine unwahrhaftige Managerin können einen hohen Status, ein hohes Einkommen besitzen, aber sie sind keine integren Führungskräfte.

Werte werden in Kulturen entwickelt, weitergegeben und verändert; sie bilden eine Grundlage des Handelns, eine Art Richtschnur, an der wir uns orientieren können. Auch Jungen haben Werte, die ihnen wichtig sind. Bisweilen wird zwar über einen Werteverfall geklagt; dafür gibt es aber keine Anzeichen. Erlebbar und erkennbar sind eher ein Wertewandel und eine große Wertevielfalt. Da Werte keine absoluten Größen darstellen, ist dies zunächst etwas Positives. Herauszufinden, wem welche Werte wirklich wichtig sind und welche gelten sollen, das ist die Herausforderung. Es erfordert – auch in Familien – Vergewisserungen, und das Leben mit Jungen bietet dafür reichlich Anlässe und Möglichkeiten.

Für Eltern sind Werte wie Fixpunkte, wie ein Kompass, der eine Navigation durchs Erziehen leichter macht. Eltern entscheiden entlang ihren Werten, was für sie richtig und wichtig ist. Werte sind dabei keine konkreten Ziele, sondern eher Richtungsangaben oder Wegweiser. Da sie unterschiedlich interpretiert werden können, sagt ein Wert an sich noch nichts darüber aus, wie er umzusetzen ist. Dass Eltern beispielsweise den Wert »Toleranz« vertreten, heißt noch lange nicht, dass sie wissen, wie sie damit umgehen sollen, wenn der Sohn sich zerrissene Jeans anziehen oder sich nicht mehr waschen möchte. Und leider können verschiedene Werte auch kollidieren, dann muss abgewogen und gewichtet werden.

Erkennbare und gelebte Werte helfen Jungen, sich psychisch stabil zu entwickeln. Sie entdecken darüber Struktur: So ist es und so ist es nicht; so ist es richtig und so ist es nicht richtig. Wenn Eltern Werte vorleben, können Jungen Orientierung finden. Sie wachsen in diesen Werterahmen hinein, um dann, wenn sie größer werden, auch wieder herauszuwachsen: Dann entdecken sie andere, eigene Werte, setzen sie in ein Verhältnis zu denen der Eltern, vielleicht bekämpfen sie traditionelle, überholte Wertvorstellungen. Damit steigen sie, bildlich gesprochen, auf die Schultern ihrer Eltern, um neue Wertehorizonte zu entdecken. Eltern, die Werte schätzen, können dies auch in einer wertschätzenden Haltung dem Jungen gegenüber ausdrücken: Selbst- und Eigenständigkeit als Werte unterstützen die Entwicklung des Jungen zu seiner eigenen Persönlichkeit.

Welche Werte kann mein Sohn in meinem Handeln erkennen? Woran genau bemerkt er die Werte in meinem Tun?

Jungen lernen Werte vor allem, indem sie wahrnehmen, wie Eltern handeln, wie sie Werte leben und verkörpern. Nur von Werten zu reden oder gar Werte zu predigen bringt deshalb nichts; sie müssen im Handeln nicht erkennbar werden. Jungen verinnerlichen die familiären Werte. Sie werden als gemeinsame Einstellungen und Haltungen erkennbar, verbinden also auch die Familie und bilden Gemeinschaft.

Werte vermitteln auch Sinn. Unsere Kommerz- und Medienkultur ist auf Äußerliches angelegt: »Wie komme ich an?« steht im Vordergrund und bedeutet mehr als »Wer bin ich (wirklich)?«. Gemeinsam über Werte nachzudenken heißt auch, Sinnfragen zu beantworten, die Jungen immer wieder beschäftigen: Warum leben wir? Wozu bin ich überhaupt auf der Welt? Was könnte meine größere Aufgabe sein? Eltern mit Werten können ihren Jungen führen. Wohin? Letztlich immer zu sich selbst.

Werte sind für die Persönlichkeitsbildung und -entwicklung von Jungen bedeutsam, sie unterstreichen aber auch die Vorbild- und Führungsrolle der Eltern. Fehlende oder nicht erkennbare Werte vermitteln Desinteresse am Sozialen, eine Egal-Haltung, die eine klare Beziehung zum Jungen verhindert. Viele Jungen haben Interesse an Werten, sie nehmen Wertethemen und -konflikte intuitiv wahr. Das wird an ihrer Empörung deutlich, wenn gegen Werte verstoßen wird: »Das ist ungerecht, das war unfair!« Sie belegen damit ihren Sinn für den Wert Gerechtigkeit – natürlich eher dann, wenn sie selbst oder als Teil einer Gruppe benachteiligt werden: Wenn ein Junge weniger Eis bekommt als die anderen, wenn Mädchen bevorzugt werden oder wenn der Schiedsrichter eine Mannschaft begünstigt.

Fabian regt sich auf und erzählt: Wieder sind die Jungen für die Unruhe in der Klasse verantwortlich gemacht worden, obwohl die Mädchen mindestens genauso laut waren!

Werte sind also wichtig – aber wo liegt das Problem? Viele Eltern und andere Erziehende scheuen sich derzeit davor, klare Werte und Positionen zu vertreten: vor den eigenen Kindern, mehr noch vor anderen Erwachsenen. Werte haben derzeit keine Konjunktur, es ist fast peinlich, Werte zu haben und offen dazu zu stehen.

Wer weiß schon noch, was richtig und was falsch ist? Deshalb verstecken sich Erwachsene oder lavieren herum – das registrieren Jungen und nehmen sie als schwammig, uneindeutig und unklar wahr. Ihre Werte tragen Eltern allerdings in sich, ohne sich dessen richtig bewusst zu sein; so irrlichtern die Werte und Haltungen in den Beziehungen herum, bleiben diffus oder brechen unkalkulierbar und unverhofft auf. Für Jungen eine nicht zu durchschauende, letztlich unsichere Lage.

Wertstoffsammlung

Nehmen Sie sich Zeit und überlegen Sie sich jeder für sich selbst oder auch gemeinsam: Welche Werte vertrete ich? Welche sind mir wichtig? Was sind meine Kernwerte? Wofür würde ich wirklich kämpfen? Welche Bedürfnisse von Menschen dürfen nicht verletzt werden? Welche Werte habe ich aus meiner Herkunftsfamilie mitgebracht? Welche davon halte ich heute für wirklich wichtig, welche sind überflüssig?
Wählen Sie dann die drei wichtigsten unter der Fragestellung aus: Welche Werte sollen meinem Sohn später einfallen, wenn er erwachsen ist und an mich denkt?

Es lohnt sich, über Werte nachzudenken und sich die eigenen Werte bewusst zu machen. Selbstverständlich können Eltern auch unterschiedliche Werte vertreten und diese abgleichen. Welche Werte in einer Familie wichtig sind, schlägt sich im Familienleben, in der Familienkultur und in der Atmosphäre in der Familie nieder; es schadet auch nichts, wenn die Bedeutung einzelner Werte diskutiert oder durch Worte benannt wird. Vielleicht fällt es dem Jungen so leichter, zu akzeptieren, wenn die Familie einen anderen Weg einschlägt, als das andere tun. Wichtig ist, dass die Werte aller Familienmitglieder Bedeutung erhalten.

Werte sollen orientieren, nicht beengen, und so muss der Umgang mit ihnen auch nicht übertrieben werden. Vorbilder sollten sich gleichermaßen vor Verfehlungen wie auch vor Tugendhaftigkeit in Acht nehmen. Jungen wollen wissen, wie mit Werten in dieser Welt gelebt werden kann. Daher helfen ihnen weder Moralapostel noch Asketen, sondern Männer und Frauen mit lebendigen und lebbaren Werten.

Jenseits von richtig und falsch
gibt es einen Ort.
Dort treffen wir uns.
(Rumi)

DER WERTE-TEST

Welche Werte vertreten wir? Welche sind mir/uns in unserer Familie wichtig? (bitte ankreuzen)

- ❏ Kooperation
- ❏ Gleichwertigkeit und Gleichwürdigkeit jedes Familienmitglieds
- ❏ Authentizität, echt sein
- ❏ Ressourcenschonung, Ökologie
- ❏ Wahrhaftigkeit
- ❏ Integrität (Übereinstimmung von Werten und Handeln)
- ❏ Geschlechtergerechtigkeit
- ❏ Rücksichtnahme auf Schwächere
- ❏ Verantwortung übernehmen
- ❏ Demut, Bescheidenheit

- ❏ Gemeinschaft
- ❏ Liebe zur Schöpfung
- ❏ Mitmenschlichkeit
- ❏ Führungsrolle der Erwachsenen
- ❏ Gesundheit
- ❏ Möglichst viel Spaß für alle
- ❏ Solidarität mit Schwächeren
- ❏ Fleiß
- ❏ Selbstentfaltung
- ❏ Pflichterfüllung, Pflichtgefühl
- ❏ Toleranz
- ❏ Sauberkeit
- ❏ Hilfsbereitschaft
- ❏ Gerechtigkeit
- ❏ Gehorsam
- ❏ Wahrhaftigkeit
- ❏ Verlässlichkeit
- ❏ Treue
- ❏ Geduld
- ❏ Güte, Großzügigkeit
- ❏ Ordnung
- ❏ Glaubwürdigkeit
- ❏ Mitbestimmung, Beteiligung aller, Demokratie

Integrität: der aufrechte Gang

Integrität meint, sich selbst und seinen Werten treu zu sein und zu bleiben; eine integre Person richtet ihr Verhalten an positiven Werten aus und wird dadurch vertrauenswürdig. Sie lässt sich weder von Gier und Verlockungen noch von Drohungen und Druck von ihren Werten abbringen. Integrität hängt eng mit Aufrichtigkeit zusammen, die sich auch in der Körperhaltung ausdrückt: Es sind Menschen mit aufrechtem Gang.

> Das autoritäre Macht-Motto »Quod licet Iovi, non licet bovi« (Was Jupiter erlaubt ist, ist dem Ochsen nicht gestattet) soll Ungleichheit zementieren. Es hat in der Erziehung längst nichts mehr verloren.

Eine integre Person ist auf die Gemeinschaft bezogen. Sie steht für Werte ein, auch wenn die Harmonie darunter leidet: Integrität ist keine Idylle, Konflikte sind eben nicht harmonisch, sondern energisch. Von einer integren Führungsperson wird erwartet, dass sie konsequent, beharrlich, an manchen (!) Stellen sogar auch unnachgiebig handelt, wenn und weil es den persönlichen Werten entspricht. Im Sinn der Werte, die sie repräsentiert, handelt sie verantwortlich. Einen Mangel an Integrität zeigt, wer nicht für sich und seine Werte einsteht, sondern Konflikten aus dem Weg geht, wer Selbsttäuschungen unterliegt oder Willensschwächen erkennen lässt.

Kinder wollen, dass ihre Eltern integer sind. Dass sie sich – vielleicht etwas weniger pathetisch formuliert – auf sie und ihre Werte verlassen können, dass sie das, was sie predigen, auch wirklich tun und dass sie sich auch selbst an Regeln und Gesetze halten. Auch Integrität lernen Jungen zuerst durch das Nachahmen ihrer Eltern. Jungen beobachten absichtsvoll oder nebenbei, wie sich ihre Eltern in Bezug auf Werte tatsächlich verhalten. Gelebte Integrität der Eltern schafft im Jungen so etwas wie ein soziales Urvertrauen: Die Gesellschaft als solche ist wertvoll, in Ordnung und gerecht. Wenn sich Eltern nicht integer verhalten, stellt dies ihre Rolle beim Jungen infrage.

Jannik ist in einer heftigen Bayern-Fan-Phase. Ingo, sein Vater, mag nicht schon wieder Fußball im Fernsehen gucken; er schimpft, dass Fußballspieler Inselbegabungen seien, ganz schön schlicht im Kopf und die meisten nicht mal Abitur hätten. Sonst predigt er selbstverständlich Gleichwertigkeit und Gleichwürdigkeit aller Menschen. Jannik ist irritiert.
Indem Ingo sich Jannik gegenüber erklärt und seinen Fehler eingesteht, stellt sich auch seine Integrität wieder her.

Fragen wir Erwachsene nach ihrer Integrität, sagen die meisten: »Kein Problem, das bin ich selbstverständlich!« Vielleicht sind sie da etwas vorschnell. Denn genauer betrachtet finden sich im Alltag meistens zahlreiche Schwindeleien, Vergehen und Kleinbetrügereien: Die Oma ruft an – »Sag ihr, ich bin beim Einkaufen«; die Ampel zeigt Rot – der Vater geht trotzdem schnell über die Straße, es kommt ja nichts; Parken auf Risiko, ohne einen Parkschein zu bezahlen; eine abfällige Bemerkung über den Nachbarn; die Erzieherin sagt zum Jungen: »Keine Zeit«, und meint: »Keine Lust«; achtlos weggeworfener Müll und so weiter, von den großen Brüchen mal ganz zu schweigen (z. B. Suchtverhalten, sexuelle Untreue).

Selbstverständlich hört das nicht bei den Eltern auf, auch die Integrität anderer Führungspersonen ist brüchig: Die Lehrerin verlangt, immer pünktlich zu sein – und kommt häufig selbst zu spät zum Unterricht; der Lehrer fordert, dass stets alle Hausaufgaben gemacht werden müssten, kontrolliert streng – und bereitet sich so schlecht vor, dass sein Unterricht chaotisch oder langweilig verläuft. Wundert sich da noch jemand, dass Jungen sich oft schwertun, Führung zu akzeptieren?

Wenn die erwachsene Person sich selbst nicht korrekt verhält, kann sie dann vertrauenswürdig sein? Kann sie guten Gewissens vom Jungen das Einhalten von Regeln und Gesetzen verlangen? Der kleine Betrug in der Steuererklärung, das Büromaterial aus der Firma, das weit übertretene Tempolimit, der kleine Versicherungsbetrug nebenbei – all dies strahlt aus dem Untergrund und lässt Erwachsene in der Beziehung zum Jungen weniger klar sein. Und umgekehrt: Je mehr Eltern und andere Erziehende dem Ziel der Integrität entsprechen, desto stabiler wirkt ihre Führungskraft.

Zu ihrer Integrität gehört auch, dass eine Person ihre großen und kleinen Schwächen, ihre »dunklen Stellen« kennt. Kein Mensch ist ohne Fehler; das Eingestehen von Schwächen macht uns menschlich, auch das zeichnet eine Führungskraft aus. Die Inszenierung von Unfehlbarkeit ist dagegen höchst verdächtig, weil sie Täuschung oder Selbsttäuschung vermuten lässt (vielleicht hat deshalb die katholische Kirche so viel von ihrer Autorität verloren?). Ehrlichkeit sich selbst und seinen Fehlern gegenüber lässt neben den Stärken auch die Schwächen als Teil einer Persönlichkeit zu. Eltern brauchen keine Heiligen zu sein oder (noch schlimmer) dies zu spielen: Gerade der akzeptierende, liebevolle Umgang mit den eigenen Schwächen macht Erwachsene glaubwürdig.

Die persönliche Grenze

Integrität hat auch mit körperlichen und mentalen Grenzen zu tun: Sie ist gleichsam die physische und soziale Haut einer Person. Diese muss gewahrt und respektiert werden, weil sie Halt gibt und schützt. Sie markiert den Übergang vom Ich zur Außenwelt bzw. zum Du. Von dieser Dimension des Begriffs Integrität spricht man vor allem dann, wenn darauf hingewiesen werden soll, dass die Persönlichkeit eines Menschen, seine Ganzheit und Unversehrtheit ein wertvolles und zerbrechliches Gut darstellen, das gegen Übergriffe oder Angriffe geschützt werden muss. Die Wahrung der persönlichen Integrität respektiert, dass der oder die Einzelne ein Individuum ist und sich als solches erfährt. Äußere Integrität ist dann intakt, wenn Grenzen wahrgenommen und geachtet werden.

Diese Facette der Integrität hängt vom Wohlverhalten der Mitmenschen und von gesellschaftlichen Lebensbedingungen ab. Grundsätzlich hat jeder Mensch das Recht, dass seine Integrität geschützt bleibt. Dafür bei Jungen zu sorgen ist Aufgabe von Eltern und anderen Führungskräften. Körperliche und sexuelle Gewalt sind extreme und massive Verletzungen der Integrität von Jungen, aber auch mentale Übergriffe wirken sich schädlich aus. Das Besetzen von Jungen mit eigenen Gefühlen, sie gefügig machen über Schmeicheleien, unklare Abgrenzungen schaden Jungen, weil es ihre Integrität nicht wahrt.

Immer wieder finden sich Jungen, die ihrerseits auf die eigene Integrität wenig achten, ihre Grenze ist nicht richtig erkennbar. Lebendige Gruppen sind genauso wie ganze Gesellschaften und die Demokratie auf eigenständige, mündige Mitglieder angewiesen. Jasager, Kriecher oder Schleimer, die um des eigenen Vorteils willen auf eine eigene Meinung verzichten, haben zwar bisweilen Erfolg, schaden aber der Gesellschaft; auch blinde Führungsgläubigkeit ist schädlich. Im Normalfall verhalten sich Jungen anders, sie legen Wert auf ihre eigene Meinung und Position. Darin sollten wir sie unterstützen, auch wenn es den eigenen Ansichten nicht immer entspricht. Über Integrität und die dahinter stehenden Werte können Eltern maßgeblich dazu beitragen, dass Jungen nicht auf die Schleimspur geraten bzw. sie wieder verlassen.

Wenn Sie den Eindruck haben, dass Ihr Sohn Ihnen oder anderen nach dem Mund redet, dass er sich schwertut, eine eigene Meinung und Position zu finden, dann sprechen Sie ihn am besten immer wieder genau darauf an: Was meinst du? Wie siehst du das? Was wäre dir dabei wichtig? Willst du lieber dies oder jenes? usw. Vielleicht braucht er Zeit, um das herauszufinden? Dann sollte er sie bekommen.

❷ Die persönliche Haltung
Klarheit beginnt in uns selbst

Wer mit Jungen klarkommen will, braucht Klarheit für und in sich selbst. Eine bewusste Entscheidung, das eindeutige Ja zu sich selbst ist dabei ein erster Schritt: Ja, ich bin Vater; ja, ich bin Mutter; ja, wir sind Eltern; ja, wir sind die Erwachsenen.

Die eigene Biografie

Die Frage nach der persönlichen Klarheit führt zur eigenen Autoritätsbiografie. Rückblicke sind hilfreich, um sich selbst zu verstehen: Welche Erfahrungen – gute und schlechte – habe ich mit den Autoritäten meines Lebens gemacht? Wie haben sich mein Vater, meine Mutter verhalten in Bezug auf Klarheit, Führung, Verantwortung? Wo konnte ich gute Autorität lernen und erproben? Durch wen wurde ich enttäuscht?
Ein anderer Zugang ist die »Autoritätsgalerie«: Stellen Sie sich vor, Sie sind in der Bildergalerie eines Schlosses. Dort sind alle Autoritätsfiguren abgebildet, die Ihnen je begegnet sind. Schreiten Sie die Galerie ab, beginnen Sie mit den frühesten Bildern und stellen Sie sich vor: Jedes dieser Gemälde sagt einen Kernsatz zu Ihnen. Schreiben Sie diese Sätze auf und setzen Sie sich damit auseinander: Was ist gut vertreten? Wo sehen Sie Entwicklungsmöglichkeiten?

Wie Eltern wirken und wie ernst der Junge sie nimmt, hängt auch von ihrer Entschiedenheit ab. Wenn Eltern sich über ihre Ziele und ihr eigenes Wollen klar sind, wenn die Einstellung zu sich selbst stimmt, dann kommen ihre Zielgerichtetheit und ihre Entschlossenheit zum Ausdruck. Als Erwachsene müssen Eltern darauf achten, dass sie den Jungen damit nicht überfahren, aber mit Bedacht eingesetzt, hilft es ihm, wenn die Eltern ihre Bestimmtheit ausdrücken können.

Entschiedenheit wird auch körperlich deutlich. Wenn sie bei sich und dabei klar sind, erkennen wir Menschen mit aufrechtem Gang in Körpersprache und -haltung. Das kann im Konfliktfall dadurch unterstützt werden, dass sich Vater oder Mutter nicht nur innerlich, sondern auch körperlich aufrichten. Mit dieser aufrechten Haltung soll keine Drohgebärde vermittelt werden, sondern Selbstsicherheit und Stabilität.

Besonders bei jüngeren und bei verunsicherten Eltern kann diese bewusste Entscheidung richtig Arbeit bedeuten: Was heißt das denn, Ja zur eigenen Rolle zu sagen? Was brauche ich dafür? Was muss ich loslassen? Dabei kann es notwendig sein, sich von alten Glaubenssätzen zu verabschieden: Wer daran glaubt, kein Recht auf die erwachsene Position zu haben, wird sich schwertun, seine Rolle auszufüllen. Wer denkt, es nicht verdient zu haben, Führungskraft zu sein, kann sich kaum mit seiner eigenen inneren Kraft verbinden, die Führen erst möglich macht. Klare Führung und eine negative Einstellung zu sich selbst (und damit ständige Schmerzen) schließen sich aus.

Ein gesundes Selbstbewusstsein als Vater oder Mutter erleichtert es, die eigene Haltung dem Jungen gegenüber zum Ausdruck zu bringen. Verweigern sich Eltern oder bleiben sie schwammig, dann verunsichert das den Sohn. Unterschwellig fühlt er sich in seinen Bedürfnissen missachtet. Wenn Jungen Probleme damit haben, Regeln einzuhalten, die Führung Erwachsener zu akzeptieren oder sich angemessen in Führungsbeziehungen zu bewegen, dann sind nicht nur die Jungen »falsch«!

In einem Interview erzählt ein Vater, wie wichtig es für ihn ist, immer wieder über sein »Autorität-Tun« nachzudenken: »Manchmal sind es ja Dinge, die man nicht weiß, die irgendwie verloren gehen. Oder dass man so ein wenig die Bewusstheit verliert, wie man eigentlich mit dem Jungen umgeht. Dass man dann noch mal reflektiert: Wie mache ich es denn?, und vielleicht auch merkt: Oh Gott, ich texte ihn ja immer voll. Immer ist Hektik, und immer treibe ich ihn an und immer habe ich Erwartungen.«

Jungen brauchen Eltern, deren Stärke in ihrer Persönlichkeit wurzelt und die diese Stärke in die Beziehung zum Jungen einfließen lassen. Sehr wichtig und hilfreich dabei ist es, sich selbst zu kennen: die eigenen Stärken und Schwächen, die Kompetenzen und Grenzen, eigene Impulse und deren Kontrolle, eigene Sehnsüchte, Ahnungen und Wünsche.

Unflätiges Benehmen von Jungen – was tun?

Achten Sie darauf, welche Gefühle das Verhalten bei Ihnen auslöst – z. B.: »Es trifft mich persönlich, es ärgert mich.« Finden Sie dann das Bedürfnis, das dahinter steht, z. B.: »Ich möchte respektiert werden.« Und schließlich: Sprechen Sie die Sache an: »Entschuldige, ich nehme das persönlich, wenn du neben mir rülpst. Mich trifft das, ich fühle mich abgewertet. Meinst du es denn so? Ich habe dich schon mal gebeten, das nicht zu tun. Ich verstehe nicht, was da so schwierig ist für dich.«

Es ist wirklich bedeutsam, dass es den Eltern selber gut geht! Dazu hilft es ihnen, für die eigenen Bedürfnisse zu sorgen: beispielsweise respektiert, geachtet und wertgeschätzt zu werden. Natürlich können nicht immer alle Wünsche sofort befriedigt werden, aber vor allem ist es wichtig, sie zu spüren – und auch sich bewusst dafür zu entscheiden, sie zu verschieben, ohne beim Jungen Schuldgefühle hervorzurufen: »Ich bin zwar müde, aber ich entscheide mich dafür, ihm noch eine Stunde bei seinem Referat zu helfen.«

Mut zur klaren Führung

Erziehung besteht aus einer Vielzahl von Lernprozessen, beabsichtigten, beiläufigen und zufälligen, bewussten und nicht bewussten. Ein Schlagwort aus dem vergangenen Jahrhundert lautet: »Mut zur Erziehung«. Gemeint war, konservatives und traditionelles Gedankengut neu zu verankern, alte Machtverhältnisse und eine enge Moral zu stabilisieren. Heute weiß man: Das ist schädlich und unnötig. Mut zu Führung und Klarheit in der Beziehung zum Jungen ist allerdings auch heute notwendig:

- Es kann Mut erfordern, sich als Person ins Spiel zu bringen, sich deshalb auf den Weg zu sich machen, sich zu hinterfragen, sich dem eigenen Unvermögen wie der eigenen Macht und Größe zu stellen, Verantwortung zu übernehmen und die Beziehung zum Jungen zu halten, auch in schwierigen Phasen.

- Falschen Verführungen der eigenen Macht zu widerstehen verlangt von Erwachsenen ebenfalls Mut: Es den Jungen jetzt mal zu zeigen; sie zu bestrafen; Jungen (oder anderen Menschen) gegenüber in eine feindselige, aggressive Grundhaltung zu verfallen; die Hoffnung aufzugeben; die Beziehung abzubrechen; zu hassen. Sich von derartigen Verführungen nicht mitreißen zu lassen, das braucht Mut.

- Achtsam mit Jungen und mit sich selbst umzugehen erfordert Mut; wach zu bleiben, sich aus eigener Unsicherheit heraus nicht an stereotype Bilder oder Vorurteile zu krallen.

- Sich Unterstützung zu holen erfordert Mut; sich selbst und anderen einzugestehen, Schwächen zu haben oder dass man alleine nicht weiterkommt, und Hilfe auch anzunehmen, das alles verlangt Mut.

Entdecken Sie Ihren eigenen Führungsstil

Was die klare persönliche Einstellung erheblich beeinträchtigen kann, sind stereotype Vorstellungen von Väterlichkeit und Mütterlichkeit. Wie im ersten Teil des Buches gezeigt, suggerieren Bilder von Mütterlichkeit, dass eine Mutter nie an sich denke, sondern alles für die Kinder gebe, ganz besonders für den Jungen, der später seinen Mann stehen muss. Nicht gut für den Jungen: Es verunsichert ihn in seinem Bezug zu Frauen, er kann ihnen nicht trauen, denn er spürt, dass es da sehr wohl eigene Bedürfnisse gibt; und er neigt dazu, eine Anspruchshaltung zu übernehmen, die ihm von der Mutter aufgedrängt wurde. Falsche Ideen von Väterlichkeit wirken ebenfalls so unbewusst wie heftig; sie verlangen vom Vater, die eigenen Unsicherheiten zu verdecken oder zu verschleiern: Ein Vater hat sich stets stark und unverwundbar darzustellen. Ganz falsch, denn das zeigt dem Jungen einseitige und unstimmige Bilder des Männlichen, es verweigert Jungen den Respekt, sich in einer Beziehung zu zeigen und baut falsche Männlichkeitsbilder auf. Gerade pubertierende Jungen nehmen einen Menschen nicht ernst, der sich nicht verwundbar zeigt, und legen es immer wieder darauf an, Väter so lange anzugreifen, bis Grenzen erreicht und Wunden sichtbar werden.

Klare Eltern sind für Jungen unterstützend und attraktiv, weil sie aus ihrer Persönlichkeit wirken und strahlen. Dann hat Führung nichts Aufgesetztes, sondern ist spontan: Sie kommt »aus sich selbst«. Was gesagt wird, ist dabei gar nicht so bedeutsam. Viele Worte, die Eltern an Jungen richten, verpuffen, von ihnen bleibt allenfalls ein vager Eindruck. Viel wirksamer sind die Handlungen.

Wo sind Sie als Führungskraft für den Jungen erfolgreich? Probieren Sie unterschiedliche Ansätze aus: Was bewirkt es, wenn ich mir Zeit lasse und langsam gehe? Wenn ich kurze Sätze sage und nachklingen lasse? Wie kommt es an, wenn ich mich bewusst aufrichte? Was gehört zu mir in meiner Rolle als Führungskraft? Und was passt nicht zu mir?

Sicher können wir auch von anderen lernen, von anderen Eltern und Vorbildern, wir können vom Wissen und der Erfahrung anderer profitieren. Zu bedenken ist jedoch: Das sind eben andere. Jede Person und jedes Elternpaar muss das finden, was zu ihnen und zu ihrem Sohn passt. Lassen Sie sich anregen, nehmen Sie aufmerksam wahr, schauen Sie, was Sie anspricht.

Drehen wir die Sache mal um – wenn Sie alles ganz falsch machen würden: Was müssen Sie tun, um von Ihrem Sohn garantiert nicht als Führungskraft akzeptiert zu werden? Wie können Sie sich selbst am besten demontieren? Welche eigenen Saboteure müssten Sie bedienen, füttern und hätscheln, damit Ihnen eine klare Beziehung *nicht* gelingt?

Klarheit in der Erziehung schließt auch die Souveränität ein, sich mit dem eigenen Führungsstil infrage zu stellen. Wer sich weiterentwickelt, lernt dazu, aber er macht auch Fehler. Rückmeldungen von der Partnerin oder dem Partner helfen dabei, nicht selbstgefällig zu werden. Das kann immer wieder Stoff für interessante

Gespräche liefern: Wie siehst du mich in meiner Elternrolle? Wie hast du mich in dieser Situation erlebt?

Klarheit und gute Führung von Eltern kreisen nicht nur um sich, sondern beziehen den Jungen mit ein. Dies ist aufgrund des Ungleichgewichts in der Beziehung auch notwendig, immer wieder geht es um das Sicheinfühlen in den Jungen, das Mitgefühl mit ihm, die Empathie. Wie fühlt er sich? Wie sieht er mich? Erst allmählich, im Größerwerden und mit wachsenden sozialen Kompetenzen, geben Jungen dann aktiv und direkt Rückmeldungen auf das elterliche Verhalten. In der Pubertät ist das oft wenig schmeichelhaft, weil Eltern auf ihre Fehler und Schwachstellen aufmerksam gemacht werden. Aber eigentlich ist es ein großartiger Vorgang und eine enorme Chance, die Beziehung zum Jungen auf ein neues Niveau zu hieven.

> Wie anders fühlt es sich an, ob ein Junge hört: »Wir haben dir doch alles gegeben – wenn du dich nur mehr bemühen würdest, dann wärst du ein guter Schüler!«, oder: »Wir haben versucht, aus dir einen guten Schüler zu machen. Das ist uns nicht gelungen. Wir haben unser Bestes gegeben. Vielleicht war das nicht richtig oder nicht genug.«

Vertrauen und Verantwortung

Vertrauen spielt eine große Rolle in jeder Beziehung: Der Sohn kann sich dem Vater, der Mutter anvertrauen, weil sie ihn schützen, zu ihm halten, ihn lieben und weil sie wichtige Werte vertreten und verkörpern, die er selber befürworten kann, die er übernimmt und als eigene wiedererkennt.

Und auch Verantwortung wird in dieser Entwicklung zum Schlüsselbegriff – auf beiden Seiten. Indem die Eltern Führung und damit Verantwortung übernehmen, entlasten sie den Jungen. Dies ist so lange notwendig, bis er die eigene Verantwortung selbst übernimmt, weil ihm innere Führungskompetenz zugewachsen ist. Klare Führung, Vertrauen und Verantwortung bewirken Einverständnis, Einfühlung und Gerechtigkeit zwischen Menschen und gleichermaßen weniger Angst und Gewalt. Der Junge wird zunehmend selbstverantwortlich; Eltern übernehmen die Verantwortung für ihre Erfolge, aber auch für ihr eigenes Versagen in der Erziehung und versuchen nicht, die Schuld dem Jungen in die Schuhe zu schieben.

KLASSIKER DES FAMILIENLEBENS

Manieren

Meine Frau hat sich den Arm gebrochen; beim Essen rutscht etwas von der Gabel und landet auf dem Boden. Unser spätpubertierender Sohn sagt süffisant: »Solange du so isst, gehe ich mit dir nicht ins Restaurant!« Er zitiert damit eine Redewendung aus der Zeit, als wir versuchten, ihm Manieren beizubringen. Wir lachen zusammen – über seine Bemerkung genauso wie über unsere (immerhin teilweise erfolgreichen) Bemühungen.

Oh, was waren das für düstere Zeiten, als Eltern sich und ihr Ansehen über die Manieren ihrer Kinder definiert haben. Die sind glücklicherweise vorbei. Dennoch hilft Jungen ein Grundkanon an Manieren, um im Leben gut zurechtzukommen. Und auch in der Öffentlichkeit ist es schön, wenn Jungen nicht auf dem Egotrip reisen, sondern registrieren, dass es noch andere Menschen mit Bedürfnissen gibt: Sie grüßen, wenn ihnen bekannte Erwachsene begegnen; sie stehen in Bus oder Bahn auf, wenn ältere Menschen sonst stehen müssten; sie verhalten sich einigermaßen nach gängigen Tischmanieren, verwenden das Besteck, reden nicht mit vollem Mund; schreiben unter der Tischkante keine SMS, sondern schalten mobile Geräte beim Essen ab. Auch Rülpsen, Schmatzen, Pupsen: All das gehört sich nicht, wenn Erwachsene anwesend sind. Als Statusdemonstration in der Clique ist es vielleicht auch nicht so nett, aber es hat dort eine andere Funktion.

Allgemein oder familiär erwünschte Manieren werden durch Nachahmung gelernt oder müssen benannt werden. Häufig ist auch das Wiederholen erforderlich, besonders in der Pubertät (wahrscheinlich wegen der Hirnzellen, unnütze Informationen werden ja gelöscht): »Anton, bitte, wir wollen nicht beim Essen gestört werden – schalte das Handy aus.«

Viele Erwachsene neigen dazu, unflätiges Benehmen einfach zu

übergehen und sich still über die Jugend oder deren Eltern zu empö-
ren. Nur manchmal verhalten sich Jungen absichtlich so, um einen
Konflikt zu provozieren. Meistens ist es einfach Achtlosigkeit. Besser
als Übergehen ist in jedem Fall das direkte Ansprechen!

3 Präsenz und Kontakt
Ganz hier und im Moment

Für eine klare, führende und lebendige Beziehung genügt es nicht, nur mit dem Körper anwesend zu sein. Wer sich mit seiner Aufmerksamkeit woanders befindet und lediglich körperlich anwesend ist, wird nicht greifbar, kommt nicht in echten Kontakt und stellt sich dem Jungen nicht zur Verfügung. Darum aber geht es: wirklich da und in Kontakt zu sein.

Etwas zusammen tun, gemeinsame Mahlzeiten, schöne Unternehmungen, die Hausarbeit zusammen erledigen, sich streiten und verhandeln: All das sind Kontaktformen, sie stärken und beleben die Beziehung zum Jungen. Immer, wenn Berührung stattfindet, sind wir in Kontakt; das kann körperlich, aber auch emotional fühlbar sein. Deshalb ist Berührung ein Schlüssel der Beziehung zum Jungen. Beim Kontakt fließt etwas hin und her – im Körperkontakt spüren wir ihn (und er uns), wir riechen einander, chemische Botenstoffe werden wahrgenommen. Gerade der Körperkontakt wird meistens als Bekundung von Intimität und Sympathie verstanden. Das können bei pubertierenden Jungen durchaus auch rauere Formen sein.

Ein kräftiger Schlag mit der Faust auf den Oberarm: Das ist auch Kontakt! Besonders in der Pubertät neigen Jungen dazu, ihr Kontaktinteresse etwas robuster auszudrücken. Nehmen Sie das so wahr, aber geben Sie Ihrem Sohn Bescheid, wenn es zu heftig ist und wehtut!

Wie wir in Kontakt sind und kommen, hängt mit der Kultur zusammen: der Kultur, in der wir leben, aber auch der ganz speziellen Familienkultur. Kontakt ist darin etwas, was führende Eltern vorgeben und gestalten: etwa der Körperkontakt beim Begrüßen oder Verabschieden durch Handschlag, Umarmen oder Schulterklopfen. Es sind besonders die kleinen Kontakte, mit denen Eltern die Beziehung aufnehmen und bestätigen, ihr Blickkontakt, aber auch mal über den Rücken streichen, den Jungen am Arm berühren.

Kontakt zum Jungen entsteht zudem über das Interesse an ihm, auch für die Dinge, die vielleicht Angst wecken oder die abgelehnt werden: Computer, Spielkonsole und Internet sind dafür gute Übungsfelder. Über das Interesse nehmen führende Eltern Beziehung zum Jungen auf. Fragen Sie einfach nach: Was machst du da immer? Was gefällt dir? Was ist für dich daran schön? Beziehung heißt dann erst einmal, zuzuschauen und teilzunehmen. Und dann können dem Jungen durchaus auch Befürchtungen mitgeteilt, eigene Wahrnehmungen und Wissen entgegengebracht werden.

Präsenz meint Dasein mit dem ganzen Interesse. Es ist etwas, was mit dem Begriff »Geistesgegenwart« umschrieben werden kann: Die Mutter stellt ihren, der Vater stellt dem Jungen seinen Geist in der Gegenwart zur Verfügung. Darum geht es also: Die große Frage der Präsenz lautet: Was ist jetzt? Sie richtet die Aufmerksamkeit achtsam auf den Jungen, auf die Beziehung, auf Bedürfnisse, auf die Situation. Es ist die Fähigkeit, im Moment zu sein. Dadurch wird Präsenz zu einer Form der Anerkennung, der Zuwendung und Hinwendung im Jetzt. Das ist mir jetzt wichtig und nichts anderes. Ich nehme dich wahr, ich sehe, höre, spüre dich. Präsenz erlaubt, mit offenem Herzen ganz beim Jungen zu sein: Es ist mir wichtig, was in dir vorgeht und was mit dir passiert.

Das klingt ganz einfach? Ist es aber nicht! Echter Kontakt und wirkliche Präsenz sind in der heutigen Zeit der Überfülle an Ablenkungen für viele Eltern große Herausforderungen. Präsent zu werden bedeutet oft Anstrengung, es erfordert das Bemühen darum. Im Jetzt zu sein ist bei den meisten modernen Menschen nicht besonders kräftig entwickelt, oder vielleicht besser: Es wurde verlernt. Denn die Fähigkeit zur Präsenz ist eigentlich angeboren: Jeder Säugling ist ganz präsent und hat damit seinen Eltern viel voraus. Auch kleine Jungen sind noch ganz da, wenn sie spielen, streiten, zuhören, Bilder anschauen. Diese Fähigkeit geht offenbar allmählich verloren, Nichtpräsenz wird gelernt und erworben: sich irgendwo zu befinden, sich zu zerstreuen, die Aufmerksamkeit springen zu lassen, sich zu verlieren, nicht zu spüren, was gerade ist. Multitasking ist in.

Stellen Sie sich vor, ein wilder Tiger rennt auf Sie zu in der Absicht, Sie zu fressen. Sie versuchen mit allen Mitteln und Ihrer ganzen Energie, sich zu retten. In so einem Moment sind Sie ganz präsent: Ein klingelndes Telefon oder Gedanken an die Arbeit, das nächste Mittagessen, an die Freundin oder E-Mails sind völlig unwichtig. Das ist Präsenz.

Deshalb bedarf Präsenz im Alltag immer wieder einer Erinnerung und einer Entscheidung, ins Jetzt zu kommen und dem, was ist, Bedeutung zuzumessen. Wer Präsenz in der Beziehung herstellen und spüren kann, ist auch in der Lage, in unterschiedlichen Formen ihre besondere Qualität zu entdecken. Denn es geht nicht darum, angestrengt präsent zu sein und sich dabei zu verkrampfen oder sich ständig zur Konzentration zu zwingen. Präsenz findet sich auch im Sichtreibenlassen, oder beim Ganz-im-Hier-und-Jetzt-Träumen, Den-Wolken-Nachschauen, Impulsespüren und -sofort-Ausleben.

Jungen signalisieren, wenn sie Erwachsene nicht oder nicht mehr brauchen können. Wer auf ihre Signale achtet, weiß, wann der richtige Zeitpunkt ist, sie wieder alleine zu lassen. Allerdings wird Präsenz auch leicht falsch verstanden: als Form, Jungen zu besetzen oder zu kontrollieren. Es geht also nicht darum, ihnen keinen Eigenraum zu zugestehen, sie dauernd zu überwachen. Präsenz meint auch nicht Überbehüten. Förderwütige oder ängstliche »Helikopter-Eltern«, die ständig über dem Jungen schweben, um ihm jederzeit zu Hilfe zu eilen, jede Gefahr abzuwenden und ihn stets optimal fördern zu können, sind nicht präsent, sondern eine Plage. Präsenz beinhaltet auch die Möglichkeit, bewusst nicht da zu sein, den Jungen sich selbst zu überlassen, ihn selbstständig sein und werden zu lassen. Dies verlangt und vermittelt Vertrauen in ihn und in seine eigene Entwicklung ohne das Zutun der Eltern.

Jetzt bin ich ganz bei dir

Präsenz ist eine Form, in der Führung wirkt – in guten wie in Krisenzeiten. Wer im unkritischen Alltag nicht gut präsent ist, hat im Streitfall schnell ein Problem. Ohne die Sicherheit der Beziehung eskalieren Konflikte schneller, ohne stabile gegenseitige Wertschätzung geht der Respekt leicht verloren.

Oft haben Jungen, die feindselig, auffällig, kriminell, gewalttätig werden oder die notorisch die Schule schwänzen, keine oder viel zu wenig führende Präsenz erfahren. Bei solchen Problemen sind Eltern und andere Erziehende aufgefordert, ihre Präsenz deutlich zu verstärken und das dem Jungen auch mitzuteilen (am besten vorab): sich zum Jungen hinbegeben, in die Situation eintauchen, in der der Junge sich befindet. Das kann bedeuten, ihn in seinem Zimmer zu besuchen und ein Gespräch vorzuschlagen. Vielleicht ist es notwendig, in der Schule präsenter zu werden, Kontakt mit der Lehrerin, dem Lehrer, der Schulleitung aufzunehmen und um ein Gespräch vor Ort zu bitten oder – besonders als Vater – den Elternabend zu besuchen und damit Interesse zu signalisieren. Mehr Präsenz wird angezeigt, wenn Eltern zu den Orten gehen, wo der Junge sich aufhält und zu schauen, was er da macht; es kann heißen, mit seinen Freunden zu sprechen, ihnen die Sorgen der Eltern mitzuteilen und sie zu bitten, die Eltern zu unterstützen. Auch durch solche ungewöhnlichen Präsenzformen signalisiert die Führungskraft: Ja, ich bin da!

»Hans hört nicht«, erzählt mir seine Mutter und berichtet, wie es typischerweise zugeht: Seine Aufgabe ist es, den Tisch zu decken. Kurz bevor das Essen fertig ist, ruft sie ihn, sein Zimmer liegt oben. Er kommt nicht. Sie ruft noch mal: »Ja, ich komme«, antwortet Hans, aber es passiert nichts. Sibylle wird zunehmend ärgerlicher, sie ruft noch mal und noch mal, immer lauter. Irgendwann, so nach dem sechsten Rufen, kommt er dann. Wenn er es besonders gut meint, kommt er schon nach der dritten Aufforderung, will dann aber ganz besonders dafür gelobt werden. Was tun? Nach seiner Bilanz ist er der absolute Gewinner, es steht 5 : 1 für ihn: fünfmal nicht folgen, einmal folgen; sein Belohnungszentrum im Gehirn freut sich fünfmal. Mehr Beziehung, Kontakt und Präsenz heißt die Lösung: Wenn der Tisch gedeckt werden soll, geht Sibylle zu Hans, legt ihm die Hand auf die Schulter und sagt: »Komm, Tisch decken.« Dann bleibt sie neben ihm stehen, bis er sich bewegt. Hans ist erst verblüfft, aber er deckt den Tisch. Nach ein paar dieser direkten Aufforderungen sagt er plötzlich: »Du musst nicht immer neben mir stehen, ich komme auch so!« Und tatsächlich: Nach und nach klappt es.

Innere und äußere Ablenker

Dennoch sollte Präsenz nicht nur zielorientiert eingesetzt oder verzweckt werden; Präsenz macht man nicht nur »um zu«: Ähnlich wie die Liebe ist auch Präsenz ein Wert, etwas Sinnvolles für sich selbst. Genau genommen ist Präsenz einfach da und wird gelebt. Was sie so oft beeinträchtigt, sind die inneren und äußeren Störungen, die ständig wirken, in erster Linie natürlich die Berufsarbeit, der alle anderen Bedürfnisse untergeordnet werden. Aber auch sonst: was alles getan oder erledigt werden muss, Reize, auf die wir reagieren und die uns ablenken. Besonders Medien verhindern Präsenz; ständig lockt ein Fernsehgerät, immer dudelt irgendwo ein Radio, und mit den omnipräsenten Smartphones und Laptops kommt die Arbeit an jeden Ort: Es warten E-Mails, Anrufe drängen sich auf, noch schnell einen Blick ins Netz, eine Tabelle, einen Text bearbeiten – permanente Ablenkungen, dauerndes Hintergrundrauschen, die keinen Platz für Präsenz lassen.

Ritual für mehr Präsenz

Schalten Sie Ihr Mobiltelefon bzw. Ihr Smartphone aus, wenn Sie nach Hause kommen. Legen Sie es an seinen Platz, bis Sie wieder weggehen oder bis Sie es bewusst wieder verwenden. Wer immer erreichbar ist, wird auch dauernd abgelenkt – das verhindert Präsenz. Außer in Notfällen müssen Sie nicht ständig verfügbar sein. Das ist auch eine Frage des Selbstwerts: Sind Sie es sich selbst wert, präsent zu sein – und dabei eben auch nicht erreichbar?

Viele Eltern berichten, dass ihnen Präsenz im Urlaub oder auch am Wochenende besser gelingt – eine wichtige Wahrnehmung. Warum ist das so? Es steht mehr gemeinsame Zeit zur Verfügung, aber vor allem wird diese Zeit anders gefüllt: mit mehr und echter Präsenz. Es gibt weniger (oder keine) Geräte und keinen Empfang. Die Zeit ist ungefüllt, dadurch kann sich Präsenz entfalten. Zunehmend werden durch das Internet auch diese heiligen Zeitzonen stark gefährdet: Alle möglichen »Nur mal schnell«-Aktionen verhindern Präsenz sogar im Urlaub oder am Wochenende. Dauernd online sein macht das Leben grenzenlos und unfokussiert. Präsent und in Kontakt zu sein erfordert also eine ganz besondere Selbstdisziplin der Eltern als Internetisten, Mobil- und Smartphonisten!

Im Alltag zeigt sich häufig nur Scheinpräsenz. Väter, die mit ihrem Sohn auf den Spielplatz oder Fußball spielen gehen und auf dem Weg dahin noch ein Telefonat führen oder nur kurz mal nachschauen, ob neue Nachrichten eingegangen sind: Sie sind nicht wirklich da. Sie unterliegen dem Irrtum, die eigentliche Aktion beginne ja erst auf dem Spielplatz oder vor dem Fußballtor. Nein, der Weg ist bereits gemeinsame Zeit – oder eben nicht. Hebammen berichten von werdenden Vätern (wenige, nicht alle!), die während des Geburtsvorbereitungskurses ihre Mails bearbeiten. Sie sind nicht da, sondern woanders. Aber nicht nur Väter sind verführbar, auch Mütter unterbrechen das Zuhören, das Vorlesen oder den Weg ins Schwimmbad, nur sind ihre technischen Gerätschaften etwas andere. Das Telefon klingelt, und sie führen ein ausführliches Gespräch mit der Kollegin, ihrem Vater, der Freundin, während ihr Junge wartend daneben steht oder sich aus dem Zimmer trollt. Jede Scheinpräsenz wirkt im Kind als eine versteckte Abwertung und Kränkung. Zwar anwesend zu sein, aber dabei jede mögliche Ablenkung aufzugreifen heißt ja auch: Du bist eigentlich gar nicht wichtig, das Wichtige ist immer anderswo. Zudem sind Jungen wegen ihrer Männlichkeitsbilder, ihrer psychischen Konstellationen und vielleicht auch wegen des Testosterons tendenziell stärker technikfasziniert. Wenn Eltern ihr Leben durch Technik lenken und beherrschen lassen, entsteht bei Jungen in solchen (leider häufigen) Momenten eine Aufladung, die sie fest in ihrer Psyche verankern: Das Gerät ist immer da, es ist immer wichtig und hat immer recht. Die ursprüngliche schlichte Faszination erhält dann fast magische Bedeutung – zulasten der Präsenz.

Präsenz üben

Nehmen Sie sich wahr, wenn Sie mit Ihrem Sohn zusammen sind. Versuchen Sie, das in jeder Sekunde zu tun. Fragen Sie sich: Bin ich jetzt gerade ganz da? Wenn Sie abschweifen, ist das nicht schlimm, Sie üben ja. Sobald Sie merken: Jetzt schweife ich ab oder jetzt war ich woanders – einfach immer wieder zurückkommen, in den Kontakt, zum Jungen, zu sich, ins Jetzt.

Um zu mehr Präsenz zu kommen, ist Selbstdisziplin erforderlich. Das kann hart sein. Jungen lernen auch am Vorbild; wenn Sie Selbstdisziplin üben, tun Sie das auch für ihn, oder umgekehrt: Haben Jungen wenig oder zu wenig Selbstdisziplin entwickelt, kann das auch auf fehlende Vorbilder verweisen (es kann aber auch anderswoher kommen, z. B. »Einfach keine Lust« in den Höhen der Pubertät). Vor allem in der Schule stellt sich ja für Jungen die Aufgabe, nicht jeder inneren oder äußeren Ablenkung zu folgen, sondern Impulse zu kontrollieren und sich zu entscheiden: »Will ich reagieren? Nein, ich interessiere mich für den Stoff, das ist jetzt wichtiger.« Vielleicht entscheidet er sich auch dazu, dem genauen Gegenteil des Erwünschten seine Aufmerksamkeit zu schenken: Das kann der geknickte Freund, eine witzige Aktion anderer Jungen oder die nette Mia aus der Parallelklasse sein ... Weil Jungen durch Nachahmung lernen, bremsen oder verhindern Eltern diesen wichtigen Entwicklungsschritt, wenn sie sich ständig ablenken lassen oder nur scheinpräsent sind.

Elterliche Präsenz ist wichtig, schön und gut. Gleichzeitig geht es aber nicht darum, fixiert und festgenagelt zu werden: Wer im

Normalfall präsent ist, kann sich in der Ausnahme auch ablenken lassen und seine Präsenz beenden. In der Ausnahme! Es geht nicht um Überhöhung von Präsenz, auch nicht um Isolation oder Abschottung. Besondere Vorsicht ist immer angebracht, wenn Störungen durch technische Geräte verursacht werden. Persönliche Störungen sind seltener und meistens wichtiger: Wenn spontaner Besuch kommt, ein anderes Kind weint, die Milch überkocht ... Viele solcher Störungen lassen sich auch integrieren, dann spielen, essen oder lesen wir zu dritt, zu viert, gemeinsam.

❹ Kommunikation
Klare Ansagen mit Körper und Sprache

Wie wir in Kontakt sind, wie Informationen ausgetauscht werden, das ist ein wesentliches Instrument zur Führung von Jungen. In vielen Familien klappt das gegenseitige Verständnis mal mehr, mal weniger gut, und so lohnt sich das Achten auf die Kommunikation vor allem dann, wenn Eltern meinen, der Junge hört nicht zu oder sie reden »gegen eine Wand«. Wichtig in diesem Abschnitt ist jedoch: Nicht alles ist »Führungskommunikation«. Wir reden ja auch »ganz normal« miteinander, erzählen einfach etwas, tauschen uns aus, kommentieren einen Hit im Radio, teilen eine Erinnerung mit oder loben leckeres Essen usw. In diesen Fällen wird frei von der Leber weg und »normal« gesprochen.

Bevor wir ein Wort gesagt haben, hat bereits unser Körper gesprochen. Unsere inneren Haltungen und Einstellungen drücken sich in dem aus, was der Körper signalisiert, und dies wird von Jungen auch so gedeutet und verstanden – oft besser als die begleitenden Worte. Eltern verkennen oft die Kraft der körperlichen Kommunikation und überschätzen gleichzeitig ihre Worte. So reden viele Erwachsene an Jungen hin, statt mit ihnen in einen Dialog zu treten.

Daniela hat sich geärgert, deshalb hält sie Jan eine kritische Ansprache und findet dabei immer wieder neue Aspekte und Argumente. Nach vielleicht zwei Minuten unterbricht er sie: »Mama, kannst du mir mal sagen, was du eigentlich von mir willst?«

Der erste und grundlegende Schritt klarer Kommunikation ist Zu-Wendung. Hier drückt sich eine eindeutige Haltung aus: sich dem Jungen zuwenden und Blickkontakt aufnehmen, sich auf seine Augenhöhe begeben. In jeder elterlichen Kommunikation sollte Liebe mitschwingen, auch wenn der Inhalt aus Kritik besteht. Sogar im größten Streit mit dem Jungen ist irgendwo Liebe dabei, natürlich, aber vielleicht merkt der Junge das vor lauter »Drohgebärde« nicht. Deshalb signalisiert der Körper Nähe, etwa im geringen Abstand zum Jungen, durch Berühren an der Schulter, am Arm, am Rücken, oder indem man sich neben ihn auf den Boden setzt. Damit ist noch kein Wort gesprochen und bereits viel gesagt!

Aber selbstverständlich sind auch Wörter und Sätze nötig. Um mit Jungen klarzukommen, geben führende Eltern ihnen die Chance, ihre Botschaften zu verstehen: verständliche Sätze, klare Worte, offene Informationen, Wahrhaftigkeit. Wenige und dafür deutliche Worte sind immer die bessere Wahl.

Leider ist das Verschleiern einer Situation durch Fragen sehr beliebt bei Erwachsenen. Sie sagen: »Sollen wir morgen einen Ausflug machen und Tante Rose besuchen?«, und meinen: »Morgen besuchen wir Tante Rose!« Die zweite Variante wäre wahrhaftig, sofern das bereits entschieden ist. Ansonsten kann der Junge offen gefragt werden: »Was meinst du, sollen wir morgen ...« – mit der realistischen Möglichkeit, auch Nein sagen zu dürfen.

Zuhören und Antworten ohne Aber

Klare Eltern zeichnen sich durch ihre Fähigkeit zum Zuhören aus. Fragen Sie nach, aus Interesse: Was macht er? Wie sieht und versteht er die Sache? Wenn der Junge sich erklärt, vermeiden Sie in Ihren Antworten das Wort »aber«. Besser ist es, kurz zusammenzufassen, was Sie gehört haben: »Du sagst, du hast die Rennbahn so schön aufgebaut und gerade viel Spaß am Spielen.«

Dann kommen Sie: »Meine Auffassung ist, dass dir zu wenig Zeit für die Hausaufgaben bleibt – wie kommen wir da zusammen?« »Aber« als erstes Wort einer Antwort geht gar nicht. Vereinbaren Sie mit Ihrem Jungen: Für jedes »Aber« am Satzanfang bekommt er einen Euro.

Jede Botschaft beinhaltet auch eine Beziehungs- und eine Appellseite (neben der Sachinformation und den Aussagen über die Person, die sie sendet). Die klare Sprache teilt dem Jungen mit, wie Erwachsene die Beziehung sehen, und dazu gehört z. B.: Ich führe, ich habe die Verantwortung, ich gebe Halt und Orientierung. In der Appellseite wird dem Jungen mitgeteilt, was er tun soll oder was erwartet wird. Die Zwischen- und Untertöne erreichen ihn in den Klangnuancen der Stimme und durch den Körperausdruck. Auch hier spricht also der Körper mit: Er ist aufgerichtet (und sagt: Ich bin aufrichtig), die Haltung ist offen, durchaus selbstbewusst, der Körper nimmt also weder eine Drohgebärde ein, noch befindet er sich gekrümmt in Bittstellerhaltung oder signalisiert Unterlegenheit.

Was denken Sie: Welchen Satz versteht ein Junge besser?

»Du könntest auch mal dein Zimmer aufräumen, letzte Woche hast du schon nicht aufgeräumt und alles fliegt rum, du findest ja nichts mehr, mir gefällt das nicht, und die dreckigen Socken musst du in den Wäschekorb bringen, das habe ich dir schon so oft gesagt, jetzt mach mal zu, wir wollen bald essen.«

///////////////////////

»Räum jetzt dein Zimmer auf!«

Neben dem Körper sprechen die Worte. Klare Eltern achten auf die Menge der Worte und kommen auf den Punkt. Ein gesprochener Satz wird meistens unverständlich, wenn er mehr als sieben Wörter enthält. Und diese Zahl ist schnell erreicht. Es muss nicht immer alles bis ins Detail erklärt und begründet werden! In der Tendenz erwartet das Jungengehirn prägnante Botschaften und erweitert sich erst allmählich in Richtung Komplexität; zudem scheint es zum Männlichkeitsmuster zu gehören, Kommunikation vor allem als Mittel des Informationsaustauschs zu verstehen. Besonders in der Pubertät sind Verstehen und auch Aufnahmefähigkeit beschränkt, weil sich die Nervenverknüpfungen im Vernunft- und Moralhirn auflösen. Dementsprechend fühlen sich Jungen schnell »zugeschwallt«; sie nehmen nichts als ein diffuses Rauschen wahr und warten geduldig, bis es wieder aufhört. Die Botschaft selbst geht dabei unter. Erzieherische Ansprachen entwickeln sich schnell zu einem An-Jungen-Hinreden, hängen bleibt dabei wenig oder gar nichts. Die Kraft der Führung wird demontiert und diffus, sie entwertet sich selbst durch einen Wasserfall von Wörtern.

> Wer sich selbst klar ist, kann auch Klartext reden – nehmen Sie sich, bevor Sie zum Jungen über wichtige Dinge sprechen, kurz Zeit für die folgenden Fragen: Was wollen Sie sagen? Was ist der Kern? Was ist das Ziel, warum sagen Sie das?

Klare Ansagen brauchen auch mal einen Punkt, sie brauchen Redepausen und Unterbrechungen: Lassen Sie Ihre Worte nachklingen. Weniger ist mehr und wirkungsvoller. Wenn Sie darauf achten, was im Jungen gerade vor sich geht – zum Beispiel wenn er mit einem problematischen Verhalten konfrontiert wurde –, können Sie gelegentlich fast sehen, wie es in ihm arbeitet, wie es »im Gehirn rattert«. Stören Sie diesen Vorgang nicht, indem Sie ständig weiterreden. Lassen Sie ihn nachdenken, dann kann es weitergehen.

Jona ist vier und wirkt ziemlich verschüchtert. Obwohl er weder besonders laut noch sehr lebhaft ist oder dauernd Blödsinn im Kopf hat: Seine Eltern reden dauernd auf ihn ein – ohne es zu merken: »Setz dich dahin. Zieh deine Jacke aus. Willst du was malen? Fass das nicht an. Schau mal, was es da gibt! Pass auf, du stehst im Weg. Beeil dich mal ...«
Als ich sie darauf hinweise, sind sie überrascht. Es ist ihnen nicht aufgefallen, sie dachten, das sei normal so. Nun achten sie einfach mehr darauf, dass sie sich zurückhalten und auf Wesentliches konzentrieren, und erinnern sich gegenseitig daran, wenn einer es mal vergisst.

Nichts gegen eine gute Erklärung von Zeit zu Zeit oder selbstverständlich dann, wenn der Junge eine Frage stellt. Aber viele Erwachsene umhüllen vor allem kleine Jungen mit einer nicht abreißenden verbalen Wolke: Sie kommentieren, erklären, korrigieren, ermahnen – alles gut gemeint, aber manchmal überflüssig und auch schädlich. Denn was lernt er dadurch für sein Selbstbild? »Ich bin nicht richtig. Ich muss wohl blöd sein!« Er erlebt die Dauerberieselung als kontrollierend, als Dominanz und Bevormundung. Auch gibt es nichts mehr zu entdecken, alles ist von den Erwachsenen schon erklärt: »Schau mal hier, sieh mal da!«; das bremst seine Neugier und wirkt demotivierend. Inhalte werden auch nicht bedeutsamer oder wahrer, wenn man sie ständig variiert oder wiederholt, begründet oder noch mal drei Beispiele anführt.

Das Ziel der Wahrhaftigkeit bedeutet im Übrigen nicht, alles zu sagen, was man weiß und wahrnimmt, sondern dass das Gesagte der Wahrheit entspricht. Wenn der Sohn z. B. am Abend vor einer Klausur ohnehin verunsichert ist, muss ihm nicht auch noch gesagt werden: »Ja, den Stoff hast du wirklich nicht drauf«, auch wenn das vielleicht stimmt. Zur klaren Kommunikation gehört neben der Eindeutigkeit also auch das Weglassen: »Passiv« zuhören, aufmerksam lauschen, nur gelegentlich durch ein »Mhm« oder »Aha« unterbrochen, auch das kann sich für den Jungen gut und annehmend anfühlen.

Lobende und kritische Rückmeldungen

Für jeden Jungen ist es wichtig, seine guten und auch die negativen Eigenschaften, seine Stärken und Schwächen zu kennen und mit ihnen umgehen zu lernen. Sie sind dabei auf direkte Rückmeldungen angewiesen. Wenn Vater oder Mutter dem Jungen eine solche Rückmeldung geben, ist dies bedeutsamer, als wenn irgendein flüchtiger Bekannter das tut. Diese Chancen sollten sie nutzen. Und ihm bei kritischen Rückmeldungen auch klarmachen, dass es wertvoll sein kann, wenn Familienmitglieder oder gute Freunde einen offen und ehrlich auf Schwachpunkte hinweisen. Denn offene Kritik kostet auch den Kritiker Überwindung, und die Mühe nimmt nur auf sich, wer den anderen wirklich mag.

> Max beschwert sich, denn seine Mutter hat ihm erklärt, dass sein bester Freund Leon nicht mehr mit ihm spielen will, weil immer nur Max beim Schach gewinnt. »Du bist manchmal extrem ehrgeizig. Und niemand will immer nur verlieren.« Max: »Du bist gemein, Mama. Und außerdem geht dich das gar nichts an!« Darauf Andrea: »Ich weiß, du hast mich nicht gefragt. Aber schau mal, wenn ich dir das nicht sage, wer sagt es dir dann? Es ist doch gut, wenn wir uns in der Familie manchmal gegenseitig auf Sachen hinweisen, die andere einem nie sagen würden.«

Rückmeldungen sind auch eine Form der Beachtung, in der Respekt, also die Achtung des Jungen formuliert wird. Lob ist die positive Form dieser Beachtung, sachliche und faire Kritik die negative Seite. Es hat wenig Sinn, dem Jungen seine Schwächen verbieten zu wollen – und wenn er das von sich selbst verlangt, ist es ebenso wenig erfolgversprechend. Jungen sollten echte Schwächen nicht verstecken und verleugnen, sondern wachsam und liebevoll damit umgehen.

Robin ist bisweilen ziemlich unbeherrscht. Mit seinen Freunden und Freundinnen, aber auch in der Familie rastet er leicht aus. In der Schule verhält er sich dann nicht angemessen, er ist nicht diplomatisch, sondern zu heftig, zu laut, zu direkt. Immer wieder weisen ihn seine Eltern und die Lehrerin darauf hin, und allmählich merkt Robin, wann die Situation für ihn wieder kippt, und beginnt, sich selbst zu regulieren.

Rückmeldungen werden meist spontan, situativ und »zwischen Tür und Angel« gegeben. Das ist anspruchsvoll und fällt vielen Führungspersonen schwer. Es verlangt Präsenz und die Wahrnehmung dessen, was einem selbst gefällt oder auch nicht gefällt. Deshalb verzichten viele darauf oder gehen sehr sparsam mit ihnen um. Schade, denn eine Rückmeldung ist immer eine Markierung, ein Medium für Klarheit in der Beziehung. Fehlende Rückmeldungen vermindern die Kraft der Führung und tragen zur Diffusion bei: Denn die Jungen wissen dann nie, woran sie sind.

Josha befindet sich im Größenwahn der Männlichkeit, deshalb benötigt er bisweilen eine klare Rückmeldung: »Stopp, so redest du nicht mit mir! Ich bin dein Vater, nicht dein Diener!« Ein andermal kommt er vom Training und ruft seiner Mutter zu: »Ich hab' Durst!« Ihr missfällt der Ton heftig: »Halt mal! Wir leben im 21. Jahrhundert und das Patriarchat ist abgeschafft. So, und jetzt probier's gleich noch mal, aber im richtigen Ton!«

Der beste Moment für Rückmeldungen ist immer jetzt sofort, also direkt nach der Wahrnehmung oder nachdem eine Aufgabe abgeschlossen wurde, besonders bei kleineren Jungen. Nicht nur bei Anlässen für Kritik sind oft Gefühlswallungen mit im Spiel, deshalb empfehlen sich auch hier beim Reden Punkte und Pausen.

Eine wesentliche Grundlage für ein gutes Gelingen jeder Beziehung ist Bestätigung: Sparen Sie nicht mit Lob für Ihren Jungen. Voraussetzung für ein wirksames Lob ist es, ihn in seinen Stärken und Kompetenzen wahrzunehmen; es gilt, sich diesen Blick zu erlauben und ihn zu schulen. Also, auf den Käse, nicht auf die Löcher schauen! Die Idee, dass das Fehlen von Kritik als Lob genüge –»Nichts gesagt ist genug gelobt« –, funktioniert nicht; positive Rückmeldungen müssen ausgesprochen werden. Manche Jungen scheinen geradezu nach Lob zu hungern, viele fordern die Resonanz durch Gleichaltrige ebenso wie durch Erwachsene immer wieder ein: »Mama, kuck mal!«, »Papa, schau mal, was ich kann!«.

Oft stehen vor präzisem Lob genaue Aufgaben. Sorgen Sie durch Klarheit dafür, dass der Junge weiß, was er tun soll, was seine Aufgabe ist. Prüfen Sie gegebenenfalls nach, ob er das auch macht. Und dann geben Sie ihm möglichst schnell eine Rückmeldung; heben Sie genau das hervor, was der Junge in Bezug auf die Vorgabe gut gemacht hat. Lassen Sie bei größeren Aufgaben oder Anlässen den Jungen schildern, wie er zum Ziel gelangt ist, und freuen Sie sich mit ihm: Wenn er erzählt, wie er den Fuchs überlistet hat, strahlen die Augen des Jägers.

Belohnung durch Loben ist nach wie vor ein wichtiges Mittel, um zu motivieren, aber auch, um schwierige Verhaltensweisen nachhaltig zu verändern. Es geht dabei nicht um Floskeln, Lobhudelei oder Übertreibung – das Kind »über den grünen Klee loben« –, sondern darum, realistische Leistungen, Fähigkeiten oder Fortschritte zu benennen. Dabei ist es nicht immer einfach, den richtigen Ton zu treffen, sodass ein Lob beim Jungen nicht nur als Phrase ankommt – also am besten: üben, üben, üben.

Auch wenn es nicht ökonomisch scheint: Lob wirkt am besten individuell, in der Botschaft an den einzelnen Jungen: »Danke, du hast das Bad heute echt gut sauber gemacht, Eric« ist wirksamer als »Ihr (die Kinder) habt heute super geputzt«. Das funktioniert in der Schule leider oft nicht richtig, weshalb viele Jungen den Eindruck haben, es würde nur kritisiert. Dort richtet sich Lob nicht bevorzugt an den einzelnen Jungen, sondern wird als Massenansprache verstanden. Wenn die Lehrerin sagt: »Die Jungs haben heute sehr gut gearbeitet«, dann ist das zwar ein Lob, aber möglicherweise problematisch: Falls Raoul nichts gemacht hat, und dann das Lob hört, fühlt er sich in seiner Haltung bestätigt.

Negative Rückmeldungen oder Erinnerungen werden spontan in oder nach der Situation geäußert, als mehr oder weniger kurze, prägnante Konfrontationen. Darin liegt ebenfalls Anerkennung des Jungen: Ich erkenne dich, ich nehme dich wahr. Beim negativen Feedback sind fast immer bewegende Gefühle im Spiel: Ärger oder Enttäuschung zum Beispiel. Deshalb ist die Gefahr groß, bei Tadel und Kritik zu emotional zu reagieren. Sie registrieren, dass Sie gefühlsmäßig gut dabei sind? Dann ist das der falsche Moment für eine sinnvolle Rückmeldung! Wenn das Verhalten des Jungen Sie wütend oder richtig traurig macht, wenn Sie Ihre Gefühle nicht ganz im Griff haben oder die Stimmung aufgeladen ist, dann müssen sich Eltern erst mal abregen, das braucht Zeit und oft auch einen anderen Ort.

»Linus, was ist deine Aufgabe?«
»Ja, ich mach nur schnell ...«
»Nein, ich wollte wissen: Was ist deine Aufgabe?«
»Rechenhausaufgaben machen.«

»Gut, dann mach das.«

»Aber ich wollte doch nur kurz ...«

»Nein. Mach die Rechenaufgaben. Und nichts anderes.«

Wenn möglich, werden negative Rückmeldung Jungen gegenüber am besten nicht vor anderen, sondern unter vier Augen geäußert; das mindert seine Angst vor Statusverlust.

Bei größeren Anlässen und Konflikten kann es hilfreich sein, die Auseinandersetzung vorzubereiten und nüchtern und objektiv anzugehen:

- Was habe ich gesehen und gehört?
- Wie kommt das Gesehene und Gehörte bei mir an?
- Was möchte ich, das der Junge anders macht?

Bitten Sie den Jungen um eine Erklärung seines Verhaltens, er kann die Situation auch aus seiner Sicht schildern. Wurde das Ereignis ausgeleuchtet, fragen Sie ihn, was er in Zukunft anders oder besser machen möchte. Danach kann es sinnvoll sein, ihm bei der Bewältigung dieser Aufgabe Unterstützung anzubieten. Am Schluss wird das Ziel zusammengefasst. Formulieren Sie Ihren Wunsch für die Zukunft noch mal positiv und genau: »Ich will, dass du deinen Abfall künftig in den Mülleimer wirfst« (nicht: »Ich möchte, dass so etwas nicht mehr vorkommt!«). Verknüpfen Sie Ihre Kritik nicht mit allgemeinen Aussagen oder anderen Anlässen (»Wenn wir schon mal zusammensitzen, ich wollte dir schon lange mal sagen, dass du nicht immer ...«). Das nimmt die Kraft der Wirkung des Konkreten. Und es wird für den Jungen schnell diffus (»Was war noch mal der Anlass?«).

Fordern oder Bitten?

Zur klaren Ansage gehört, dass die Führungsperson in ihrer Sprache unterscheidet, wann sie Forderungen stellt und wann sie eine Bitte vorträgt. Forderungen sind Forderungen: Wenn Aufgaben nicht erfüllt werden, wenn Aufforderungen nicht nachgekommen wird, dann folgen Konsequenzen. Das zeichnet Forderungen aus. »Ich will, dass du jetzt deine Hausaufgaben machst. Du sollst jetzt das Arbeitsblatt bearbeiten. Setz dich hin und schreibe deinen Aufsatz.« Solche Sätze sind eindeutig. Allerdings ist auch der Druck spürbar, der in der Forderung liegt. Vermeiden Sie Forderungen, soweit es geht. Normalerweise geht auch klare Führungskommunikation besser über Bitten.

Aber wenn Sie etwas vom Jungen wollen und es dabei keine Handlungsspielräume gibt, müssen Sie nicht vorher fragen, ob der Junge das auch will. Machen Sie sich Ihr Ziel klar: Sie wollen Ihren Willen durchsetzen? Dann fordern Sie! Es gibt keinen Grund dafür, Forderungen zu verschleiern, nach dem Motto: »Magst du vielleicht die Spülmaschine ausräumen?« Werden Forderungen als Bitte geäußert, hört der Junge zu Recht die Möglichkeit, die Bitte abzuschlagen. Verdeckte, verschleierte Forderungen sind Nebelwerfer; Jungen empfinden es als ungerecht, wenn bei Nichterfüllung Vorwürfe gemacht oder Schuldzuweisungen erteilt werden: »Du könntest mir ruhig mal helfen«, oder: »Wenn du nur ein bisschen hilfsbereit wärst, würdest du das machen.«

Die meisten Jungen verstehen eindeutige Forderungsansagen gut und erleben sie nicht als Erniedrigung, sondern als Klarheit in der Beziehung. Hier scheinen die zwei ungleichen Seiten der Führungsbeziehung hervor: Kompetenz- und Entwicklungsvorsprung, ein Auftrag, der auch eine Machtseite beinhaltet, das Erledigen einer Aufgabe, die eben gemacht werden muss, als Ziel – und vielfach das Entwicklungsinteresse, das Wachsen des Jungen.

Auf die beliebte strategische Jungenfrage: »Warum soll ich das machen?« genügt in der Situation oft die Antwort: »Weil ich es sage!« Es kann aber sinnvoll und sollte möglich sein, die Frage ernst zu nehmen: »Fragst du, weil du keine Lust hast? Oder möchtest du wirklich, dass ich es dir begründe, warum die Aufgabe wichtig ist? Dann erkläre ich es dir gerne.« Das soll nicht als Strafe gelten oder zynisch formuliert werden! Es ist ja auch gut und demokratisch, wenn sich der Junge für die Motive interessiert. Auch dass Eltern Aufgaben und Forderungen begründen (können), ist sinnvoll.

Bitten dagegen sind Bitten; sie verweisen auf Bedürfnisse und würdigen die Interessen beider Seiten in der Führungsbeziehung. Macht- und Kompetenzunterschiede sind hier nebensächlich; betont wird die Gleichwertigkeit innerhalb der Unterschiedlichkeit. Gut entwickelte Führungsbeziehungen kommen ohne Forderungen aus; autoritäre Strukturen dagegen kennen keine Bitten. Bitten werden in guten Beziehungen deshalb erfüllt, weil sie zu einem guten gemeinsamen Ergebnis führen, bei dem die Bedürfnisse der Beteiligten bestmöglich befriedigt werden. Wenn Bitten erfüllt werden, dann freiwillig, offen, mitfühlend und mit der Entscheidung des Handelnden.

Überlegen Sie sich: Wollen Sie eine Bitte äußern? Wenn Sie bitten, ist das Ergebnis offen. Selbstverständlich muss die Führungsperson nicht gleich aufgeben, wenn eine Bitte abgelehnt wird. Aber die Möglichkeit muss akzeptiert werden.

Ein gelungener Führungsdialog zwischen einem geübten Vater und seinem Sohn

»Bitte räum deine Sachen aus dem Wohnzimmer.«
»Ich habe keine Lust.«
»Das verstehe ich, Aufräumen macht keinen Spaß. Ich hätte es aber gern ordentlich, damit ich mich heute Abend hier entspannen kann. Würdest du es trotzdem machen?«

»Später.«

»Einverstanden, ich warte noch ein wenig. Kann ich dich in einer halben Stunde noch mal erinnern?«

»Na gut.«

Wenn hinter der Bitte Begriffe wie »sollte«, »müsste«, »seine Pflicht«, »mein Recht« mitschwingen, dann sind eher Forderungen gemeint. Mit Achtsamkeit lässt sich dies vorab erkennen. Oft wird der störende Nebengedanke erst bewusst, wenn die Bitte abgelehnt wird, und sich dann Ärger einschleicht oder der Kamm schwillt: »Bitte hole jetzt deine Schwester ab.« – »Nein, ich spiele gerade am Computer.« Und was passiert dann? »Dauernd vertrödelst du deine Zeit mit den blöden Spielen ...« oder »Du musst das aber jetzt machen« oder »Verdammt, ich hab's schon dreimal gesagt«. Solche Sätze weisen darauf hin: Eine Forderung wurde als Bitte verkleidet.

Oft hören Jungen, gerade in der Pubertät und mit ihrem Statusinteresse, von Erwachsenen auch dann Forderungen, wenn Bitten geäußert wurden. Auf der Suche nach Kampf- und Konfliktsituationen haben sie ein großes offenes Forderungsohr, um gegen die Führungskraft rebellieren zu können. Gut so, das ist ihre Aufgabe in der Pubertät. Allerdings wollen Eltern nicht immer Konflikt und Kampf. Es ist ja auch schön, mit Jungen jenseits solcher Positionsbestimmungen im Kontakt zu sein. Wenn beim Jungen der Forderungsfilm anläuft, auch wenn Vater oder Mutter offen bitten, kann das gemeinsam geklärt werden, z. B. mit der ehrlichen Frage: »Sag mal, mich interessiert das wirklich: Wie kann ich es ausdrücken, was ich von dir möchte, ohne dass es sich für dich so anhört, als wollte ich dir etwas befehlen?«

⑤ Immer mit der Ruhe
Kostbares Gut Familienzeit

Wer führt, hat Zeit. Langsame verzögerte Bewegungen, eine Tendenz zur Zeitlupe: Das wirkt majestätisch und erhaben. Die Rolle der Königin, des Königs erkennen wir auch daran, wie betont langsam sie oder er sich bewegt. Der Umgang mit Zeit markiert Führung: Hat der Angestellte einen Termin bei seiner Vorgesetzten, lässt sie ihn warten – das ist in Ordnung; käme er zu spät, wäre es ein Fehltritt. Die Angestellte arbeitet den Auftrag wieselflink ab, ihr Chef lässt sich mit seinen Aufgaben Zeit. Solche Bilder und Beispiele belegen: Wie mit Zeit umgegangen wird, kennzeichnet die Verhältnisse in Beziehungen. Wenn wir Führungsfiguren beobachten, dann spielt der Zeitfaktor häufig eine Rolle, sie bestimmen das Tempo und die Zeitspanne, in der Sachen erledigt werden oder die man miteinander verbringt. Anders als im öffentlichen Leben oder in der Wirtschaft geht es in Familienbeziehungen auch beim Umgang mit Zeit nicht um Machtspielchen und -demonstrationen. Eltern bemühen sich um Familienzeit und auch um Geduld; sie schenken ihren Kindern Zeit.

Königliche Zeitlupe

Möchten Sie sich Ihrer inneren Führung vergewissern? Dann bewegen Sie sich durch Ihre Wohnung (vielleicht erst mal, wenn der Sohn nicht zu Hause ist) und sagen Sie laut vor sich hin: »Ich bin der König«, bzw.: »Ich bin die Königin.« Nehmen Sie eine majestätische Haltung ein, gehen Sie langsam und bedächtig,

Sie haben viel Zeit. Spüren Sie, was Sie empfinden. Davon können Sie eine gute Portion in die Beziehung zu Ihrem Sohn übernehmen. Es wirkt.

Warten können

Sind Sie bei sich und in Ihrer Kraft, dann können Sie auch gut
abwarten. Das gilt besonders für Streitfälle: In der Hitze des Konflikts müssen Sie nicht sofort reagieren, sondern können die Situation verzögern oder verlagern. Die heiße Phase ist oft schlecht,
um weiterzukommen oder zu klären; dagegen entspannt ein
zeitliches Verschieben die Lage:»Lass mal, da reden wir nachher
drüber«. Warten im Konflikt heißt auch Zeit geben, Zeit zugestehen. Das hilft, um runterzukommen: Der Adrenalinspiegel, die
Testosteronausschüttung, Puls, Erregung – alles nimmt ab. Und
es gibt Raum, um zu entspannen, die Lage zu überdenken, sich
zu besinnen.

Gerade in Stress-Situationen verfallen viele in Hektik. Das ist
oft ein Fehler: Wer souveräne Führungskraft bleiben und nicht
autoritär oder unglaubwürdig werden möchte, muss sein Handeln
verlangsamen. Nur so können wir registrieren, was wir sagen und
tun. Sich Zeit zu geben erlaubt es, emotionale Kettenreaktionen
besser zu verstehen und automatisierte Abläufe zu begreifen.
Denn in solchen Reflexen verbergen sich oft Abwertungen und
Verletzungen, die dann unkontrolliert an Jungen ausagiert werden. Durch Langsamwerden, Beobachten und Wachbleiben fällt
es leichter, sie zu vermeiden.

Auch Bedürfnisse können warten, das gilt für beide Seiten:
Der Sohn muss nicht unbedingt in seiner Beschäftigung unterbrochen werden, nur weil der Vater denkt, jetzt ist die Waschma-

schine fertig, die Wäsche kann aufgehängt werden. Umgekehrt dürfen Eltern ein Telefonat zu Ende führen, bevor der Sohn die Hilfestellung bekommt, die er ungeduldig einfordert.

Eine gute Qualität der Beziehung zum Jungen beansprucht selbst Zeit. Das gilt in jedem Jungenalter, schubweise besonders aber in der Pubertät. Sie ist die intensivste Phase des Beziehungswandels. Deshalb gibt es ja Pubertätskonflikte: damit die Beziehung neu ausgehandelt wird. Wenn dafür die Zeit zu knapp bemessen wird, holt sie sich der Junge, z. B. indem er Konflikte anzettelt oder Probleme produziert.

Ohne ausreichend Zeit geht viel zu viel unter. Kleine und große Jungen hören auf, sich an Vereinbarungen zu halten und erfahren dennoch keine Konsequenzen. Wer sich beruflich, ehrenamtlich oder privat zu stark beanspruchen lässt, wer es immer eilig hat, gleich wegmuss, nie Zeit hat, kurz: Wem alles andere wichtiger ist als sein Vater- oder Muttersein, der kann diese Beziehung nicht halten und ist für den Jungen keine Führungskraft mehr, sondern eine einzige Enttäuschung.

Zeit geben oder Abwarten kann auch bei kritischen Rückmeldungen ein entwicklungsförderndes Element sein. Wenn der Junge auf Kritik sofort antworten will, wenn er sich reflexartig verteidigen oder rechtfertigen möchte, kann ein Aufschub hilfreich sein. Manchmal ist einfach der Zeitpunkt oder der Ort nicht richtig für längere Diskussionen. Dann bleiben Vater oder Mutter bei ihrer Kritik, vielleicht wiederholen sie sie noch mal und schlagen dann vor: »Denk mal drüber nach, wir reden später noch mal darüber.« Was dann selbstverständlich auch passieren sollte.

Um ihre manchmal schwierigen Aufgaben gut bewältigen zu können, benötigen Väter und Mütter unbedingt auch Zeit für sich selbst. Es tut gut, immer wieder im Alltag innezuhalten: sich bewusst werden, die eigenen Gedankenströme wahrnehmen, aufmerksam und achtsam sein. Das gilt für den Vater und die Mutter als Einzelperson. Wichtig ist aber auch die Zeit als Paar: Es ist hilfreich für den Sohn, wenn es auch den Eltern miteinander gut geht. Um sich aufeinander zu beziehen, brauchen sie Zeit, natürlich auch, um sich in strittigen Fragen abzustimmen, um dann dem Jungen gegenüber klar, erholt und gemeinsam in Beziehung sein zu können.

Ruhe jetzt!

Um mit Jungen gut klarzukommen, hilft es ungemein, bei sich zu sein. Menschen, die in sich ruhen, strahlen Stabilität und Gelassenheit aus. Unser Alltag und die Anforderungen der Moderne wirken diesem Zustand jedoch völlig entgegen. Eltern, die beruflich permanent erreichbar und gefordert sind, die zudem selbst unter Dauerinformation und kommunikativer Berieselung stehen, die unablässig auch ihre Freizeit mit Kontakten oder Aktivitäten füllen, um nur allem gerecht zu werden – solche Eltern sind nicht die Ruhe selbst, sondern selbst ruhebedürftig. Es fällt uns allen schwer, Phasen und Zeiträume der Ruhe zu organisieren, für uns selber und auch für unsere Jungen. Das aber gehört zur Verantwortung von Eltern.

Für die Familie sorgen bedeutet auch, selbst zur Ruhe zu kommen. Wie das gelingt, ist ganz unterschiedlich: ein Gang in den Garten, in den Wald oder durch den Park. Ein paar Momente die Sonne genießen. Eine heiße Badewanne oder ein paar ruhige Minuten für den Kaffee am Nachmittag. Abschalten, im wahrsten Sinne des Wortes: alle Telefone aus, gar nichts tun. Jede Woche ein langer Spaziergang in der Natur oder morgens bewusst die frische Luft auf dem Weg zur Arbeit genießen.

Wenigstens von Zeit zu Zeit sollten auch Jungen zur Ruhe kommen. Zur Ruhe kommen – eine schöne Vorstellung: Die Ruhe ist schon da, die Jungen brauchen sie nur aufzusuchen. Um zur Ruhe kommen zu können, muss sie irgendwo zu finden sein: am besten zu Hause. Viele Jungen neigen zu einem ständig hohen Aktivitätslevel; selbst wenn sie äußerlich recht ruhig wirken, sind sie gedanklich hochaktiv, nervlich in Hochspannung und viel zu oft eigentlich im Katastrophenmodus, besonders bei audiovisuellen Spielen mit der Konsole, am Handy oder Computer. Auch Jungen untereinander heizen sich oft von Aktion zu Aktion. Der schulische Stundenplan, die Fülle der Freizeitaktivitäten und manch ein Terminkalender, der einem Manager Ehre machen würde, tun ihr Übriges. Es liegt bei den Eltern, den Jungen auch mal zu bremsen und dafür zu sorgen, dass er in seinem Tagesablauf Erholungszeiten hat.

KLASSIKER DES FAMILIENLEBENS

Weggehen um heimzukommen

Der Horizont von Jungen erweitert sich vor allem ab der Jugendphase auch räumlich und mit einer neuen Qualität sozialer Kontakte.
Gleichaltrige werden interessanter und wichtiger als die familiären
Beziehungen. Neue, außerfamiliäre Orte der Freizeitgestaltung locken. Dazu kommen körperliche Faktoren in der Pubertät: Jugendliche werden später müde, erst zum Ende der Jugendphase pendelt
sich der Schlaf-wach-Rhythmus wieder auf eine frühere Zeit ein.

Wenn Jungen älter werden, dürfen sie länger wegbleiben und müssen später ins Bett. Grundsätzlich sind sich darüber meist alle einig. Das Problem liegt in der Festlegung: Wann genau ist »älter«,
»länger« und »später«? Hier gibt es kaum Richtwerte. Sie festzu-
legen wäre auch unmöglich. Denn zu verschieden sind Jungen, ihre
Bedürfnisse und die ihrer Familien, ihre Interessen und ihr Schlaf-
bedarf. Auch die Freizeitmöglichkeiten vor Ort oder in der Region
unterscheiden sich erheblich.

Bevor die Heimkehrzeiten festgelegt werden, ist zu bedenken: Es ist
schwierig, einmal gewährte Zeitsouveränität wieder zurückzuneh-
men. Das Thema muss deshalb möglichst frühzeitig bis zum Ende
durchdacht werden. Wenn Sie einfach zurückrechnen: Mit 18 Jahren
kann der Sohn selbst entscheiden, wann er heimkommt. Mit 17 sollte
er an Schultagen z. B. um 22.30 Uhr zu Hause sein. Wollen Sie ihm
mit jedem Geburtstag etwas mehr gestatten, dann hieße das: mit 16
um 22.00 Uhr, mit 15 um 21.30 Uhr, mit 14 um 21.00 Uhr zu Hause
zu sein.

Wenn zum Wegbleiben das Übernachten bei Freunden kommt – etwa
an Wochenenden oder bei Feiern –, ist es selbstverständlich, dass die
Eltern Name und Telefonnummer bekommen.

❻ Respekt
Ich achte dich, du achtest mich

Respekt, also die unbedingte wechselseitige Anerkennung, ist die Basis jeder guten Beziehung; ihr Fehlen kann durch nichts ausgeglichen werden. Der Begriff (lateinisch: respectus) meint Rücksichtnahme, Berücksichtigung, Wertschätzung, Aufmerksamkeit, Achtung, aber auch Ehrerbietung. Ehre – in der familiären Erziehung ein schwieriger Begriff. Schon in der Bibel heißt es ja, Vater und Mutter seien zu ehren; entlastend kann dabei sein, dass man sie, wenn sie schreckliche Eltern waren, nicht lieben muss; sie zu ehren genügt. Dennoch vermittelt der Begriff Ehrerbietung eine Hierarchie, ein Oben und ein Unten. Sie gilt Respektspersonen, gesellschaftlich hochstehenden Menschen: Damit ist eine vertikale Richtung der Beziehung angesprochen. Wenn überhaupt, dann gehört dies ins öffentliche Leben, nicht aber in eine Familie. Hier sind alle Mitglieder zwar verschieden, aber gleichwürdig und gleichwertig: Respekt ist ein »horizontales« Verhältnis zwischen Gleichen.

Respekt ist Beziehung in Nähe, er beinhaltet echten Dialog und beruht auf Vertrauen. Einem Jungen mit Respekt zu begegnen meint, ihn ernst zu nehmen, ihn zu sehen, ihn mit seinen Bedürfnissen zu akzeptieren. Respekt fragt zuerst: Wer ist der Junge? (und nicht: Warum macht er dieses und jenes?). Dahinter steht die Überzeugung, dass er so in Ordnung ist, wie er ist.

Sich auf Augenhöhe begegnen

Solange er kleiner ist, zeigen Eltern dem Jungen sichtbar ihren Respekt, indem sie sich wortwörtlich auf Augenhöhe begegnen: Sie passen sich seiner Größe an und schauen nicht auf ihn herunter. So lässt sich klären: Was brauchst, was möchtest du? Was brauche, was möchte ich? Respekt sucht auch danach, sich selbst mit den Augen des Jungen zu sehen.

Respekt zeigen, indem sich beide Seiten auf Augenhöhe begegnen: Selbst wenn der Junge größer ist als Vater und Mutter, muss dieser Schritt zumindest symbolisch immer wieder neu gegangen werden. Weil die Eltern weiter, kompetenter und mit mehr Macht ausgestattet sind, ist diese Bewegung ihre Aufgabe. So gesehen, ist Respekt ein ständiges Suchen nach Kontakt und ein dauerndes Aushandeln von Bedürfnissen.

Respekt drückt sich auch in Umgangsformen aus, z. B. durch Höflichkeit und das Wahren von Grenzen. Respektvolles Handeln hängt stark mit Werten zusammen und unterstreicht die Würde und die Rechte anderer. Gegenseitiger Respekt schließt rein egoistisches Verhalten aus, er vermittelt sich gerade dadurch, dass der oder die andere mit einbezogen, also berücksichtigt wird.

> Ein Test, ein guter Prüfstein dafür, ob Sie respektvoll sprechen, ist die Frage: Würde ich das so auch zu einem Freund oder zu meinen Eltern sagen? Wie steht es zum Beispiel mit »Mach erst mal die Tür zu«, »Stochere nicht so im Essen rum!«, »Wie heißt das Zauberwort?«.

Konkret zeigt sich Respekt in der Haltung, dass das Gegenüber wertvoll, ein Geschenk und genau so »richtig« ist, wie es ist. Das hört sich einfach an, aber oft fällt das Erwachsenen, die mit Jungen zu tun haben, nicht leicht. Der Junge ist schon »richtig« – das würde bedeuten: Er kann so bleiben, wie er ist. Zumindest solange sich der Junge noch häufig in ihrer Nähe aufhält, ist bei vielen Eltern das Gegenteil der Fall. Ständig wird er korrigiert, mit Ermahnungen, Erläuterungen und Aufklärungen traktiert. Dabei klingt ein Unterton an, den viele Erwachsene bei sich selbst gar nicht mehr registrieren; er vermittelt dem Jungen, etwas müsse bei ihm doch nicht ganz richtig sein. Ich habe den Eindruck (allerdings nur subjektiv, nicht wissenschaftlich untersucht) diese Haltung findet sich bei Eltern von Jungen derzeit mehr als bei Mädcheneltern. Es kommt mir so vor, als ob sie ständig unter Handlungsdruck stehen. Dieser erwächst einerseits aus den Vorstellungen von Männlichkeit (der Junge soll später seinen Mann stehen können); auf der anderen Seite sorgt die Idee, man müsse Jungen viel mehr fördern, für einen unablässigen Strom von Erklärungen und Korrekturen. Diese Dauerbehandlung führt allenfalls zu einer Verunsicherung von Jungen.

> *»Eigentlich«* wurde mit dem 15-jährigen Ole vereinbart, dass er sich an Schultagen selber weckt und rechtzeitig aufsteht. Trotzdem kommt sein Vater jeden Tag ins Zimmer, um ihn darauf hinzuweisen, dass es jetzt langsam Zeit wäre. Das ist respektlos, und ich rate ihm, das sein zu lassen.

Eltern gehen mit ihrem Respekt in Vorleistung. Wer Jungen mit Respekt begegnet, bekommt auch Respekt zurück. Jungen lernen durch Nachahmung und folgen dabei ihren Eltern. Vater und Mutter verhalten sich zuerst und grundsätzlich respektvoll, bevor sie Respekt verlangen und einfordern. Dafür bringen Eltern ihr Vertrauen mit in die Beziehung zum Jungen: Ich gebe dir etwas und das ist gut so. Wer Jungen nicht ernst nimmt oder kein Interesse an ihnen hat, wer sie abwertet oder entwertet, wer ihre Gefühle missachtet oder verletzt, sie beschämt oder über sie spottet, bekommt von ihnen verständlicherweise keinen Respekt. Wenn

Jungen keinen Respekt zeigen, kann das dementsprechend das Verhalten Erwachsener widerspiegeln.

In einer klaren Beziehung entwickeln sich die Formen des Respekts auf beiden Seiten weiter. Mehr und mehr zeigen die Erwachsenen Interesse am Denken des Jungen, sie gestehen ihm Freiheiten zu oder übertragen Verantwortung. Die Themen ändern sich dabei, die annehmende Grundschwingung bleibt.

Respekt gegenüber dem Jungen wird auch im Umgang mit Territorien deutlich. Mit zunehmendem Alter des Jungen wächst der Respekt vor seiner Person, und mit diesem Wachsen haben seine Eltern immer weniger in seinen Räumen zu suchen. Ständiges Reinplatzen in sein Zimmer ist respektlos, der Junge schließt die Badezimmertür ab und geht alleine auf die Toilette, die Eltern klopfen an, wenn die Tür zu ist, usw. Der Rückzug aus seinen Räumen symbolisiert die Achtung vor seiner eigenen persönlichen Entwicklung. Gleichzeitig erhält der Sohn damit mehr Verantwortung: Er muss sich selbst um seine Wäsche kümmern, das Zimmer selber sauber machen, selber aufstehen.

Umgekehrt sollten Eltern immer wieder darum bitten, ihre Privatsphäre und »allgemeine« Räume zu respektieren, und diesen Wunsch verteidigen. Jungen müssen ihre Kleidung, Geräte, Zeitschriften, Schulbücher oder Spielsachen nicht im Wohnzimmer herumliegen lassen oder ganz selbstverständlich im Schlafzimmer des Vaters den Fernseher einschalten. Schließlich drückt sich die Erwartung von Respekt auch in der Verantwortung für die gemeinschaftlichen Räume aus, die der Junge mit übernehmen darf. Wenn Jungen größer werden, bekommen sie auch dort Aufgaben übertragen: Aufräumen, Saubermachen, Fensterputzen, Reparieren sind zwar oft lästige Tätigkeiten, die aber in der gemeinsamen Verantwortung auch Respekt ausdrücken.

Mit voller Lautstärke brüllt Patrick seinen pubertierenden
Sohn an: »Schrei hier gefälligst nicht so herum!« Erst hinter-
her fällt ihm auf, wie respektlos er sich selbst dabei verhält.

Eltern zollen ihren Kindern auch Respekt, wenn sie es vermeiden, mit anderen über Mankos ihrer Söhne und Töchter zu reden,
wenn diese dabei sind. Jungen erzählen mir, wie oft ihre Eltern in
ihrer Anwesenheit über Dinge reden, die ihnen peinlich sind: die
Pubertät, ihre Rechtschreibschwäche, das Übergewicht, der Junge
ist einfach nicht so sportlich, wie er sich das wünscht ... Themen,
über die man in der Familie sprechen kann, aber die in den Augen
des Jungen niemand anders angehen. Natürlich reden Eltern mit
Freuden über solche Dinge, aber sie sollten sehr darauf achten, ihren Jungen nicht bloßzustellen. Kinder sind da sehr sensibel, und
ihnen fehlt die Selbstironie, die es uns Erwachsenen oft leichter
macht, Schwachstellen, die wir an uns selbst nicht mögen, anzu-
sprechen.

Mehrere Familien machen einen Ausflug zum Fluss, dort kann
gebadet werden. Mika ist am Beginn der Pubertät und sehr
verschämt. Er mag sich nicht vor allen umziehen und versucht
akrobatisch, sich dabei mit Handtüchern zu bedecken. Spä-
ter erzählt seine Mutter, dass es ihr schon auf der Zunge lag,
zu ihm das zu sagen, was bei solchen Anlässen früher üblich
war – mit dem Risiko, dass andere es hören: »Du musst dich
nicht schämen, dir schaut schon keiner was weg!« Sie ist froh,
dass sie sich besonnen hatte, zwei Handtücher nahm und zu
Mika sagte: »Komm, ich helfe dir schnell.«

Wie Jungen Respekt zeigen

Die andere Seite des Respekts, also die beim Jungen, ist sozusagen angeboren, gleichsam einfach da. Jungen respektieren ihre Eltern von vornherein: weil sie Eltern sind; weil sie auf den Jungen reagieren, ihn versorgen, ihn verstehen; weil sie groß, mächtig und fast allwissend sind; weil der Junge seine Eltern liebt und möchte, dass es ihnen gut geht.

Im Laufe der Entwicklung des Jungen gilt auch: Jungen werden so, wie wir sie sehen. Natürlich gibt es noch viele andere Einflüsse, aber ihr Verhalten wird ganz wesentlich davon mitbestimmt, was wir ihnen zutrauen. Auch hier wirken Geschlechterbilder: Wer von vornherein erwartet, dass Jungen zu Respekt grundsätzlich nicht fähig sind, wird dies mit hoher Wahrscheinlichkeit auch so erleben. In gleicher Weise stärkt Respekt die Motivation von Jungen. Werden sie von ihren Eltern respektiert, erleben sie sich als bedeutsam; Interesse, soziale Anerkennung und persönliche Wertschätzung – alles Variationen von Respekt – sind nachgewiesenermaßen wesentliche Voraussetzungen für die Motivation zu Leistung und zu angemessenem Verhalten. Bereits die Aussicht auf Anerkennung aktiviert die Motivationssysteme im Gehirn.

Wie respektvolles Verhalten aussieht, das lernen Jungen vor allem an Vorbildern: ganz direkt, indem sie imitieren, wie Vater und Mutter mit ihnen umgehen, und am Modell, indem sie wahrnehmen, wie Vater und Mutter miteinander in Beziehung sind. Dabei zählt für Jungen ganz besonders, wie der Vater mit der Mutter umgeht. Eltern sollten sich bewusst sein, dass beide Lernformen den Respekt ihres Sohnes prägen – und dass Jungen die Quittung für problematisches elterliches Verhalten in der Regel erst mit einer langen Zeitverzögerung ausstellen.

»Vorne herum« verhält sich Bruno der Oma gegenüber freundlich; er gibt ihr formvollendet die Hand und lächelt – vielleicht

springt ja was raus. Dabei denkt er: »Du dumme Kuh«, weil sie immer an seinen Haaren, seiner Kleidung und seinem wenig ordentlichen Zimmer herumnörgelt.

Man sollte sich nicht blenden lassen: Der Respekt von Jungen weist sich nicht durch Bravsein oder manierliche Umgangsformen aus – brav und manierlich kann er sich auch aus Strategie, Angst oder Unterwerfung benehmen. Umgekehrt ist bei manchen Jungen respektloses Auftreten, etwa in Form von Rebellion, Streit und Konflikt, eine Form der Anerkennung und Wertschätzung: Der Kampf selbst drückt Respekt aus, Personen, mit denen der Junge sich zofft, respektiert er, andere nicht; sie sind unwichtig.

Jungen beginnen schon früh, mit Respekt zu experimentieren. Sie verhalten sich vielleicht respektlos, indem sie die Mutter oder den Vater einfach mal hauen. Oder sie werten ab (»blöde Mama«, »doofer Papa«), weil sie Grund dafür haben oder auch einfach um etwas Neues auszuprobieren. Sie erwarten es dennoch unbedingt, dass Eltern reagieren und standhalten. Je älter Jungen werden, desto schwerwiegender und wirksamer werden auch ihre Respekt-Versuche. In der Pubertät gehören Angriffe auf den elterlichen Respekt geradezu zum Standardkonflikt.

In jeder Phase ist es ein Ausdruck für die Stabilität der Eltern, wenn sie auch in »Respekt-Experimenten« ihres Sohnes respektvoll bleiben. Sie verlieren einen Teil ihres Ansehens und ihrer Bedeutung, wenn sie nicht standhalten können:

- Wenn sie »umfallen«, wenn sie Abwertungen dulden, sich als hilflos empfinden und deshalb den Sohn machen lassen, dann denkt der Sohn: Ich bin der Größte, ich kann mir alles erlauben. Und wird sich in der Familie, aber auch außerhalb dementsprechend verhalten.

- Wenn sie sich selbst respektlos verhalten, z. B. wenn sie aus-fällig werden, den Jungen abwerten, beschämen, anschrei-en oder schlagen, dann fühlt er sich zu Recht entwertet und verletzt. Dies kann dazu führen, dass er sich hilflos und nicht mehr selbstwirksam fühlt oder dass er andere ebenfalls nicht respektiert und sie abwertet.

Die Qualität von Anerkennung und Respekt ist aufgrund ihrer un-terschiedlichen Beziehungsweisen und geschlechtlichen Lebens-erfahrungen bei Jungen etwas anders als bei Mädchen: Vielen Jungen kommt es mehr auf ihren Status, auf Respekt als Wert-schätzung an, und das kann auch im Konflikt, im Zurechtweisen erfahren werden. Viele Jungen können deshalb sehr empfindlich reagieren, wenn sie diese Form des Respekts vermissen. Weniger wichtig sind Jungen häufig die gegenseitigen Vergewisserungen und Beziehungsbestätigungen über Harmonie, fürsorgliche Zu-wendung oder Wertschätzung der Führungskraft durch Beschei-denheit. Ein Junge, dem bei entsprechendem Verhalten streng und eindeutig gesagt wird: »Jetzt reicht es aber, setz dich sofort hin!«, kann dies als Anerkennung und klare Botschaft empfinden. Vie-le Mädchen fassen das als Grenzverletzung oder Beziehungsab-bruch auf. Hier können Jungen und Mädchen voneinander lernen.

KLASSIKER DES FAMILIENLEBENS

Jungen im Rausch

Die meisten Erwachsenen sind sich einig: Rauschmittel aller Art sind für Jungen schlecht und sehr gefährlich, und Jungen lernen das auch so. Dennoch gehören Erfahrungen und Experimente mit berauschenden Stoffen mit recht hoher Wahrscheinlichkeit zur Jugendphase von Jungen. Auch wenn Eltern damit rechnen können, brauchen Jungen dennoch ihre klare Haltung: Rauschmittel sollst du nicht konsumieren, wir wollen das nicht und sind klar dagegen!

Den Rahmen gibt das Jugendschutzgesetz vor: Getränke mit weniger Alkohol ab 16 Jahren, harter Alkohol und Rauchen frühestens ab 18. Generell nicht erlaubt sind illegale Rauschmittel. Hier dürfen Eltern keine Ausnahme machen, auch dann nicht, wenn sie selbst gern solche Stoffe konsumieren: Also kein Pflänzchen auf dem Balkon, auch wenn es der Sohn wünscht und es hübsch aussieht!

Verbote wirken bei kleineren Jungen und werden auch akzeptiert. Jungen ab der Pubertät verstehen Verbote dagegen als Machtäußerungen oder als Grenze, die zu überschreiten interessant ist. »Du trinkst keinen Alkohol, basta!« oder »Ich verbiete dir zu rauchen!« – solche Ansagen sind nur beschränkt wirksam. Viele Jungen reizen Verbote geradezu, es ist ein revolutionärer Akt, gegen sie zu verstoßen. Grundsätzlich besser als ein Verbot ist es, die eigene Haltung zu erklären: Was ist mir bzw. uns wichtig? Welche Werte vertreten wir: z. B. Gesundheit oder Gewaltfreiheit. Was macht Alkohol im Körper? Wie wirkt sich Rauchen aus? Manchmal hilft es auch, wirklich attraktive Anreize zu geben oder auszuhandeln: Wenn du bis 20 nicht rauchst, dann bekommst du von uns ... – nur: Wer weiß, was so lange attraktiv bleibt, dass es wirkt? Vielleicht ein Bausparvertrag, eine Reise nach New York, ein Porsche?

Bezogen auf den Durchschnitt aller Jungen geht die größte Gefahr von einer bei uns legalen und sehr preiswerten Droge aus: vom

Alkohol. Das gesellschaftliche Interesse ist äußerst gering, daran etwas zu ändern. Allein dieser Umstand schwächt die Führungsposition der Eltern erheblich; auch bei Widerstand spüren Jungen, dass die Eltern hier etwas vertreten, was sozial anders gesehen wird, bei jungen wie bei älteren Menschen. Die kulturelle Akzeptanz des Alkoholkonsums ist hoch, auch seine Funktion als Produzent von Männlichkeit wirkt nach wie vor.

Gleichzeitig bietet unsere Kultur für Jungen wenig Möglichkeit, den Umgang mit Alkohol zu erlernen. Den Kurs »Saufen will gelernt sein« finden wir weder im Gymnasium noch in der Volkshochschule. So müssen sich Jungen die Droge über Erfahrungslernen aneignen, mit dem Risiko, die Rauschgrenze zu überschreiten. Ist deshalb vor allem Strenge gefordert, wenn der Junge sturzbetrunken im Badezimmer liegt? Nein, zuerst braucht er Hilfe. Dann vielleicht Mitgefühl oder ein paar Tipps.

Betrachten wir das Thema von der anderen Seite, erklärt sich der Reiz. Rauschmittel markieren Männlichkeit; sie sind mit Bildern des Männlichen verknüpft, denen Jungen entsprechen möchten. Das gilt vor allem für viele alkoholische Getränke wie Bier oder Wodka und für Zigaretten. Auch illegale Drogen tragen zur Demonstration des Männlichen bei, besonders deshalb, weil sie verboten sind: Ganz verwegene Kerle setzen sich über Gesetze hinweg, beim Kiffen schwingt deshalb automatisch ein bisschen Desperado-Männlichkeit mit. Auch der Rausch selbst kann das Männliche belegen; der »erste Rausch« ist für viele Jungen (und Erwachsene!) wie eine Stufe der Initiation ins Mannsein.

Auf der anderen Seite kann die Sehnsucht nach Berauschung auch dem Wunsch entspringen, allzu enge Vorgaben der Männlichkeit zu überschreiten: aus sich herausgehen, sich nicht ständig unter Kontrolle haben; nichts leisten, nichts bringen müssen; die eigene Gefühlswelt wahrnehmen und äußern; in grenzenlose Welten eintauchen; einfach Spaß haben, keine ernsten Ziele verfolgen; anderen Jungen neu begegnen, sich mit ihnen verbinden und die Konkurrenz vergessen. Jenseits aller Gefahren geht es auch darum, diese verdeckten Reize der Rauschmittel wahrzunehmen und, wo möglich, alternative Erlebnismöglichkeiten zu öffnen.

Natürlich kann ein Rausch auch ein Beleg für Unmännliches sein: sich nicht im Griff haben, ausrasten, die Kontrolle verlieren. Und wenn der Notarzt kommen muss, ist das für viele Jungen wirklich keine Heldentat, sondern einfach ziemlich peinlich.

Wenn Verbote nicht helfen und Männlichkeit reizt – was können klare Eltern dann noch tun? Ziel ist es, die Risikokompetenz bei Jungen zu stärken: schon auch informieren, Grenzen benennen und die eigene Haltung erklären. Aber am hilfreichsten ist es wahrscheinlich, die Jungen persönlich stabil zu machen. Dazu helfen ihnen Nähe und Respekt, die liebevolle Führung durch die Kindheit, persönliche Anerkennung und einigermaßen vorbildliches Suchtverhalten der Eltern, die selbst mit Rauschmitteln verantwortlich umgehen. Um dann in Krisen wirklich da zu sein, wenn Jungen ihre eigenen Grenzen und die vereinbarten Regeln überschreiten.

Wenn zwei oder mehr mitmischen

Respekt sollte auch zwischen den Personen herrschen, die sich rund um den Jungen herum miteinander abstimmen müssen. Das ist gelegentlich gar nicht so einfach, doch für die Stabilität des Jungen sind auch hier Klarheit und Eindeutigkeit ausschlaggebend. Sind die Erwachsenen sehr unterschiedlich orientiert, kann es schwierig werden: Hier sind Klärungen der Eltern miteinander und auch mit Omas und Opas, Babysitterinnen, Kinderfrauen usw. unvermeidlich.

Meistens kennen sich die Eltern gut und wissen einigermaßen, wie der bzw. die andere auf Wünsche und Fragen antworten würde. Dann kann diese Position mit vertreten werden. Das heißt natürlich nicht, dass Eltern nicht auch unterschiedlicher Auffassung sein dürften. Strittige Fragen sollten sie jedoch gemeinsam klären und vertreten. Dafür brauchen Entscheidungen manchmal etwas Zeit: »Ich habe deine Frage gehört, aber dazu kann ich im Moment nichts sagen, das muss ich erst mit Mama besprechen.«

Schon kleine Jungen sind oft Meister darin, Erwachsene gegeneinander auszuspielen: Quengelt er nur ausreichend lang, wird ein Elternteil weich und gewährt das Verlangte – auch wenn es vorher vom anderen abgelehnt wurde. Darin stecken Sprengstoff für die Beziehung der Eltern untereinander und eine klare Entwertung ihrer Führungskraft. Fällt der eine Elternteil dem anderen in den Rücken, wird dies als Abwertung und als Schwächung erlebt und wirkt beim Jungen doppelt schwierig, weil er auf längere Sicht Allmachtsfantasien entwickeln kann: Ich kann Mamas und Papas Verhalten steuern, und jetzt erwarte ich, alles durchzusetzen oder zu bekommen; entsprechend heftig sind die enttäuschten Reaktionen, wenn etwas verweigert wird.

Die Situation im Dreieck zwischen Mutter, Vater und Junge ist für die Klarheit also nicht ganz einfach. Noch erheblich schwieriger kann die Lage werden, wenn weitere Personen ins Spiel kommen. Das können im familiären Alltag z. B. ältere Geschwister sein, die manchmal zu übertriebener Strenge oder Dominanz neigen; sie müssen von den Eltern darin gebremst werden.

Häufig sind es auch Omas und Opas, die der Klarheit der Eltern Schwierigkeiten bereiten. Zu Recht sehen viele Großeltern einen Teil ihrer Rolle darin, großzügig sein zu dürfen. Das ist dort auch passend, wo sie die Führung haben: z. B. in ihrer eigenen Wohnung oder wenn sie mit dem Enkel alleine sind. Die grobe Linie sollte zwar schon abgesprochen sein, aber wenn der Junge bei Opa und Oma mehr als die normalerweise erlaubte eine Sendung im Fernsehen anschauen darf oder ein Stück Schokolade mehr bekommt, spielt das keine Rolle. Die Eltern sind ja nicht da. Brisant wird es dann, wenn Großeltern die Führung der Eltern untergraben. Das sind mal bewusste, mal unbewusste Strategien, Gründe dafür finden sich genug: Großeltern möchten gut dastehen; sie befürchten, dass der Enkel sie sonst nicht liebt; sie wollen dem Schwiegersohn oder der Schwiegertochter eins auswischen; sie möchten ihr schlechtes Gewissen bezüglich ihrer eigenen harten Erziehungsformen damals beruhigen usw.

Immer geht es in diesen Situationen auch um mangelnden Respekt: den Eltern des Jungen gegenüber und auch gegenüber dem Jungen selbst. Für die Eltern sind sie anstrengend, sie müssen dagegenhalten, ständig korrigieren oder ausgleichen. Und für den Jungen sind solche verdeckten Konflikte undurchschaubar, sie führen zu Unklarheit und belasten ihn letztendlich. Es ist schön, wenn Jungen auch Begegnungen mit Großeltern haben. Je häufiger solche Kontakte stattfinden, desto wichtiger sind aber klare Linien. Souveräne Großeltern akzeptieren in kleinen oder großen Angelegenheiten die Führung der Eltern. Sie dürfen anderer Meinung sein und können dies in wichtigen Fällen auch mit den Eltern diskutieren – dann aber am besten ohne den Jungen.

»Dolchstoß-Großeltern«

Jan möchte ein Käsebrot und lässt es angebissen liegen – die Oma schmiert ihm ein Marmeladebrot. Tom soll so lange auf seinem Platz sitzen bleiben, bis er fertig ist mit Essen. Er nörgelt ein bisschen rum, bis Opa sagt: Willst du auf meinem Schoß fertig essen? Als die Eltern von Jan und Tom davon erfahren, macht ihre Mutter ihnen klar: »Hört zu, ihr beiden, das machen Oma und Opa so, dort esst ihr ja auch nur einmal die Woche. Mir ist so was zu anstrengend, bei uns läuft das anders.« Kinder können da ganz gut unterscheiden.

Emil kommt mit seinem Taschengeld nie zurecht, meist hat er zur Wochenmitte bereits alles ausgegeben; der Opa schießt verlässlich ein paar Euro nach. Und obwohl seine Eltern nicht erlauben, dass Emil eine Spielkonsole bekommt, schenkt Oma ihm kurzerhand eine zu Weihnachten. Da es sich bei Taschengeld und Spielkonsole um Dinge handelt, die den Alltag lange begleiten und auch nicht so einfach wieder aus der Welt zu schaffen sind, schlage ich als Kompromiss vor, die Konsole dann eben bei Oma zu lassen. Das will Oma aber auch nicht … Also: Klare Ansage auch an Oma, daran führt kein Weg vorbei; die Spielkonsole muss aus dem Haus. Das Extrataschengeld von Opa darf dieser auf Emils Konto überweisen: für besondere Wünsche zu gebrauchen. Aber im Normalfall soll Emil mit dem auskommen, was es jede Woche gibt.

Auch andere an der alltäglichen Erziehung Beteiligte, also z. B. Tagesmütter oder -väter, ältere Geschwister oder andere Hilfen in der Jungenbetreuung, sind manchmal etwas eigensinnige Menschen, die ihrerseits auf klare Anweisungen der Eltern angewiesen sind. Selbstverständlich ist die Perspektive der Eltern nicht immer absolut richtig, und so können die Außensicht und eine ehrliche Rückmeldung sehr wichtig für Eltern sein, vor allem dann, wenn sie selbst übers Ziel hinausschießen (und dann streng, kalt, rigide werden). Wenn viele Beobachtungen zusammenkommen, kann das ein großer Gewinn für Eltern und letztendlich auch die Kinder sein. Die Meinung von Großeltern oder anderen beteiligten Menschen kann im Zweifel auch aktiv als Unterstützung eingeholt werden, etwa mit der Frage: »Wie findest du das denn, dass wir ...«

KLASSIKER DES FAMILIENLEBENS

Hausarbeit geht alle an

Hausarbeit ist Arbeit, die getan werden muss, ob es der Familie passt oder nicht. Jeder Haushalt bietet eine Vielzahl an Möglichkeiten der Beteiligung, und mit zunehmendem Alter und wachsenden Fähigkeiten können Jungen in fast alle Aufgaben einbezogen werden. Die anspruchsvolleren Aufgaben bilden auch die größere Reife des Jungen ab, und allmählich können die jeweiligen Bereiche dann in die Verantwortung des Jungen übergehen.

Das ist vor allem für Mütter mit hohen Ansprüchen eine besondere Herausforderung. Sie anzunehmen ist unumgänglich, soll der Junge nicht in der Alltagswelt hilflos und abhängig bleiben und wollen Vater und Mutter die ganze Hausarbeit nicht auf Dauer selbst erledigen. Regelmäßigkeiten helfen dabei, die lästige Hausarbeit nicht zu verdrängen und zu vergessen: Immer am Samstag und am Mittwoch wird die Toilette sauber gemacht. Immer vor dem Abendessen kontrolliert der Junge, ob genügend Getränke vorhanden sind; wenn nicht, holt er sie aus dem Keller.

Manche Hausarbeiten gelingen am besten gemeinsam, daraus kann fast ein Ritual werden: z. B. der Hausputz am Samstag, nach dem Erledigen gemeinsam Kuchen essen und Saft oder Kaffee trinken, dann kann das Wochenende kommen. Das macht es Jungen einfacher.

Wenn Jungen älter werden, bietet es sich an, von Zeit zu Zeit gemeinsam eine Liste aller aktuellen Hausarbeiten für alle sichtbar zusammenzustellen. Bereits dieser Schritt ist hilfreich, denn es wird erkennbar, welche Menge an Hausarbeit zu bewältigen ist. Pflichtbereiche, die Vater oder Mutter als ihre Aufgabe ansehen, werden markiert. Sie stehen nicht mehr zur Disposition, sollten aber trotzdem aufgelistet werden, damit der Junge sieht, was alles ansteht. Der Rest wird einigermaßen gerecht verteilt, wobei persönliche Vorlieben und Abneigungen einbezogen werden. Dazu müssen Bedürfnisse benannt und über Aufgabenbereiche verhandelt werden. Bisweilen geht es dabei zu wie zwischen Tarifpartnern.

Über Standards kann durchaus gestritten werden: Muss der Flur wirklich wöchentlich gewischt werden, oder reicht es alle zwei Wochen? Sind Hosen oder Handtücher glücklicher, wenn sie gebügelt werden? Werte und Bedürfnisse aller Beteiligten geben den Rahmen vor. Auf ihrer Grundlage wird verhandelt.

Im Anschluss an die Aufgabenverteilung können Eltern überlegen, ob sie bestimmte Jobs zusätzlich übernehmen: also doch den Flur wöchentlich wischen, sozusagen als Hobby und »Privatvergnügen«, einfach fürs eigene Wohlbefinden.

Was können Jungen? Welche Aufgaben übernehmen sie?

Eine unvollständige Vorschlagsliste:

- Einkaufen (»Spezialeinkäufe«, wie z. B. Brot, Bioladen ..., Beteiligung am wöchentlichen Großeinkauf)

- Kochen: z. B. immer samstags

- Spülmaschine ein- und ausräumen

- Den Tisch decken, abräumen, abwischen

- Gartenarbeiten

- Getränke aus dem Keller, Leergut in den Keller und zum Container bringen

- Autopflege: Scheiben reinigen, Innenraum aussaugen, Öl kontrollieren, Sommerreifen montieren

- Fahrräder warten und reparieren

- Saubermachen: im eigenen Bereich; in Gemeinschaftsräumen; regelmäßige und besondere Aktionen (Fenster, Frühjahrsputz)

- Wäsche waschen: sammeln, sortieren, die Waschmaschine richten und bedienen, Wäsche aufhängen, abhängen, zusammenlegen und in den Schrank räumen.

⑦ Regeln und Vereinbarungen
Ohne geht es nicht

Vereinbarungen und Regelungen dienen als Orientierung, sie sind eine Art Einfassung, in der sich Freiräume befinden – ausreichend und das heißt: möglichst viel Freiheit. Absprachen und Regeln ermöglichen Kooperation, eine elementare Voraussetzung für das Zusammenleben und die Weiterentwicklung von Gruppen und Gesellschaften.

Welche Regeln gelten, das hängt mit den jeweiligen Bedürfnissen der Individuen und der Gruppe zusammen und mit der Kultur, in der wir leben. Es ist bedeutsam, wie in Familien miteinander umgegangen wird: respektvoll, wertschätzend, anerkennend, gerade auch wenn es um Regeln, Vereinbarungen oder Freiheiten geht.

Die Fähigkeit zur Kooperation und der Wunsch danach sind jedem Menschen angeboren. Natürlich auch Jungen – es gibt Untersuchungen, die nachweisen, dass Testosteron geradezu fair und kooperativ macht. Sich abzustimmen, etwas gemeinsam zu erreichen, sich in andere einzufühlen sind grundlegende menschliche Eigenschaften. Sie müssen allerdings geübt und entwickelt werden. Und sie können von anderen Bestrebungen überlagert, »verlernt« werden. Bilder von Männlichkeit, von egoistischem Heldentum oder auch die Fixierung auf individuelle Leistung wirken sich dabei problematisch aus.

Als Menschen sind wir auf Gemeinschaft geeicht. Sich auf andere zu beziehen und sie zu unterstützen macht zufrieden und glücklich. Rücksichtslosigkeit, eigennütziges Handeln und Ellbogen-Mentalität bringen vielleicht wirtschaftlichen Erfolg und Status, machen aber auch unglücklich und isoliert.

In Ideen und Bildern von Männlichkeit werden egobezogenes Durchsetzen oder individuelle Heldenhaftigkeit heute oft größer geschrieben als Kooperation. Die Zuschreibung von Eltern und anderen Erziehenden, Jungen müssten eben so sein, verankern ichzentrierte Vorstellungen in ihnen. Deshalb findet sich Ego-Gebaren bei vielen Jungen (und aus allen sozialen Schichten). Weil die andere Seite nicht gestützt und trainiert wird, sind bei nicht wenigen Jungen die Einfühlung in andere und die Gruppenfähigkeit schwach entwickelt. Es fällt ihnen schwer, andere zu respektieren, und sie halten es schlecht aus, nicht im Mittelpunkt zu stehen.

Wenn Jungen auf die Welt kommen, sind sie zuerst grundlegend in Ordnung, wie Mädchen auch. Sie wollen nichts Böses. Sie sind auch keine Egoisten oder potenzielle Tyrannen. Sie sind liebesfähig und -willig und kooperativ ausgerichtet. Sie bringen ein grundsätzliches Interesse daran mit, dass im Zusammenleben alle einigermaßen zufrieden sind. Dieser sozialen Ausrichtung stehen jedoch eigene Interessen entgegen, die sich in ihrer Entwicklung in den Vordergrund drängen. Weitere Impulse kommen hinzu: Ideen von Männlichkeit befeuern Konkurrenz als Auftrag oder als Wunsch, zu siegen und sich durchzusetzen. Macht- und Größenfantasien können sich breitmachen. Kommerzielle Wünsche überlagern die wahren Bedürfnisse von Jungen usw. Mit diesen unterschiedlichen Bestrebungen und Impulsen umzugehen muss und kann der Junge lernen. Eltern können Männlichkeitsbilder zwar nicht grundlegend verändern, aber sie können korrigieren und relativieren. Sie tragen ein Gutteil dazu bei, dass aus Jungen gemeinschaftsfähige, sozial kompetente Männer werden.

In den Beziehungen des Jungen entwickelt sich die Fähigkeit zur Gemeinschaft, zum Miteinander, zu Wir-Gefühlen vom Babyalter an. Diese Beziehungen sind für jeden Einzelnen und für die Gruppe wichtig, damit Gesellschaft aus der Mitte heraus funktionieren kann. Klarheit und Verlässlichkeit in Regeln und Vereinbarungen sind dabei ein wichtiges Element. Entscheidend ist allerdings, wohin die Regeln zielen: ob das führende Motiv der Bezug auf Werte und Bedürfnisse ist. Oder ob im negativen Fall Machtfragen und Egoismus verhandelt werden.

In der Pubertät spitzt sich die Lage meistens zu; sogar vorher anstandslos kooperative und pflegeleichte Jungen werden empfindlich und gereizt, scheinen nur noch an Streit und Konflikten interessiert: »Man kann nicht mehr normal mit ihm reden.« Das muss auch so sein, Jugendliche suchen in dieser Zeit Anhaltspunkte für ihre Identität und fragen sich: Wer bin ICH eigentlich? Der Wunsch, zu kooperieren, lässt mit dieser Frage deutlich nach, und das ist gut so für die Entwicklung. Dialog, Verhandlungen und Konflikte treten an die Stelle selbstverständlicher Kooperation.

Was will ich und was will ich nicht?

Der Sinn von Regeln liegt darin, Konflikten und Problemen vorzubeugen. Sie dienen sowohl der Familie als Gemeinschaft als auch ihren einzelnen Mitgliedern. Es gilt, eine Balance zwischen unterschiedlichen Anliegen herzustellen. Da diese sich vor allem mit dem Alter der Jungen ändern, müssen Regeln ständig neu entwickelt oder nachjustiert werden. Dafür werden Fähigkeiten benötigt, die Jungen lernen müssen: Bedürfnisse wahrnehmen und benennen können; sich für die eigenen Bedürfnisse einsetzen; Bedürfnisse anderer respektieren und die eigenen zugunsten anderer zurückstellen. Und natürlich in einem offenen Dialog über diese Bedürfnisse zu verhandeln. Denn wenn Regeln Bedürfnisse abgleichen, dann müssen mindestens zwei Seiten im Kontakt sein und einen Dialog führen.

Die Fragen, die jeder Regel zugrunde liegen, sind: Was willst du? Was will ich? Wie bekommen wir das in ein Gleichgewicht?

Was will ich und was will ich nicht? Das hört sich vermutlich etwas direkt an, darf aber im Umgang mit Jungen genau so ausgedrückt werden. Üblicherweise verschleiern wir gerne das, was wir wollen und sagen dann: »Ich möchte gerne dies, und jenes möchte ich lieber doch nicht.« Oder wir sagen: »Möchtest du vielleicht mal die Waschbecken putzen?«, wenn gemeint ist: »Ich will, dass du jetzt die Waschbecken putzt!« Als Erwachsene können wir solche Aussagen meistens verstehen und das Wollen dahinter entschlüsseln. Jungen und zumal solchen in der Pubertät liegt es oft näher, wenn Klartext gesprochen und das Gemeinte auf den Punkt gebracht wird. In wohlgesetzten Worten hören sie überdies mögliche Hintertürchen heraus, um dem Wollen nicht entsprechen zu müssen. Manchmal hilft es einfach, Jungen zuzuhören, wenn sie miteinander reden (»He, nimm deine Pfoten da weg, du Arsch«). Eltern müssen nicht roh oder ungehobelt werden, aber sie dürfen ihre Bedürfnisse klar äußern.

Regeln formulieren - aber wie?

Vereinbarungen und Regeln können nur wirken, wenn sie klar formuliert und von allen Beteiligten verstanden werden. Ihr Charakter sollte auffordernd sein; die Regel beschreibt das, was zu tun ist: »Bitte iss den Mund leer, bevor du sprichst«, »Höchstens eineinhalb Stunden Internet am Tag«. Oft ist es hilfreich, wenn Regeln positiv formuliert werden: »An Wochentagen um 22.00 Uhr, am Freitag und Samstag spätestens um 23.00 Uhr zu Hause sein«, »Max saugt jeden Samstag das Wohnzimmer« oder »Josef hebt abends alle Gegenstände vom Boden auf« (statt: Josef lässt sein Zimmer nicht so verdrecken). Und in wieder anderen Fällen machen konkrete Ich-Formulierungen deutlich, worum es geht: »Ich schalte nach der Sendung den Fernseher aus« (nicht: Ich will nach der Sendung den Fernseher ausschalten).

Neben eigenen Bedürfnissen spiegeln Regeln auch Werte wider. Deshalb ist es wenig sinnvoll, allgemeingültige Regeln für jedes Jungenleben oder für alle Familien zu formulieren: Zu unterschiedlich sind Bedürfnisse und Überzeugungen. Auf der anderen Seite sind Spielräumen jenseits individueller Bedürfnisse und Werte klare Grenzen gesetzt: Vereinbarungen und Regeln dürfen nicht gegen Gesetze verstoßen. Gewalt – körperliches und psychisches Verletzen von Kindern – ist verboten; weder Eltern noch Schulen dürfen deshalb Anderslautendes vereinbaren oder regeln (also nicht: »Bei jeder Schulnote, die schlechter als eine vier ist, gibt es eine Tracht Prügel«, selbst wenn – was unwahrscheinlich ist – alle Beteiligten dem zustimmen); auch Cannabispflänzchen auf dem Balkon sind verboten, sogar selber kiffende Eltern dürfen das nicht erlauben. Das Jugendschutzgesetz regelt den Zugang zu Alkohol, und Rauchen ist aus guten Gründen erst ab 18 erlaubt – beides dürfen und sollten Eltern nicht anders verhandeln.

Eine Mutter fragt mich, was sie machen soll, wenn ihr Sohn länger fernsieht als erlaubt, das sei bisher allerdings erst einmal vorgekommen. Ich frage sie, was sie denn da gemacht habe. Sie antwortet: »Ich bin hingegangen und habe den Fernseher ausgeschaltet.« »Großartig«, sage ich. Sie fragt: »Wie, das war's schon?« »Ja«, meine ich, »das genügt doch. Er hat's gemerkt, und er hat gemerkt, dass Sie es gemerkt haben.«

Flexibel bleiben

Vereinbarungen werden von Fall zu Fall festgelegt, oft nebenbei, manchmal auch auf größere Zeiträume bezogen. Es geht also z. B. um den Zeitpunkt, wann der Junge an diesem Tag (und nicht generell) heimkommen soll, oder um den Notendurchschnitt, den er in den Hauptfächern beim nächsten Zeugnis erreichen wird (und nicht bei allen Zeugnissen). Regeln sind ebenfalls Vereinbarungen, die aber generell wirken (sollen): Schmutzige Socken soll der Junge immer in den Wäschekorb legen, normalerweise – das heißt: wenn nichts anderes vereinbart wurde – kommt er spätestens um halb sieben von draußen rein, Fernseher und Telefone werden beim Essen prinzipiell abgeschaltet usw.

Andere Regeln müssen aber aktiv vermittelt und bewusster erworben werden. Erwachsene wissen, welche Regeln gelten, und geben sie als Führende auch vor. Ihre Hauptaufgabe ist es, den Jungen beim Regelerwerb zu unterstützen. Wie das geht, ist schnell beschrieben: Wiederholen, wiederholen, wiederholen! Damit lernen Jungen, und die Regeln werden fest im Gedächtnis verankert. Das kann dauern, auch weil Regeln und Vereinbarungen häufig mit Unlust verknüpft sind. So etwas lernt ein Gehirn nicht so gern wie Lustvolles (eine Regel, die lautet: »Du kannst jeden Samstag so viel Eis essen, wie du willst«, muss vermutlich nicht oft wiederholt werden).

Viele Regeln lernen Jungen nebenbei und automatisch: einfach, indem sie sich dafür interessieren, wie das Zusammenleben funktioniert, und indem sie nachahmen, wie andere sich verhalten. Die meisten Regeln sind ohnehin unbewusst, sie sind eben Kultur: Wir setzen uns auf Stühle, nicht neben sie oder auf den Tisch. Wir sagen: »Ich gehe in die Stadt«, und nicht: »Ich die Stadt in gehe.« Oft fällt eine Regel erst auf, wenn sich jemand regelwidrig verhält. Bei kleineren Kindern führt das zu Belustigung, bei älteren Jungen eher zu Ärger: Weil sie die Regeln kennen oder zumindest kennen müssten.

Gute Regeln sind notwendig, also kein Selbstzweck und keine Schikane. Sie spiegeln die Überzeugungen und Werte der Eltern und der Söhne (!) wider. Wir brauchen sie fürs Zusammenleben. Aber es geht nicht darum, möglichst viele Regeln einzuführen oder ständig neue zu entwerfen. Bei manchen Familien, die ihr Zusammenleben in ein enges Regelkorsett zwängen, ist es sogar angebracht, hier ein wenig abzubauen und auszumisten: Freiheit, Werte und Bedürfnisse sind das Ziel, nicht die Verregelungen selbst. Jungen müssen nicht nur Regeln begreifen, sondern auch lernen, mit Freiräumen umzugehen.

In einem unserer Forschungsinterviews erzählt eine erfahrene Jungenmutter: »Regeln sind schon wichtig, sie sind für mich aber immer auch eine Gratwanderung. Es gibt ja Eltern, da gibt es ich weiß nicht wie viele Regeln, sodass sie manchmal selber nicht mehr wissen, welche Regeln sie aufgesetzt haben. Und dann gibt es da Punkte und hier Smileys und da gibt es eine Tüte Chips und da geht man als Belohnung ins Schwimmbad – da hängen manchmal richtige Gesetzeswerke dran! (lacht) Klar müssen Regeln sein. Aber sie müssen auch ein Maß haben.«

Vereinbarungen und Regeln sind eine Form, Werte und Bedürfnisse zu berücksichtigen, sie abzuwägen oder einigermaßen befriedigend auszugleichen. Das ist in jedem Alter anders: Bei jüngeren Jungen liegt viel mehr Verantwortung bei den Eltern, auch für die Bedürfnisse des Jungen. Jungen können diese noch gar nicht bewusst wahrnehmen oder artikulieren, z. B. ihr Schlafbedürfnis oder medizinische Besonderheiten. Jungen brauchen die Ordnung, und Regeln gelten einfach deshalb, weil Eltern sie festgelegt haben. Je größer und älter Jungen werden, desto mehr werden Regeln verhandelt. Eltern müssen hier doppelt wachsam bleiben: Sie sollten einerseits darauf achten, dass sie die Führung dort nicht abgeben, wo es Jungen in die Orientierungslosigkeit stürzen würde; und sie müssen aufpassen, die Übergänge nicht zu verpassen: also Entwicklungsfortschritte zu registrieren und den Jungen gegebenenfalls selbst entscheiden zu lassen – sonst behandeln sie einen großen Jungen wie einen kleinen, und der Konflikt ist vorprogrammiert.

Mit der Pubertät, mit dem Eintritt in die Jugendphase, steht ein

Umbruch in der Beziehung der Eltern zum Jungen an. Dies wirkt sich stark auf eine ganze Reihe von Vereinbarungen und Regeln aus: nach Hause kommen, auf Partys gehen, Kleidung einkaufen, Alkohol trinken, Rauchen, Geld ausgeben. Klare Eltern können dies absehen und werden von sich aus aktiv. Weil dabei eine ganze Menge zu verhandeln ist, empfehlen sich etwas Vorbereitung und eine Art gemeinsames Grundsatznachdenken über alle möglichen Themen, zu denen Mütter und Väter anderer Meinung als ihre Jungen sein könnten. Daran schließt sich ein möglichst ausgewogener Dialog an, in dem Themen und Bedürfnisse benannt und verhandelt werden. Dabei kommen die Verhandlungspartner auf Augenhöhe zusammen.

So wissen führungskräftige Eltern, dass sich in der Pubertät vieles verändern wird. In absehbar strittigen Punkten unterbreiten sie dem Jungen, wenn er mit elf, zwölf Jahren beginnt zu pubertieren, einen Verfahrensvorschlag, in den der Sohn einbezogen wird: »So könnten wir uns das vorstellen – was meinst du dazu? Oder hast du andere Ideen?« Sie schreiben die wichtigsten Eckpunkte auf, damit sich der Junge das überlegen kann; vielleicht will er es auch mit seinen Freunden durchsprechen oder mit deren Freiheiten abgleichen. Dann vereinbaren sie mit ihm ein Treffen, vielleicht laden sie den Jungen in netter Atmosphäre zu einem Gespräch ein: Zu Hause mit Knabbergebäck? Oder vielleicht in sein Lieblingsrestaurant? Hier können die Vereinbarungen und Regeln beschlossen und besiegelt werden. Da absehbar ist, dass sich in der Dynamik der Pubertät die Bedürfnisse rasch ändern, wird auch der Zeitraum abgemacht, für den die Absprachen gelten sollen, bis wieder neu verhandelt wird. So bewahren die Eltern ihre Führung, verhalten sich fair und bekommen nicht das Gefühl, den wachsenden Freiheitswünschen des Sohnes hinterherzulaufen.

Regelprinzipien leuchten Jungen im Fußball-Vergleich gut ein: Die Foul-Regeln gibt es, weil die Mitspieler das Bedürfnis haben, unverletzt vom Platz zu gehen; ein dahinter stehender Wert ist Gesundheit.

Klarheit der Eltern unterstützt auch hier den Sohn in seiner Entwicklung: Er sieht und erlebt, wie Vertrauen aufgebaut und wie auf gute Weise mit Macht umgegangen wird. Er fühlt sich in der Gemeinschaft ernst genommen, und seine Eigenverantwortung wird gestärkt.

Regeln sind ohne Frage gut und wichtig. Aber wie überall gibt es auch hier Einschränkungen. Regelungen führen schnell zur Enge, deshalb ist Vorsicht angebracht: Regeln sollten nicht durch Überwachung und Strafe, auch nicht moralisch vermittelt werden; es sind auch nicht die Zehn Gebote und keine ehernen Gesetze; sie sollen und müssen von Zeit zu Zeit überprüft werden. Merken Eltern, dass das Bedürfnis, welches den Ausschlag zu einer Regelung gegeben hat, gar nicht mehr existiert, dann ist es höchste Zeit, die Regel abzuschaffen. Und im Blick zu behalten ist schließlich, dass Jungen Grenzen nicht nur als Regeln und Konsequenzen erfahren möchten, sondern – wesentlicher – durch Anregen, Unterstützen, Mitfühlen, Anteilnehmen, Bestätigen und Ermutigen.

KLASSIKER DES FAMILIENLEBENS

Jungenleben mit Streuwirkung

»Jonathan, wir hatten vereinbart, dass du den Schulranzen in deinem Zimmer lagerst, jetzt liegt er schon wieder im Flur, das ärgert mich! Ich will ohne Stolpern durch den Flur gehen können – räum ihn jetzt bitte sofort in dein Zimmer.« Ob Jungen Räume als Teil ihres Reviers markieren oder aus reiner Bequemlichkeit und Aufräumunlust persönliche Gegenstände in gemeinschaftlichen Räumen liegen lassen – für die klassischen Aufräumkonflikte, die in jeder Familie vorkommen, brauchen sie einfache und verständliche Regeln und Vereinbarungen: Es gilt das Verursacherprinzip.

Bis Regeln tatsächlich eingehalten werden, sind Wiederholung und gelegentlich eine Auffrischung vonnöten: mal humorvoll, mal in ernsthaftem Ton, am besten in Zimmerlautstärke, aber immer eindeutig und verständlich. Eltern können sich und den Jungen durchaus auch danach fragen, ob die Vereinbarung bzw. die Regel vielleicht nicht mehr zeitgemäß ist, und sich zu einer kleinen Diskussion verabreden. Sie sollten dabei aber auf die eigenen Minimalanforderungen achten.

Konsequenzen sind fürs Lernen hilfreich: Wenn verschwitzte Sportklamotten im Esszimmer oder stinkende Socken auf dem Sofa liegen (Territorium! Duftmarken!), soll der Junge sie aufräumen, und zwar am besten gleich. Sprachlicher Nachdruck und elterliche Präsenz unterstreichen die Aufforderung: Bleiben Sie nach der klaren Ansage schweigend neben ihm stehen, bis er sich regt.

Wichtig: Es geht auch hier nicht um Machtkämpfe, sondern um Bedürfnisse und Werte! Ihr Wunsch legitimiert die Regeln und Vereinbarungen, nicht die stärkere Macht der Eltern.

Freiheit

Ein wesentlicher Wert im menschlichen Zusammenleben ist die Freiheit. Bei aller Notwendigkeit von Regeln des Zusammenlebens muss es möglichst viele und große ungeregelte Bereiche geben: nicht reglementierte Zeiten, machen dürfen, was ich will oder heimkommen, wann es mir gefällt. Nicht verregelte Räume – im eigenen Zimmer auf dem Boden oder im Bett oder sonst wo liegen. Offene Entscheidungsmöglichkeiten – Butter, Käse oder Marmelade oder alles zusammen aufs Brot. Sinnloses Abhängen vor dem Fernseher oder der Spielkonsole; abgeschabte und gestylte Jeans anziehen; die Haare lang, kurz, gestuft, gefärbt tragen usw. Diese Freiheiten werden als entspannend, als Großzügigkeit erlebt.

Zunehmende Freiheiten sind Ausdruck und Belohnung für das Größerwerden des Jungen. Sie unterstreichen wachsende Kompetenz und Selbstverantwortung: Er kann und darf immer mehr. Das erweitert seine Freiräume. Mit der Zunahme der Freiheiten, die dem Jungen gewährt werden, erhält er Verantwortung, die vorher Eltern und andere Erwachsene für ihn übernommen haben. In die Freiheit als Selbstständigkeit und Selbstverantwortung muss der Junge hineinwachsen. Schwierig ist, das richtige Maß zu finden: Zu wenig Freiheit unterfordert und beschränkt, zu viel überfordert ihn. Die Auffassungen darüber, was zu viel, zu wenig oder genau richtig ist, gehen zwischen Eltern und Sohn häufig auseinander – die daraus folgenden Konflikte sind ein ideales Lernfeld für alle Seiten.

Wie viel Freiheit auszuhalten ist, darin unterscheiden sich nicht nur Jungen. Auch Eltern sind hier verschieden, und wieder sind es Werte, Bedürfnisse und Gesetze, die Freiheiten beschränken und Regeln notwendig machen: Neonazi-Sprüche, Schwulen- oder Frauenabwertung widersprechen den Werten der Menschlichkeit und der Toleranz, Zigaretten oder zu wenig Schlaf greifen gesundheitliche Werte an. Eltern in Angst und Schrecken wird ihr Bedürfnis nach Entspannung und Sicherheit nicht erfüllt.

Wenn Regeln und Vereinbarungen vom Jungen eingehalten werden, ist es gut, dies zu registrieren und ihm das auch mitzuteilen. Unser Bedürfnis wurde erfüllt, wir fühlen uns gut und empfinden Freude, Zufriedenheit, Entspannung, Vertrauen, Glück: »Schön, dass du pünktlich zurückgekommen bist, das freut mich!« Das ist der Zweck der Regel. Gefühle auch mitzuteilen ist Aufgabe der Eltern; Konsequenz ist auch im Positiven erwünscht, nicht nur bei Problemen. Die Haltung »Das ist doch selbstverständlich und nicht der Rede wert« missachtet das Bemühen des Jungen. Er verliert leichter sein Interesse daran, sich an Regeln zu halten.

Es gehört zum gegenseitigen Vertrauen, dass beim Vereinbaren von Regeln angenommen wird, dass sie gelten. Deshalb sind drohende Zusätze, die Konsequenzen ankündigen, überflüssig: »Du kommst um acht heim, sonst darfst du morgen gar nicht raus« droht mit dem unerwünschten Fall; es verrät Misstrauen. Wer sich so verhält, rechnet bereits damit, dass die Regel überschritten wird und höhlt sie damit aus. Weiter kommen Erwachsene, die darauf vertrauen, dass der Junge sich an die Vereinbarungen hält. Er wird das nicht immer tun, und dennoch sollten seine Eltern es annehmen, bis der andere Fall eintritt.

Und wenn nicht ...?

Für Jungen gehört zu Vereinbarungen und Regeln immer wieder auch die Frage: Und wenn nicht? Je älter Jungen werden, desto reizvoller ist es, auch die Folgen von Regelüberschreitungen zu erkunden. Dieses Experimentierfeld haben Jungen nicht gepachtet, Mädchen tun das ebenfalls. Aber der Akzent, mit dem hier geforscht und experimentiert wird, liegt oft unterschiedlich. Weil

Mädchen über Weiblichkeitsbilder an Fürsorglichkeit und Mütterlichkeit, an Nettsein und Zurückhaltung gebunden werden, fragen sie im Zusammenhang mit Regelverstößen mehr nach der Beziehung: Wie verändert sich unsere Beziehung, wenn ich mich nicht an die Vereinbarung halte? Jungen sind häufig mehr auf den Status orientiert, Männlichkeit lässt sie nach dem sozialen Gefüge fragen: Verbessere ich meine Position, wenn ich mich nicht regelkonform verhalte?

> *Lukas wird zusammen mit einem ebenfalls 15-jährigen Freund beim Ladendiebstahl erwischt. Dessen Mutter holt die beiden ab und bringt Lukas nach Hause. Lukas ist mit seinem Vater alleine und könnte heulen, das sieht man ihm an. Sein Vater nimmt ihn erst mal in den Arm und sagt: »Erzähl, was ist passiert?« Nachdem er die Sache geschildert hat, rückt Lukas auch noch damit heraus, dass er dem Supermarkt 100 € »Bearbeitungsgebühr« bezahlen muss. Sie vereinbaren, dass die Eltern den Betrag vorlegen; Lukas bekommt zehn Monate lang 10 € weniger Taschengeld. Und danach ist die Sache erledigt.*

Dass das Missachten von Vereinbarungen oder das Überschreiten von Regeln in irgendeiner Form Folgen haben sollte, liegt auf der Hand. Schwierig wird es aber bei der Frage, welche das sein könnten und wie gute Konsequenzen aussehen. Deshalb ist es sinnvoll, sich losgelöst vom konkreten Konflikt darüber Gedanken zu machen. Das Ziel von Konsequenzen ist, dass der Junge lernt, sich an Vereinbarungen und Regeln zu halten; es geht nicht um ein Machtspiel unter der Fragestellung: »Wer setzt sich durch?« Alles, was den Jungen auf dem Weg zum Ziel weiterbringt, ist eine gute Konsequenz, und jegliche Reaktion der Eltern oder anderer auf das Überschreiten von Regelungen ist bereits eine Konsequenz! Für »drastische Folgen«, Strafen, Radikalität oder gar Brutalität gibt es also keinen Grund, im Gegenteil: Überzogene Maßnahmen werden spätestens dann problematisch, wenn die Überschreitungen gravierender werden, womit in der Pubertät zu rechnen ist. Wenn bereits kleine »Vergehen« heftige Folgen zeigen, muss dies bei größeren noch überboten werden – eine unnötige Eskalation.

Moritz hat am Vorabend viel zu viel getrunken, er kam zu spät heim und musste sich übergeben, glücklicherweise schaffte er es noch bis zur Toilette. Dann ging er ins Bett. Am nächsten Tag steht er zum Mittagessen auf. Sein Vater schaut ihn mitfühlend an. Er erinnert sich an ähnliche Erlebnisse aus seiner Jugend und sagt nur: »Na, schlimm?« »Es geht«, antwortet Moritz. Mehr ist nicht nötig, und bislang ist bei Moritz nichts Derartiges mehr vorgekommen.

Mitfühlen mit dem Übeltäter – ist das nicht absurd? Nein. Der Junge ist sich seiner Regelüberschreitung meistens bewusst. Er hat ein schlechtes Gewissen, schämt sich vielleicht, ist aufgewühlt oder angespannt. Mitgefühl als erste Konsequenz ist eine gute Brücke zum Jungen, vor allem dann, wenn es ihm offensichtlich schlecht geht.

Oft genügt als weitere Folge bereits das Signal: »Ich habe es bemerkt. Und bin damit nicht einverstanden!« Wie immer auch das Zeichen aussieht – ein Stirnrunzeln, eine hochgezogene Augenbraue, der Junge wird mit seinem Namen angesprochen, ein leise gesprochener Satz –, immer ist dies ein Hinweis für den Jungen: Ich bin über der Linie, mein Handeln hat Konsequenzen. Die Konfrontation geschieht direkt und durch Ich-Botschaften, also z. B.: »Ich ärgere mich, dass du dich nicht an die Abmachung gehalten hast!«, oder: »Ich bin enttäuscht, ich habe mich an die Vereinbarung gehalten und ich habe erwartet, dass du das auch tust!«

Das Wort »Konsequenz« klingt also dramatischer, als es in vielen Fällen sein muss. Auch hier kommt es auf Flexibilität an, nicht auf Härte oder Kälte. Dezentere Formen der Konsequenz sind ebenfalls wirksam – und für Jungen oft besonders lästig. Zunächst ist da die Wiederholung der Regel oder Vereinbarung, die Erinnerung: Der Junge kommt sich ziemlich dumm vor, denn eigentlich kennt er sie ja. Denken wir nur daran, wie Kinder Tischregeln lernen – und fast alle lernen sie irgendwann –, dann leuchtet diese Konsequenz ein. Wie oft müssen Eltern sagen: »Nimm den Löffel, nicht die Finger!« Regeln prägen sich ein durch Wiederholen, Wiederholen, Wiederholen.

Ebenfalls unerfreulich ist es für viele Jungen, wenn sie ein Gespräch führen müssen. Gespräche sind eine brauchbare Konsequenz und sollten unmittelbar oder möglichst bald nach dem Regelverstoß folgen. In solchen Unterhaltungen geht es um Bedürfnisse, z. B. um Ruhe, Sicherheit, Vertrauen, Entspannung, Schlafen. Dazu werden Gefühle angesprochen und verhandelt: Ärger über den Lärm um 2.00 Uhr, und dann werden noch Bitten ausgesprochen: ruhig sein, sobald andere im Bett sind; bitte halte dich an Vereinbarungen, das war doch so abgesprochen usw. usw. Solche Gespräche stehen nicht hoch im Kurs, es gibt angenehmere Beschäftigungen und lustvollere Unternehmungen, weshalb sich manche Jungen lieber an Regeln halten, um sie zu vermeiden.

Eine ebenfalls naheliegende Konsequenz ist die Wiedergutmachung. Ist durch das Verhalten des Jungen ein Schaden entstanden, muss er irgendeine Form des Ausgleichs anbieten. Das Prinzip der Wiedergutmachung ist für alle Beteiligten lohnend: Nach dem Ausgleich ist der Schaden beglichen, Schuldgefühle und Ärger sollten verschwunden sein. Jeder kennt rührende Beispiele für Wiedergutmachungen, wenn etwa Jugendliche ein Blumenbeet bei der alten Frau wiederherrichten, das sie alkoholisiert zertrampelt haben. Gelingt es, den Schaden wiedergutzumachen, geht es tatsächlich allen besser, einschließlich der Eltern. Der Ausgleich für stinkende Sportsachen auf dem Esstisch ist, diese schleunigst an die dafür vorgesehenen Orte zu bringen und den Tisch abzuwischen. Auch eine ehrliche Entschuldigung ist der Versuch einer Wiedergutmachung, z. B. nach einer Beleidigung. Finanzieller Schaden kann durch Taschengeld oder den Zugriff auf Erspartes geregelt werden. Sachbeschädigungen werden erstattet oder repariert – hier finden sich tatsächlich viele große und kleine Möglichkeiten. Oder das Opfer legt, etwa nachdem Gewalt angewendet wurde, eine angemessene Wiedergutmachung fest.

Phasenweise legen es manche Jungen auf Eskalation an. Sie wollen wirklich wissen, was bei wiederholten Grenzüberschreitungen passiert, oder sind an Machtkämpfen interessiert. Keine leichte Aufgabe für Eltern, sich einerseits nicht auf die Machtebene zu begeben, andererseits aber Werte und Bedürfnisse zu verteidigen. Grundsätzlich machen sie ihrem Sohn klar, dass Freiheiten (wieder) eingeschränkt werden, wenn er ihr Vertrauen missbraucht hat. Eltern vertreten jetzt eine deutlichere Linie, sie werden »strenger« im Sinne von konsequenter. Und sie verlassen sich nicht mehr auf das Vereinbaren von Regeln, die nicht eingehalten werden, sondern verstärken andere Instrumente der Führung: Sie zeigen zum Beispiel mehr Präsenz und holen den Jungen direkt bei seinem Freund ab, weil sie sich nicht darauf verlassen können, dass er pünktlich heimkommt. Oder sie betonen die Ebene des Respekts, zeigen Interesse und nehmen immer wieder die Beziehung zum Sohn auf. In zu heißen Phasen verschieben sie den Konflikt, fordern den Jungen aber mit klaren Ansagen zur Lösung des Problems auf. Und wenn alles nichts nützt? Es ist wichtig, sich nicht allzu lange in Eskalationsspiralen zu bewegen. Darunter leiden alle. Aber wie verlässt man ein solches Spiel? Isolierte Familien, die befürchten, dass etwas von den Problemen bekannt werden könnte, sind leicht erpressbar. Führungsstarke Eltern öffnen deshalb die Lage; sie erzählen anderen von den Konflikten und bitten sie um Hilfe: andere Eltern oder die eigenen, also die Großeltern des Jungen, Paten, Verwandte, Lehrkräfte, Nachbarinnen und Nachbarn, Bekannte. Und bevor alles zu viel und es ihnen wirklich zu bunt wird, holen sie sich professionelle Hilfe, z. B. in der Erziehungsberatung.

Dass und welche Konsequenzen folgen, sollte für den Jungen einigermaßen vorhersehbar und transparent sein: Bevor am Elektrokasten die Sicherung ausgeschaltet oder das Kabel gekappt wird, um das Dauercomputerspiel zu beenden, muss die Vereinbarung oder Regel deutlich werden, auf die diese Konsequenz folgt. Manchmal sind solche massiven Eingriffe durchaus erforderlich, die Eltern können aber damit rechnen, dass die Reaktion des Jungen entsprechend energisch ausfällt.

Aber auch Großzügigkeit darf anklingen oder zumindest aufblitzen: Ist die Angelegenheit gar nicht so wichtig, dann kann es auch mal angezeigt sein, nicht regelkonformes Verhalten des Jungen weitgehend zu ignorieren; auch klare Eltern müssen nicht jedes Konfliktangebot annehmen. Und schließlich bietet manchmal das Leben selbst Konsequenzen genug, da müssen Eltern nicht noch nachlegen: Die Polizeistreife, die rauchende Jungs unter 18 aufgreift und sie zum Gespräch bittet, oder der Kater nach zu hohem Alkoholkonsum tragen zum Lerneffekt oft schon genug bei.

Strafe muss nicht sein!

Werden Regeln und Vereinbarungen nicht eingehalten, kommt schnell Macht ins Spiel. Darauf sollten Eltern achten. Sie haben mehr Macht und sollten sich dessen bewusst sein, dennoch darf Macht nicht der entscheidende Faktor werden. Der Unterschied zwischen guter Führungskraft und autoritärem Verhalten zeigt sich am Umgang mit Macht. Doch wie können Eltern in Konflikten klar, stabil und führend sein und bleiben, ohne Macht auszuüben und ohne sich zu unterwerfen? Eine entscheidende Frage in der Beziehung zu Jungen. Also zusätzlich zur Konsequenz oder an ihrer Stelle eine saftige Strafe? Nein: Strafe muss nicht sein!

Eine führungskräftige Beziehung kommt ohne Strafen aus. Der lieblose Satz »Strafe muss sein!« ist aus früheren, autoritären Zeiten bestens bekannt. Strafen sind Ausdruck für Hierarchie, für autoritäres Machtverhalten. Sie können die Beziehung sogar gefährden oder beenden, denn sie entwerten die Führungskraft und verletzen die Integrität des Jungen. Häufig tun sie ihm Gewalt an: Sie sollen ja wehtun, eine schmerzhafte Erinnerung, ein Denkzettel sein, und das erlebt er als Entwürdigung. Indem Strafen seine Bedürfnisse nach Freiheit, Integrität und Achtung missachten, wecken sie bei ihm negative Gefühle wie Ärger, Wut und Angst. So verfehlen sie das eigentliche Ziel, denn es geht ja ums Lernen. Jungen sollen sich Regeln aneignen oder lernen, sich an Vereinbarungen zu halten. Strafen machen aber Angst – und Angst ist fürs Lernen absolut ungünstig.

Klare Jungenerziehung kommt ohne Strafe aus. Viel förderlicher sind die Konfrontation mit Fehlverhalten und passende Konsequenzen aus der Beziehung heraus.

Rituale

Rituale sind eine besondere Form der Regel. Sie gliedern den Alltag und den Fluss der Zeit in verlässliche Strukturen; längere Zeiträume werden durch wiederkehrende Rituale überschaubarer, indem z. B. die Stationen eines Jahres markiert werden. Sie geben Jungen Orientierung und stiften Geborgenheit und das Gefühl der Zugehörigkeit zu einer Gruppe oder Gemeinschaft. Besonders in Übergängen erhalten Rituale eine wichtige Bedeutung: beim Heimkommen und Weggehen, am Beginn und Ende von besonderen Zeiträumen, z. B. Wochenenden, Ferien, Urlaubsreisen, Weihnachten, bei großen Übergängen wie Schuleintritt und -abschluss.

In alltäglichen Situationen, die immer wieder vorkommen, lösen etablierte Rituale Regelprobleme, es muss nicht alles immer wieder verhandelt werden: Wenn mit Vorlesen, Kuscheln und Kuss das »Abendritual« durchlaufen worden ist, wird geschlafen. Durch Rituale lernen Jungen Regeln auf eine eigene Weise: Wenn vor jeder Mahlzeit ein schöner Tischspruch gesagt wird, wartet der Sohn mit dem Essen, bis alle am Tisch sitzen.

Rituale sind gelegentlich mühsam oder gar lästig, manchmal auch peinlich, besonders wenn andere davon erfahren, die nicht zur Familie gehören, z. B. das Tischgebet oder das Lied am Geburtstag. Aber das macht nichts, Rituale stiften Identität, und da fallen bisweilen Kosten an. Es geht bei Ritualen nicht um zwanghafte Regeln, sondern um klar erkennbare regelmäßige Strukturen. Wenn es die gemeinsame Mahlzeit zu einer festen Zeit mit einem regelmäßig gleichen Ablauf gibt, ist es egal, ob das Mittagessen um 12.30 Uhr oder erst um 12.37 Uhr beginnt. Rituale sollen nützen, nicht quälen.

Gleichzeitig sind Rituale auch eine Möglichkeit, mit Eltern in den Konflikt zu gehen. Erinnern Sie sich an Ihre eigene Jugendphase? Rituale geben Jungen mit zunehmendem Alter die Möglichkeit, dagegen anzukämpfen; sie bieten hervorragende Anlässe, Führungskräfte weiterzuentwickeln und sich von ihnen zu lösen. Rituale nicht mehr mitzumachen oder sich demonstrativ davon abzusetzen ist ein wichtiger Ausdruck für das wachsende Selbstständigwerden des Jungen – bedauerlich fürs Familienleben, aber dennoch im Kern etwas Gutes.

KLASSIKER DES FAMILIENLEBENS

Igitt, Fast Food!

Eine Mutter erzählte mir: »Einige Zeit habe ich mir überlegt, was mein Sohn in seiner Mittagspause eigentlich isst. Ich hab ihn gefragt, und er hat mir ehrlich geantwortet. Jetzt weiß ich es. Mir wäre es lieber, ich wüsste es nicht.« Natürlich sind Fast Food und Süßgetränke ungesund. Das wissen Jungen auch. Sie essen und trinken es trotzdem: Zu viele Jungen essen zu fett und trinken zu süß. Viele Jungen – mehr als Mädchen – sind übergewichtig, doch verantwortlich dafür sind nicht die Chips-und-Cola-Orgien auf Geburtstagsfesten oder Partys. Entscheidend ist, was im Alltag gegessen und getrunken wird.

Dafür gibt in erster Linie die Esskultur der Familie den Ausschlag. Hier lernt der Jungenkörper, was Qualität ist, hier eignet sich die Jungenpsyche förderliche Essgewohnheiten an. Dass der Junge in seinen Freiräumen und während seiner Entwicklung auch mal ausschert, ist nicht so dramatisch. Dennoch bleiben Eltern verantwortlich, aber wie können sie sich durchsetzen, wenn er nichts außer Limo, Fleisch und Süßem zu sich nehmen will? Um ehrlich zu sein: immer weniger, je älter der Junge wird. Der Hinweis auf »gesundes« Essen, auf Statistiken oder Empfehlungen von Ernährungsberatern beeindruckt kleine Jungen gar nicht, und auch ältere lassen sich davon eher selten überzeugen. Die Kultur der Gleichaltrigen und die kommerzielle Werbung der Nahrungsmittel- und Getränkeindustrie sind wesentlich wirkungsvoller.

Hilfreich ist Klarheit im heimischen Bereich: Im Alltag wird Mineralwasser getrunken, es wird nicht zu süß oder zu fett gekocht. Aber es werden auch keine rigiden und starren Regeln aufgestellt. So kann es beim Geburtstagsfest durchaus Pommes, Chips und pappsüße Limonade geben – es ist schließlich ein Fest. Im Alltag wird dann wieder anderes konsumiert. Eltern als Vorbilder und Türöffner zu einer ausgewogenen, schmackhaften Ernährung: Das schließt den eigenen reflektierten Umgang mit Nahrungsmitteln (Schokolade!) und Getränken (Alkohol!) ausdrücklich mit ein.

Ständiges Genörgel oder kritische Kommentare beim Essen schaden eher, als dass sie helfen: Das Thema Essen und Trinken wird verkrampft, und das Tischgespräch artet leicht in Kränkungen und Machtkämpfe aus. Trotz gesundheitlicher Bedenken oder gelegentlicher Ekelgefühle beim Anblick von Brezeln mit Schokoaufstrich und Käse: Jungen bilden sich auch hier alleine. Bei guter familiärer Grundlage darf gehofft werden, dass sich das kindliche oder jugendliche Essverhalten auch wieder ändert.

Nachwort

Nobody is perfect: Es kommt nicht darauf an, alles tadellos zu beherrschen, im Gegenteil: Perfektionismus entwertet und entmenschlicht das Zusammenleben mit Jungen. Niemand hat »alles drauf«, und das ist auch gar nicht nötig. Eltern unterscheiden sich in der Ausgestaltung ihrer Führungsrolle ganz erheblich, ebenso wie Lehrer und Lehrerinnen, Erzieherinnen oder Tageseltern. Wer Fehler bemerkt, wer entdeckt, dass er oder sie an dieser oder jener Stelle eben nicht klar reagiert, sollte sich freuen: Wir lernen daraus und müssen deshalb Irrtümer nicht wiederholen. Manches geht daneben – ja und? Das ist nicht weiter schlimm, besonders dann, wenn Erwachsene dafür Verantwortung übernehmen: »Tut mir leid, das war mein Fehler.« Auch das ist eine Stärke guter Führungskräfte.

Vater und Mutter sein sind verantwortungsvolle Aufgaben. Diese Sache gut zu machen fordert einiges an Wissen und jede Menge Energie. Bei allen Möglichkeiten, Dinge richtig zu machen, bei aller Freude am Zusammensein mit dem Sohn – bisweilen stellt sich ein Gefühl der Überforderung ein. Die Beziehung zum Jungen und seine Erziehung werden zur Last, vieles geht einem auf die Nerven, eine innere Schwere breitet sich aus. Vor allem während der Pubertät von Jungen fühlt sich die Aussicht, dass das noch jahrelang so gehen soll, für Eltern überhaupt nicht gut an.

Deshalb ist mir abschließend noch eine Bemerkung wichtig: Gerade die elterliche Führung gelingt mit Leichtigkeit und Gelassenheit am besten. Gehen Sie mit der Sicherheit ans Werk: Das wird schon werden! Ein gewisser Abstand zur eigenen Rolle in der Familie und eine Portion Selbstironie und Humor verhindern

Verkrampfung und Druck. Es ist ja eigentlich nur eine kurze Zeit, die wir mit Kindern zusammen sind, bis sie uns schon wieder verlassen. Und diese Zeit soll eine gute sein. Abgesehen davon motivieren positive Kindheitserfahrungen die Kinder am ehesten dazu, später selbst Eltern zu werden.

Wenn Sie also zu überhöhten Ansprüchen an sich selbst neigen: Entspannen Sie sich, nehmen Sie es gelassener. Leben Sie Ihre Führungsrolle einfach, so gut es geht. Seien Sie freundlich zu sich. Anstelle ständiger Verbesserungsfantasien und Selbstkritik nehmen Sie sich an, wie Sie sind. So entfalten Sie Ihre Führungskräfte weiter, kommen immer mehr zu sich, lösen Ihre Blockaden und stellen sich damit Ihrem Sohn zur Verfügung.

Das Motto »klar und nah« gilt dabei nicht nur für die Beziehung zu Jungen, sondern auch für die Eltern selbst. Bleiben Sie sich selbst nah, bleiben Sie Ihrem Partner oder Ihrer Partnerin nah, und sorgen Sie für Klarheit auch in Bezug auf das, was Sie selbst brauchen, damit es Ihnen gut geht. Versuchen Sie, Mitgefühl mit sich selbst zu haben, dann fallen Ihnen auch Verständnis und Gefühl für andere leichter.

Dabei gilt immer: Wenn der Spaß am Familiesein fehlt, sorgen Sie dafür, dass er sich einstellt. Und wenn diese Freude immer wieder spürbar ist, sind Sie auf dem richtigen Weg – auch mit Jungen, sogar im schwierigen Gelände der diversen Trotzphasen und der Pubertät.

Zum Weiterlesen

Bergmann, Wolfgang: Gute Autorität. Grundsätze einer zeitgemäßen Erziehung. Weinheim und Basel: Beltz, 2008

Bergmann, Wolfgang/Hüther, Gerald: Computersüchtig? Kinder im Sog der modernen Medien. Weinheim und Basel: Beltz, 2013

Bundeszentrale für gesundheitliche Aufklärung (BZgA): Wie geht's – wie steht's? Wissenswertes für Jungen und Männer. Köln: BZGA, 2002

Dawirs, Ralph/Moll, Gunther: Endlich in der Pubertät! Vom Sinn der wilden Jahre. Weinheim und Basel: Beltz, 2011

John Hattie: Lernen sichtbar machen. Hohengehren: Schneider, 2013

Juul, Jesper/Høeg, Peter u. a.: Miteinander. Wie Empathie Kinder stark macht. Weinheim und Basel: Beltz, 2012

Juul, Jesper: Was Familien trägt: Werte in Erziehung und Partnerschaft. Weinheim und Basel: Beltz, 2013

Omer, Haim: Stärke statt Macht. Neue Autorität in Familie, Schule und Gemeinde. Göttingen: Vandenhoeck und Ruprecht, 2010

Omer, Haim/von Schlippe, Arist: Autorität durch Beziehung. Die Praxis des gewaltlosen Widerstands in der Erziehung. Göttingen: Vandenhoeck und Ruprecht, 2012

Petersen, Thomas: Autorität in Deutschland. Eine Studie des Instituts für Demoskopie Allensbach. Gedanken zur Zukunft. Bad Homburg: Herbert Quandt-Stiftung, 2011

Renz-Polster, Herbert/Hüther, Gerald: Wie Kinder heute wachsen: Natur als Entwicklungsraum. Ein neuer Blick auf das kindliche Lernen, Denken und Fühlen. Weinheim und Basel: Beltz, 2013

Rhode, Rudi/Meis, Mona: Wenn Nervensägen an unseren Nerven sägen. So lösen Sie Konflikte mit Kindern und Jugendlichen selbstsicher und souverän. München: Kösel, 2006

Sennett, Richard: Autorität. Berlin: Berlin Verlag, 2008

Stiehler, Matthias: Väterlos: Eine Gesellschaft in der Krise. Gütersloh: Gütersloher Verlagshaus, 2012

Sturzenhecker, Benedikt/Winter, Reinhard: Praxis der Jungenarbeit: Modelle, Methoden und Erfahrungen aus pädagogischen Arbeitsfeldern. Weinheim: Beltz Juventa, 2010

Träbert, Detlef: Disziplin, Respekt und gute Noten. Erfolgreiche Schüler brauchen klare Erwachsene. Weinheim und Basel: Beltz, 2012

Tsirigotis, Cornelia/von Schlippe, Arist/Schweizer-Rothers, Jochen (Hrsg.): Coaching für Eltern. Mütter, Väter und ihr »Job«. Heidelberg: Carl-Auer, 2008

Winter, Reinhard: Jungen. Eine Gebrauchsanweisung. Jungen verstehen und unterstützen. Weinheim und Basel: Beltz, 2012

Adressen und Internet-Links

Politik und überregionale Institutionen und Projekte

Bundesministerium für Familie, Senioren, Frauen und Jugend
Referat 408: Gleichstellungspolitik für Jungen und Männer
Glinkastraße 24, 10117 Berlin, Tel.: (030) 2 06 55-28 04
www.bmfsfj.de

Neue Wege für Jungs
www.neue-wege-fuer-jungs.de

Projekt Soziale Jungs
www.sozialejungs.de

Bundesarbeitsgemeinschaft Jungenarbeit e.V.
www.bag-jungenarbeit.de

Bundeszentrale für gesundheitliche Aufklärung -
Abteilung Sexualaufklärung
www.bzga.de/infomaterialien/sexualaufklaerung

Regionale Fachstellen und Landesarbeitsgemeinschaften für Jungenarbeit

LAG Jungenarbeit Baden-Württemberg
www.lag-jungenarbeit.de

Landesarbeitsgemeinschaft Jungenarbeit Niedersachsen
www.LAG-JuNi.de

Landesarbeitsgemeinschaft Jungenarbeit Nordrhein-Westfalen
www.jungenarbeiter.de

Landesarbeitsgemeinschaft Jungen Schleswig-Holstein
http://www.schleswig-hol-stein.de/MSGFG/DE/KinderJugendFa-
milie/JugendarbeitJugendsozialar-beit/GeschlechtergerechteJu-
gendarbeit/LAGjungen/lagJungen_node.html

Landesarbeitsgemeinschaft Jungenarbeit Sachsen
www.jungenarbeit-sachsen.de

Jungenarbeit Hamburg
http://jungenarbeit.info

Fachstelle Jungenarbeit Rheinland-Pfalz/Saarland e. V.
www.jungenarbeit-online.de

Kraftprotz Mielkendorf
www.kraftprotz.net

Arbeitskreis Jungenarbeit bei INPUT München
www.ak-jungenarbeit.de

Bremer JungenBüro
www.bremer-jungenbuero.de

MEDIUM Göttingen
www.medium-ev.de.

Mannigfaltig e.V. Göttingen und München
www.mannigfaltig.de, http://mannigfaltig-sued.de

Jungen im Blick Stuttgart
www.jungen-im-blick.de

PfunzKerle e.V. Tübingen
www.pfunzkerle.de

Männer- und Jungenzentrale Rosenheim
www.majuze.de

Fachliches

Switchboard - Zeitschrift für Männer und Jungenarbeit
www.switchboard-online.de

Kraftprotz Mielkendorf
www.kraftprotz.net

Autoritätstraining für Erziehende und Führungskräfte
www.autoritätstraining.de

Medien

Suchmaschinen für Kinder
www.fragFinn.de
www.blinde-kuh.de

Internetinformationen für Kinder, u. a. zu Sicherheitsthemen
www.watchyourweb.de

Testgelände zu Geschlechterthemen – für Jungen und andere
www.meintestgelaende.de

Informationen für Erwachsene zum Jugendschutz
www.jugendschutzaktiv.de

Informationen für Erwachsene zum gesetzlichen Jugendmedien-
schutz und zur Medienerziehung
www.bundespruefstelle.de

Schweiz

Netzwerk schulische Bubenarbeit
www.nwsb.ch

Jährliche Fachtagungen zur Bubenarbeit
www.fachtagungbubenarbeit.ch

Österreich

Männerberatung Graz und Obersteiermark
www.maennerberatung.at

Mannsbilder Tirol (Innsbruck)
www.mannsbilder.at

Hinweis

Viele Einrichtungen oder Personen, die Projekte für Jungen, Angebote für Jungeneltern oder pädagogische Jungenarbeit anbieten, sind nur lokal oder regional tätig und bekannt. Ansprechpartner werden Ihnen z. B. von Ihrem kommunalen Jugendamt oder der Kreisjugendpflege benannt. Bitte prüfen Sie die Angebote vor dem Hintergrund Ihrer Interessen (und der Bedürfnisse Ihres Jungen); mit diesen Adresshinweisen kann keine Verantwortung für die Qualität der Arbeit dieser Stellen übernommen werden.

Dank

Zuerst und von Herzen bedanke ich mich bei den Jungen, mit denen ich arbeiten darf, die sich mitnehmen und auch führen lassen, meinen Rat suchen oder ihn nicht hören wollen, und die sich mit mir auseinandersetzen, freuen und streiten

Besonders dankbar bin ich auch den Müttern und Vätern, die mir ihre Erlebnisse und Erfahrungen mit Jungen schildern, die sich beraten lassen, mir Fragen stellen und mit meinen Antworten etwas anfangen können – oder auch sagen, warum das nicht der Fall ist.

Danken möchte ich an dieser Stelle auch den sozialpädagogischen Fachleuten, den Lehrerinnen und Lehrern sowie den Erzieherinnen und Erziehern, die sich mit Freude, Energie und Kompetenz für Jungen einsetzen und an ihren Führungsqualitäten arbeiten, auch wenn sie es oft nicht leicht haben mit den Jungen – und manchmal auch umgekehrt, die Jungen mit ihnen.

Viele Menschen waren am Entstehen dieses Buchs beteiligt. Petra Dorn trug als sprach- und fachkompetente Lektorin sowie als Sohn-Mutter wesentlich zur Verständlichkeit und Lesbarkeit bei. Danke dafür! Claudia Stahl bin ich sehr dankbar für ihr unbedingtes Ja, ihr unermüdliches Ermutigen und für das Weiterentwickeln wichtiger Be- und Erziehungsthemen. Und Elisabeth Yupanqui Werner danke ich für inspirierende Begegnungen, auch beim gemeinsamen Arbeiten an Autoritätsthemen. Bei Brigitte Werz bedanke ich mich für ihr Verbunden- und Gegenübersein im allgemeinen und hier speziell im Zusammenhang mit ihren beiden Buben – auch stellvertretend für alle Mütter und Väter in meinem Umfeld, die Jungenerziehung nicht leicht, aber auch nicht zu schwer nehmen und die mich immer wieder inspirieren.

Meinem Sohn Jasper danke ich für seine Begleitung und seine direkten, praktischen, oft auch humorvollen Hinweise darauf, wie das liebevolle Nah- und Klarsein als ganz normaler Sohn-Vater geht. Bei meiner Tochter Vera bedanke ich mich für die vielen schönen Farben, die auch das Tochter-Vatersein strahlen lassen. Danken möchte ich auch meiner Liebsten Herma fürs gemeinsame Führen durch die Höhen, Tiefen und Ebenen des Lebens und Erziehens sowie dafür, dass sie mich stärkt und bisweilen sogar sanft führt.

Und schließlich danke ich auch meinem Vater Heinz Winter, der mich auf den Weg brachte, mir dabei Führung bot und viel Freiheit gab, mein Eigenes zu finden.

Der Autor

Dr. Reinhard Winter, geboren 1958, arbeitet seit über 20 Jahren in der Jungen- und Männerberatung und in der Jungenforschung. Der Vater einer Tochter und eines Sohnes ist Diplompädagoge und in der Leitung des Sozialwissenschaftlichen Instituts Tübingen (SOWIT). Er arbeitet in der Qualifizierung von Lehrern und Fachkräften der Sozialarbeit zu Jungenthemen und führt Projekte in Schulen, in der Jugendarbeit und mit Eltern zu den Themen Lebensplanung/Beruf, Aggression/Gewalt, Körper/Gesundheit/Sexualität durch. Im Jahr 2011 erschien sein Buch »Jungen. Eine Gebrauchsanweisung. Jungen verstehen und unterstützen« im Beltz Verlag. Außerdem ist er Mitherausgeber eines Handbuches zur Jungengesundheit und Autor verschiedener anderer Bücher und Beiträge zu Jungenthemen.

Selbstwert – das Fundament erfolgreicher Erziehung

Dan Svarre, Dänemarks erfolgreichster Erziehungsexperte neben Jesper Juul, zeigt anhand zahlreicher Beispiele aus dem Alltag, welche Worte und Handlungen ein Kind spüren lassen, dass es richtig und unersetzbar ist.

So viel ein Kind auch gelobt wird, das Gefühl, wertvoll zu sein, erfährt es auf andere Art. Ein Gespür für Eigenheit ist dafür ebenso wichtig wie Freundschaft mit sich selbst. Der intakte Selbstwert, der so entsteht, führt wie ein Kompass sicher durch Kindheit und Pubertät – und darüber hinaus.

»Je bewusster und gezielter Sie sich mit dem Selbstwert Ihres Kindes beschäftigen, desto deutlicher werden Sie erkennen, was für eine einzigartige Kraft davon ausgeht: ein Zusammenhalt, den Sie in Ihrer Familie und in Bindungen zu anderen Menschen spüren können.« Dan Svarre.

Dan Svarre
»Du bist einzigartig«
Starker Selbstwert – starkes Kind
Aus dem Däniischen von Kerstin Schöps
broschiert, 160 Seiten
ISBN 978-3-407-85960-0

BELTZ